21 世纪高等

信息检索教程

（第2版）

Information Retrieval

郑瑜 王小雄 主编

李晓霞 吴青林 刘瑞华 谭雯 副主编

人民邮电出版社

北京

图书在版编目（C I P）数据

信息检索教程 / 郑瑜, 王小雄主编. -- 2版. -- 北京 : 人民邮电出版社, 2017.8
21世纪高等学校规划教材
ISBN 978-7-115-45935-0

Ⅰ. ①信… Ⅱ. ①郑… ②王… Ⅲ. ①情报检索－高等学校－教材 Ⅳ. ①G254.9

中国版本图书馆CIP数据核字(2017)第155367号

内 容 提 要

本书根据教育部颁发的《文献检索课教学基本要求》精神编写而成，主要介绍文献信息的基础知识及现代科技信息应用在信息检索领域的新技术、新方法，加强对当代大学生信息素养和信息能力的培养。全书内容分两部分：理论部分共 4 章，包括概论、信息检索基础理论、网络实用检索、信息研究等；实践部分共 3 章，包括常用中文数据库、常用外文数据库和其他数据检索。

本书内容新颖，结构合理，注重理论与实践相结合，具有较强的可操作性，适合拓宽学生视野，培养学生获取和利用信息的能力，以提高学生的自学能力、科研能力和创新能力，并有效提高学生的信息意识和信息素养，满足学生专业学习及撰写毕业论文和科学研究的需要。

本书适合作为高等院校文献检索课程的教材，也可供普通读者学习信息检索知识、提高信息素养所用。

♦ 主　　编　郑　瑜　王小雄
　副 主 编　李晓霞　吴青林　刘瑞华　谭　雯
　责任编辑　王亚娜
　责任印制　沈　蓉　彭志环
♦ 人民邮电出版社出版发行　　北京市丰台区成寿寺路 11 号
　邮编　100164　　电子邮件　315@ptpress.com.cn
　网址　http://www.ptpress.com.cn
　固安县铭成印刷有限公司印刷
♦ 开本：787×1092　1/16
　印张：12.75　　2017 年 8 月第 2 版
　字数：295 千字　　2025 年 1 月河北第 17 次印刷

定价：36.00 元

读者服务热线：(010)81055256　印装质量热线：(010)81055316
反盗版热线：(010)81055315

第 2 版前言

2012 年，江西农业大学将“文献检索”设为专业必选课后，为了适应教学需要，我们编写了《信息检索教程》一书。使用 5 年来，对于提高大学生信息素养有着重要的促进作用。随着时间推移和信息化技术平台的发展，许多的检索平台都进行了升级，书中的部分内容也显得有点陈旧。2016 年，江西农业大学信息素质教育与管理教研室重新修订了教学大纲，为此对《信息检索教程》一书进行了修订。此次修订的主要内容如下。

首先，调整了一些章节顺序。将第 1 版的第 3 章换到了第 4 章，章名改为“信息研究”。第 1 版的第 4 章换到第 3 章，章名改为“网络实用检索”。同时对书中内容结构进行了调整，合并了一些重复的内容，部分内容调整了章节位置，也删除了一些过时的或实用性不强的内容。

其次，对实践部分内容进行了更新，将升级了新版本检索平台的数据库全部进行了更新，以适应现实。

再次，新增了一些最新出现的知识点，如 MOOC 知识、知识发现系统、移动图书馆等内容。从实用角度，介绍了一些资源的搜索技巧，如音乐、电子书、电影等。

总之，修订重点是与时俱进，突出实用性、新颖性原则，方便读者能通过教材直接获取最新的检索技术与技巧，快速、全面、准确地检索到自己所需的资料。

修订后的教程仍为 7 章，内容分别为：第 1 章概论，主要阐述信息素养及文献；第 2 章信息检索基础理论，内容有信息检索概述、检索语言、检索工具、检索技术、检索组织与实施等；第 3 章网络实用检索，主要介绍网络搜索引擎以及大学生日常学习生活中经常遇到的一些资源检索，如检索电子书、电影、音乐等；第 4 章信息研究，主要内容是信息研究的原则和方法，以及信息的综合利用，如何撰写学位论文等；第 5 章、第 6 章、第 7 章为常用数据库检索，介绍了常用中文数据库、外文数据库、其他数据库及它们的检索方法。

第 2 版教材由郑瑜、王小雄主编，李晓霞、吴青林、刘瑞华、谭雯担任副主编，第 1 章由谭雯和郭韫丽编写，第 2 章由肖花和李冬梅编写，第 3 章由尹小莉和戈婷婷编写，第 4 章由吴青林和高国金编写；实践部分由郑瑜和刘瑞华编写；全书的通稿、校对、审稿由郑瑜、王小雄、吴青林负责完成。本书在编写过程中，参考和借鉴了大量国内外相关著作、论文和网站资料，由于篇幅所限，未能在参考文献中一一列举，在此特向有关作者致歉并表示衷心的感谢。另外，本书在编写过程中，还使用了许多国内外检索工具和数据库，在此表示诚挚的谢意。

由于编者的学识水平有限，书中难免存在疏漏和不足之处，诚望同行、专家批评指正。

编者

2017 年 4 月

目录

第一部分 理论部分

第一部分
理论部分

第1章

概论

检索技能在我们的生活中几乎无处不在。当你在学习的时候，你需要查找自己感兴趣的相关知识和信息；当你在工作的时候，你需要查找与你的工作技能、竞争对手以及工作对象相关的专业知识；即使在你的休闲生活中，你也会关注旅游、法规、市场价格等与生活密切相关的信息和知识……总而言之，在你创新和决策的所有过程中，你都需要获取信息，而这一信息获取的过程除了少量自己原有的知识积累和经验总结外，大量的信息需要从你所处的知识环境中获取。这种从知识环境中获取自己所需知识和信息的过程就是信息检索过程，而准确表达信息需求、获取相关信息的能力就是信息检索技能。也许有很多读者认为，“好像我并没有用专门的检索技巧，也能找到自己需要的信息。”确实，信息检索工具，尤其是面向网络的信息检索工具越来越大众化，使普通用户掌握一些实用的信息检索技能成为可能。可是对于特殊的检索需求，你是否还能迅速定位相关的、有价值的信息呢？这时就只能通过提升信息素养来破解困境。

信息检索是一门寻找知识的知识。在移动互联网时代，所有的知识都可以随时随地获得，方法的学习比知识的学习更重要。信息检索课，就和体育课、政治课一样，是大学生教育体系的一部分，并且它的确很有用。确实，“术业有专攻”，不可能把大家都培养成为“间谍”级别的信息获取高手，但是在当前的学习以及将来的工作中，大家要意识到检索技能的重要性。所以，本书从理论和实践两个方面介绍文献检索的基础理论和目前常用的各类信息源。希望通过信息检索技能的讲解能够对大家的检索过程和结果有所帮助，不会把大家认为的“自然存在”的检索技能复杂化而没有改进效果。

1.1 大学生信息素养教育

1.1.1 信息素养概述

什么是素养？爱因斯坦有个有趣的说法，他说：素养就是把你在学校学到的东西忘掉以后剩下的东西。社会已进入信息网络化时代，面对爆炸式增长的信息量，人们犹如逆水行舟，不及时、有效地处理和吸取自己所需的信息，就将成为时代的弃儿。我们只能去面对信息技术进步给我们带来的全新的社会形态和生活方式。信息素养并不是专业人士或专家学者才应该具备的能力，而是信息社会中人人都应该具备的基本生活素质和能力要求，以便提高独立分析问题和解决问题的能力，使自己具有更强的社会生存和社会竞争能力。信息素养是人整体素质的一部分，作为信息时代的一种必备能力，其日益受到人们的关注。

信息素养（Information Literacy）的概念于 1974 年由美国信息产业协会主席保罗・泽考斯基提出。20 世纪 80 年代，人们开始进一步讨论信息素养的内涵。1989 年，美国图书馆协会下属的信息素养总统委员会给信息素养下的定义是“知道何时需要信息，并已具有检索、评价和有效使用所需信息的能力。”信息素养是信息时代人才培养模式中出现的一个新概念，已引起了世界各国越来越广泛的重视。2003 年 9 月 20 日至 23 日，联合国教科文组织美国国家图书馆和情报学委员会在捷克首都联合召开的信息素养专家会议发布了“布拉格宣言”：走向具有信息素养的社会。会议宣称信息素养是人们有效参与信息社会的一个先决条件，是终身学习的一项基本人权。

1.1.2 信息素养的构成

信息素养主要包括 3 个方面的内容：信息意识、信息能力和信息道德。

信息意识就是要具备信息第一意识、信息抢先意识、信息忧患意识以及再学习和终身学习意识。

信息能力主要包括信息挑选与获取能力、信息免疫与批判能力、信息处理与保存能力和创造性的信息应用能力。

信息道德主要包括有较高的情商、积极向上的生活态度、善于合作的精神与自觉维护社会秩序和公益事业的精神。

1．信息意识

信息意识，即人的信息敏感程度，是人们对自然界和社会的各种现象、行为、理论观点等从信息的角度理解、感受和评价。通俗地讲，就是面对不懂的东西，能积极主动地去寻找答案，并知道到哪里、用什么方法去寻求答案，这就是信息意识。它的评价内容包括：①对信息科学的认识；②对信息的社会作用、经济价值的认识；③对特定信息需求的自我识别；④能充分、正确地表达出对特定信息的需求。

当信息技术逐渐渗透到我们的生活之中时，我们不可避免地要面对生活形式和生活习惯的改变，更为重要的是我们要面对我们自身生活意识的改变。我们需要去关注更多，学习更多，了解更多，防范更多未知的事态、知识、信息和危险。在信息和生活接触的一刹那，信息意识就已经融入生活的血液之中。通过信息检索与利用课程的学习，可以培养我们利用信息的习惯，使我们逐渐认识到信息的重要性，从而增强信息意识，提高检索技巧，并有利于专业知识的学习，加速成才。

2．信息能力

信息能力是指人获取信息、加工处理信息和利用信息的能力，具体包括文献信息检索能力、信息分析能力、信息加工处理能力等，具体体现在人们对信息储存机构（如图书馆、互联网等）的应用能力和运用计算机、网络、通信技术的能力。对信息能力的评价内容包括：①确定信息需求；②选择经济地获取信息的方法；③采取适当的策略并检索信息；④记录、管理信息，并能根据情况来适时调整检索策略或检索的信息源；⑤评估检索获取的信息和信息源；⑥提炼、综合主要观点；⑦形成新的结论；⑧对形成的结论进行审慎的评价；⑨评估信息成果对决策问题的支持是否足够；⑩将信息成果以适当的形式组织到原始问题环境当中，有效地解决原始问题；⑪反思信息成果产生的全过程；⑫有效地传播信息成果等能力。

知识的一半就是知道信息在什么地方。在信息社会，一方面信息呈海量，我们被信息包围；另一方面人们又不知道如何着手查找自己需要的信息。人们越来越迫切地需要一定的信息能力，从而精确、及时、方便地获取各种有效的信息。据美国国家基金会在化学工业部的调查统计表明，研究人员的全部工作时间分配是计划与思考占7.7%、信息的收集占 50.9%、实验研究占 32.1%、数据处理占 9.3%。实践证明，信息检索本身就是一种具有强实用性、知识性的技能或技术。如果掌握信息检索技术，就可以让研究人员以快速、精确的途径获得所需要的信息，充分了解国内外对拟探索和研究的问题已做过哪些工作，取得了什么成就，发展动向如何，还存在什么问题等。只有这样，才能有效地借鉴别人的劳动成果，直接进入实质性的研究阶段，避免重复研究和少走弯路，从而加快科研的进展，早出成果，快出成果，取得事半功倍的效果。例如，美国普林斯顿大学物理系一个年轻大学生名叫约翰·菲利普，他在图书馆里借阅有关公开资料，仅用 4 个月时间，就画出一张制造原子弹的设计图。他设计的原子弹，体积小（棒球大小）、质量小（7.5kg）、威力大（相当于广岛原子弹 3/4 的威力）、造价低（当时仅需 2 000 美元），致使一些国家纷纷致函美国大使馆，争相购买他的设计拷贝。

3．信息道德

在信息社会，从事信息活动必须遵守相应的行为准则，用信息道德标准来约束和规范自己的行为，使自己的信息活动与社会整体目标协调一致，并承担相应的社会责任和义务，遵循信息法律法规，遵守信息伦理与道德准则，从而规范自身的信息活动行为。信息道德包括抵制各种各样的违法行为，不制作、传播、消费不良信息，不侵犯他人的知识产权、商业秘密、隐私权，不非法进入未经获准的系统，不利用信息技术进行犯罪活动，并尊重知识产权，尊重个人隐私，合理使用信息资源。对信息的道德评价内容包括以下几方面。

（1）了解国家在信息及信息技术方面制定的相关政策、法律、道德规范。

（2）在获取、使用信息资源时能遵守法规以及一些约定俗成的规则。

（3）了解知识产权中“合理使用”的规定，尊重原作。

（4）了解影响信息资源的社会和政治问题。

1.2 文　献

1.2.1 文献的产生及发展

人类社会发展的历史是一个信息不断积累的过程。社会进步必定伴随信息量的增加，伴随信息量不断增长的是文献载体的不断更新和发展，必定有新的文献载体去适应增加的信息量。从甲骨、刻石到青铜、简帛，再到纸质，文献载体每一步的更新都标志着文化史上划时代的进步。

1．文献的产生

文献的物质形态是文献构成的基础，是人们通过感官而感知的文献表面特征和外部联系。文献从本质上讲，是人脑记忆的延长，这种延长的记忆必须通过一定的物质形态表现出来。什么是文献？文献产生于何时？至今尚无一个比较明确的定论。但是，文献作为一种社会现象，其产生与发展并非一蹴而就，而是在漫长的历史演变过程中逐步形成的。现在一般认为，古代西亚的楔形文字文献、古埃及的纸莎草纸文献、古希腊克里特的线形文字文献和中国商代的甲骨文献是世界上较早的文献。《尚书·多士》中记载："惟殷先人，有册有典。"这里的"册"和"典"指的就是记载文字的典册，它不仅包括用竹木制作的简策，而且包括以龟甲和兽骨为文字载体的甲骨，殷墟遗留下来的甲骨卜辞，实质上就是我国早期文献的雏形。

2．文献的发展

文献载体的发展大体经历了 3 个阶段。第 1 阶段是在非纸质载体阶段，国外以泥板、纸草纸、棕榈叶等为主，我国主要以甲骨、竹木、帛等为主。第 2 阶段是纸质载体阶段，开始于汉代，逐渐发展成熟，延续至今。第 3 阶段即现代载体阶段，始于 19 世纪上半叶，先后出现了磁性材料、感光材料以及金属、塑料混合体（如光盘）等文献载体，多种载体与纸质载体共存是现代载体阶段的特征。

（1）非纸质载体阶段

目前所知，我国最早的文字记录是殷商时期的"殷墟甲骨"（今天称甲骨文），随着甲骨的数量逐渐减少，承载内容的不断扩展，甲骨注定要被其他载体所取代。青铜器的出现，标志青铜器时代正逐步取代石器时代。

我国在夏朝就已经有了青铜器，一直沿用到西汉。与甲骨文相比，青铜器铭文字数多，内容完整，还有不少言辞修饰，但其代价昂贵，铸造工艺要求严格，再加上青铜器较为笨重，使这种文字记录的形式仅仅局限在贵族阶层当中。

在青铜器盛行的同时，刻石记事也相当流行。与铸刻青铜器相比，刻石简便易行，耗费较小。因此，我国石刻分布的地区广泛，时间跨度也很长。

由于甲骨、青铜器、石刻在阅读和使用时都不太方便，从周代末期开始，人们就把文字写在竹片或木板上。用竹木作图书文献的记录材料，无论阅读还是携带，比起以往的记录材料更加方便。简牍也因此成为纸质文献出现之前使用时间最长、使用最广泛的载体材料。作为战国时代至魏晋时代重要的书写材料，简牍虽然具有价廉、易制作、便于舒卷的特点，但是依然笨重、体积大、不易携带，编缀在一起的"册"一旦散乱易发生错简，给阅读和收藏带来不便。而同一时期出现的另外一种文献材料——帛书，虽然质地轻软、平滑，易于书写着墨，轻便且易携带，但价格昂贵。

（2）纸质载体阶段

人类文化的不断丰富和发展促使人们不断地寻找一种价廉且轻便的文字载体，纸张的出现恰恰符合了当时人们对载体材料的理想的标准。作为中国"四大发明"之一，纸张在中国乃至世界文献发展史上都留下了光辉的一页，中国的古代藏书也因此逐步从简帛时代发展到书写本时代。与之前所有的文字载体相比较，纸质文献几乎融合了所有载体材料的优点——价廉、轻便、承载信息量大、可大量生产、书写性能好等，最终成为唯一通行的书写材料。

（3）现代载体阶段

20世纪是全球科学技术高速发展的黄金时期，人们对信息的需求量也因此激增。到20世纪80年代，社会进入了一个信息时代。文献载体不断更新，容量不断增加，存取速度不断加快，纸质文献的弊端也显现出来了。

首先，信息资源的不断扩展以及人们对信息需求的多元化，人们需求的信息量明显多于以往任何一个时代，有限的存储空间与信息无限增长的矛盾日益加剧。其次，纸质材料易老化变质，对材料保管条件的要求相当严格。再次，纸质文献的出版时空局限性无法与信息的高速更新相协调。出版周期的规律性使纸质文献，无论是期刊还是书籍，所承载的信息都不同程度地滞后，这也在一定程度上对决策、发明创造、研究造成一定的阻碍。最后，纸质载体在制造和使用过程中对生态所造成的严重影响，已经越来越受到人们的关注。

与纸张相比，电子媒体利用计算机技术存储和处理信息，利用电信技术传递信息，具有容量大、体积小、成本低、检索快、易于复制和保存、易于处理及图文并茂等优点，其消耗的资源很少，对环境的污染也较小。近几年来，从书信到贸易，从报纸到图书馆服务，电子媒体特别是多媒体技术质量越来越高，应用也越来越广泛，真正从实验室走进了寻常百姓家。

综观文献载体材料的发展历程，文献载体发展的基本趋势是从自然材料到工艺材料，从笨重材料到轻便材料，从存储量小到存储量大，从单纯存储文字、符号到综合性地存储文字、声音、图像和动画等信息，从品种单一到品种多样。文献载体不仅要与社会、文化发展水平相一致，还要符合人们对获取信息的方法等方面的需求。一旦现有文献载体无法满足人们对信息的需求程度的时候，必然会出现其他载体材料与之相互补充。随着新的载体的不断完善，其必然会取代之前的文献载体而居于主导地位。

3．无纸化社会

（1）无纸化的概念

无纸化是信息化进程的一个理想目标，其涉及无纸化厨房、无纸化交易、无纸化办公、无纸化阅读、无纸化考试甚至无纸化社会等。这个目标的实现是一个循序渐进、持续发展、逐步认识的过程，它是一个涉及技术实现、法律完善、社会应用、制度创新等各方面的系统工程。

（2）无纸化阅读

在信息爆炸的新媒体时代，人们通过互联网、手机等移动终端实现对信息的实时跟进、快速消费、娱乐体验等均已不成问题。互联网的高速发展，让越来越多的人开始感受到了互联网在信息方面给人们带来的方便与快捷。互联网正在影响甚至改变人们的生活方式，其中之一就是催生了“无纸化”阅读方式。

面对信息爆炸的社会现状，人们的生活节奏越来越快，社会效率也越来越高，人们在学习和掌握信息的方式上出现了变化。人们选择使用快且便捷的知识载体——电子化载体。许多人不再花大量的时间去专心阅读厚重的传统纸质图书，开始倾向于浅阅读或片断阅读，以求在更短的时间里，更多地得到他们所需要的信息。除此之外，电子出版物还有携带方便，阅读方便，可以复制，不受时间、空间的限制，信息量无穷大，获取相关信息的速度极为迅速等特点，并且多数阅读内容免费，大众可以在任何时间、任何地点得到想要的任何信息。这些特性自然导致越来越多的人将自己的阅读方式转向“无纸化阅读”。

"无纸化社会"正在向我们走来，属于现在进行时。历史上，一种媒介产生了，一种媒介消失了，其中的关键词是"替代"。如纸张替代了简帛，印刷文字替代了手写文字，电子邮件替代了手写信函。虽然媒介发展史中的关键词是"替代"，但是，具有独一无二介质特点的媒介终究不会消失，因为它难以被替代。电子书籍阅读"替代"纸质书籍阅读的只是其"信息传递功能"，而除了"信息传递"之外，传统的纸质书籍还具有文化功能、历史功能、触摸功能等，而这些是无法被替代的。因此，在未来很长一段时间内，电子书籍阅读和纸质书籍阅读将会共存。

1.2.2 文献的定义及构成

1．文献的定义

"文献"一词，在古代是指典籍及熟悉掌故的人（贤者），始见于《论语·八佾》："子曰：夏礼吾能言之，杞不足征也，殷礼吾能言之，宋不足征也。文献不足故也。"宋代朱熹在《四书章句集注》中对"文献"一词的解释为"文，典籍也；献，贤也。"随着时代的发展，书籍和文章增多，文献的含义仅侧重于"文"，一般泛指具有史料价值的图书和档案，"贤"的意义逐渐消失了。

现在的文献有狭义和广义之分。狭义的文献指具有历史保存价值和现实使用价值的书刊文物资料，包括各学科主要的书刊资料，以及历史文物档案资料。广义的文献指记录、传递知识和消息的一切载体。目前，关于"文献"较权威性的定义有两个。一个是国际标准化组织的《文献情报术语国际标准》中对文献的定义："在存储、检索、利用或传递记录信息的过程中，可作为一个单元处理的，在载体内、载体上或依附载体而存储有信息或数据的载体。"二是我国国家标准《文献著录总则》中的定义："文献是记录有知识的一切载体（供记录信息符号的物质材料，称之为载体材料）"。

因此，所谓文献，是指以文字、图像、符号、声频、视频等为记录手段，将信息记录或描述在一定的物质载体上，并能起到存储和传播信息情报和知识作用的一切载体。这种载体，除了常见的纸张外，还包括甲骨、金石、竹帛、石刻、木刻、竹简、木简以及胶片、磁带、光盘和硬盘等。

2．文献的要素

根据文献的定义可看出，文献是由记录、知识、载体 3 个基本要素构成的。记录包括记录符号和记录方式，记录符号是表达知识信息的标识符号，知识信息要借助于文字、图形、音频、视频等方式记录下来才能被人感知；知识也就是知识内容，是文献的核心与灵魂；载体是记录知识信息的物质材料，如龟甲、兽骨、纸张、胶片、光盘、磁盘等，载体是文献的外在形式，知识信息必须依附于一定的物质载体才能得以保存和传播。所以，文献是将知识、信息用文字、图形、视频、音频等符号记录在一定的物质载体上的结合体，离开 3 个基本要素中的任何一个要素，均不能构成文献。

3．文献的特征

（1）知识性。文献是指记录有知识的一切载体，知识信息内容是文献的核心与灵魂，所以，知识性是文献的本质特征。

（2）传递性。文献是作为知识信息的传递工具出现并存在的，人类的知识财富正是依靠文献才得以传播的。文献既可以使人类知识世世代代地传递下去，又可以使人类知识在不同的国家、不同的民族、不同的地区之间进行交流和传递。所以，传递知识信息是文献的基本功能。

（3）物质载体性。知识信息以符号形式记录在物质载体上才能保存和传递。

（4）人工记载性。文献所蕴涵的知识信息是人们用各种方式记录在载体上的。

（5）再生性与积累性。人们在利用文献信息的过程中，同时产生着新的文献信息，因而文献信息量不断增加。虽然某些文献信息随着时代的发展逐步老化，但由于人们对文献信息的不断需求，再生现象大量存在，所以文献信息总是处于积累和增值之中。

1.2.3 文献的类型

根据划分标准的不同，文献有多种分类的形式。

1．按文献的加工深度来划分

依据文献传递知识、信息的质和量的不同以及加工层次的不同，人们将文献划分为零次文献、一次文献、二次文献及三次文献。

（1）零次文献

零次文献属于灰色文献，是原始或不正式的记录，大多数未经公开传播，是未经正式发表或尚未形成正规载体的一种文献形式。

零次文献流通渠道特殊，制作份数少，容易绝版。虽然有的零次文献的信息资料并不成熟，但其所涉及的信息广泛、内容新颖、见解独到，具有特殊的参考价值。

零次文献的主要特点如下。

① 客观性。零次文献是形成一次文献以前的知识信息，即未经记录，未形成文字材料，或是未公开、未经正式发表的原始的文献，或未正式出版的各种书刊资料。

② 分散性。零次文献获取的文献类型多种多样。

③ 不成熟性。如人们的“出你之口，入我之耳”的口头交谈，零次文献是直接作用于人的感觉器官的非文献型的情报信息。

零次文献的类型包括实验的原始记录、工程草图、手稿等。

（2）一次文献

一次文献是人们直接以自己的生产、科研、社会活动等实践经验为依据生产出来的文献，也常被称为原始文献，其所记载的知识信息比较新颖、具体、详尽。一次文献在整个文献系统中是数量较大、种类较多、使用较广、影响较大的文献。

一次文献的主要特点如下。

① 原始性。一次文献通常是由作者本人直接记载其科研成果和生产实践经验的产物，属于原始的初次创作。其中的观点、材料、数据、事实一般是未经加工整理的。因此，它既有可靠性的一面，又有待定性和不成熟的一面。

② 创造性。一次文献是作者以工作和科研中的成果为依据撰写的具有创造性的劳动的结晶。其中所表述的新成果、新技术、新发明、新理论都在一定程度上增加了人类知识的总量，具有直接参考、借鉴和使用的价值。

③ 分散性。由于研究课题或研究角度的不同，不同作者或同一作者在不同时期所创作

的文献内容也会有所区别；同时，各种科研成果发表的方式、刊登的文献类型多种多样，这使得一次文献杂乱、分散。

一般而言，各种期刊论文、专利说明书、研究报告、会议论文、学位论文、产品样本等都属于一次文献的范畴。判断一篇文献是不是一次文献，主要依据文献的内容和性质，而不管在文献撰写过程中是否参考或引用了他人的资料，也不管该文献以何种载体形式出现。

（3）二次文献

二次文献是将大量分散、凌乱、无序的一次文献进行整理、浓缩、提炼，并按照一定的逻辑顺序和科学体系加以编排存储，使之系统化，以便于检索利用。二次文献具有明显的汇集性、系统性和可检索性，它汇集的不是一次文献本身，而是某个特定范围的一次文献线索。它的重要性在于使查找一次文献所花费的时间大大减少。

二次文献的主要特点如下。

① 汇集性。二次文献是在大量分散的一次文献的基础上加工整理而成的，它汇集了一个特定范围内的许多文献，并用科学的方法对这些文献进行加工、整理，从而比较完整地反映某一学科或专题等的文献情况。

② 检索性和通报性。二次文献所汇集的不是一次文献本身，而是特定范围的文献线索，并对这些线索加以编排，因此，它是累积、报道和查找一次文献的工具。它的重要性在于给人们提供了一次文献的线索，因此，它是人们打开一次文献信息知识宝库的一把钥匙，大大减少了人们查找一次文献所花费的时间。文献检索的一项重要内容就是研究、利用各种二次文献检索工具。

③ 系统性。二次文献是对一次文献系统化的产物，是对特定范围的一次文献线索的系统记载；与此同时，二次文献本身也具有自己的系统结构。

二次文献的基本类型包括题录、目录、索引、文摘、搜索引擎等。

（4）三次文献

三次文献也称参考性文献，是在一次、二次文献的基础上，经过综合分析而编写，采用科学的方法对文献的内容进行深度的加工、编写而形成的文献，是知识高度浓缩、重组的结果，这些文献具有较高的实用价值。

三次文献的主要特点如下。

① 综合性。三次文献是在大量有关文献的基础上，经过综合、分析、研究而形成的，也就是把大量分散的有关特定课题的文献、事实和数据进行综合、分析、评价、筛选后，以简练的文字扼要地叙述出来，其内容十分概括。这种内容加工既有纵向的，如对某一学科研究状况过去、现在和未来的描述；又有横向的，如对各产业部门同类产品的比较和评价。

② 针对性。三次文献的编写都有一定的目的和针对性。在很多情况下，三次文献是文献信息机构接受用户委托后，对信息进行研究而产生的结果。这种三次文献必须是从特定的用户需要出发，针对其生产和科研工作中的问题而编写的。

③ 价值性。三次文献是对大量的有关特定课题的文献中所包含的知识、素材、事实和数据进行综合、分析、研究后编写出来的，在一定意义上就是科研工作的组成部分，其内容可靠、知识含量大，可以直接提供参考、借鉴和使用，有较高的实用价值。

三次文献包括综述研究类，如专题述评、研究报告、综述报告等。技术预测和参考工具类，如数据手册、一次文献书目的书目、二次文献的书目和索引、年鉴、手册、指南、百科全书等。

（5）3 个级次文献的关系

文献经过作者的创作，文献工作者的整理、加工和压缩，文献研究者的综合、分析和创造，从一次文献到二次文献，再演化为三次文献，文献的形式和内容由分散到集中，由无序到有序，由博而精。这个对知识信息进行不同层次的加工过程，这就是文献的链式结构。其中一次文献是基本的信息源，是文献信息检索和利用的主要对象；二次文献是对一次文献的重新组织和有序化，它是文献检索的工具；三次文献是借助二次文献的帮助，把分散在一次文献中的各类信息，按照专题或知识的门类进行文献重组，是高度浓缩的文献信息，它既是文献信息检索和利用的对象，又可作为检索文献信息的工具。文献系统结构如图 1-1 所示。

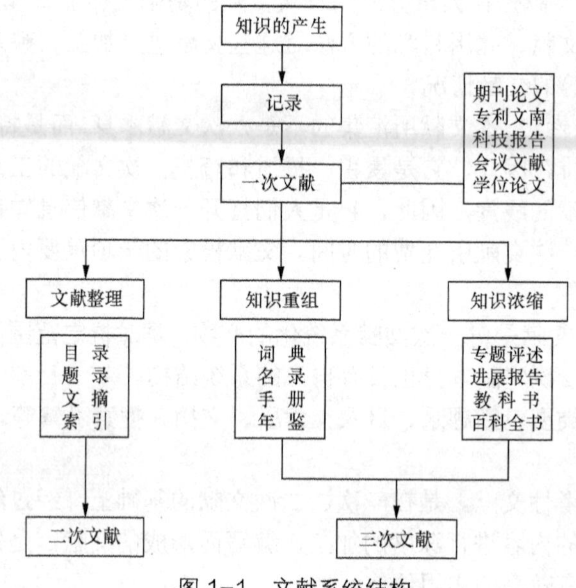

图 1-1　文献系统结构

相应地，用户的检索利用模式则通常是按文献链形成的逆方向进行的，如图 1-2 所示。

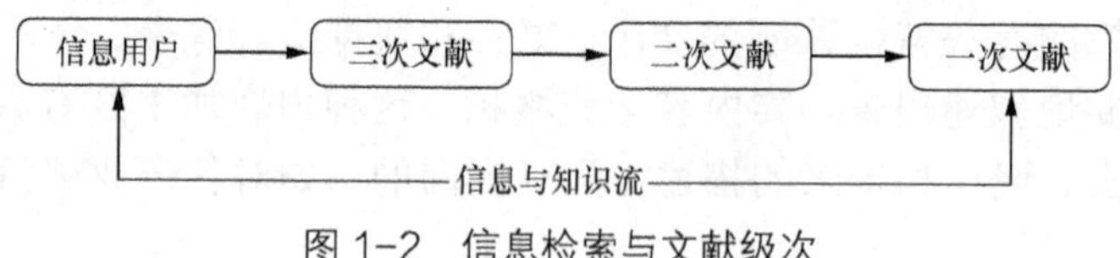

图 1-2　信息检索与文献级次

2．按文献的载体形式划分

文献按载体形式可分为印刷型、缩微型、视听型和机读型 4 种类型。

（1）印刷型

印刷型以纸张为载体，用手写、石印、油印、胶印、影印等手段来记录信息，这是传统文献的基本形式，也是目前文献的主要形式。其优点是读取方便，流传广泛，价格便宜，不受时空的限制，个人可以支付、占有、存档和保存等；缺点是存储信息密度低，占据空间大，笨重，不易长久保存，并且难以实现自动输入和自动检索。尤其在当今信息爆炸的时代，其缺点显得尤为突出。

（2）缩微型

缩微型以感光材料为载体，用缩微照相为记录手段的文献，其实际是纸质印刷型的变体，包括缩微胶卷、缩微胶片、缩微卡片等。其优点是信息存储密度高，文献体积小，便于收藏、保存和传递，价格低，能安全存储珍贵资料，方便管理；缺点是缩微型文献的阅读必须借助缩微阅读机或其他辅助设备，不便携带，保存条件严格，难以普及。目前在整个文献中，缩微型文献所占数量较少，在一般的图书馆入藏亦较少。

（3）视听型

视听型又称声像型，是以磁性材料为存储介质，借助特殊的机械设备，直接记录声音和图像，并通过视听设备存储与播放信息知识的文献形式，如唱片、录音带、录像带、电影、幻灯片等。其优点是直观、生动、形象逼真，易于接受；缺点是必须借助一定的设备才能使用，成本高，不易检索和更新，使用不方便。

（4）机读型

机读型又称电子型。这是一种通过编码和程序设计，把文字、资料转化成数字语言和机器语言，以磁性材料为存储介质，采用计算机等高新技术为记录手段，将信息存储在磁盘、磁带或光盘等载体中，形成多种类型的电子出版物，可采用下载或套录的方法把检索命中的记录复制到用户的软盘或硬盘上。其优点是存储密度高、存取速度快、查找方便、寿命长等；缺点是必须配置计算机等高档设备才能使用，相应设备的投入较大，短期内难以更新。

以上几种文献形式将在相当长的时间内共存，相互补充、渗透，发挥综合优势，共同促进信息的繁荣和人类文明的发展。

3．按编写及出版的形式划分

文献按编写及出版类型一般可分为图书、连续出版物、特种文献 3 类。它们的定义、作用及特征等如下。

（1）图书

图书是指对某一领域的知识进行系统阐述或对已有研究成果、技术、经验等进行归纳、概括的出版物，包括专著、教科书、工具书、论文集等。图书是较早的文献类型之一，直至当今，仍然在整个文献系统中占有主导地位。图书的内容特征是主题鲜明突出、内容系统、论述全面深入、知识成熟稳定、可信度高；但因出版周期长，知识的新颖性不如期刊，不能迅速反映最新、最近的信息。一般用于需对大范围的问题获得一般性的知识或对陌生的问题需要初步了解的场合，不适合对信息内容新颖性要求较高的用户。

联合国教科文组织采纳这样的概念：篇幅不少于 49 页的印刷品为“书”，5～49 页的印刷品为“小册子”。

图书按学科划分为社会科学图书和自然科学图书，按文种划分为中文图书和外文图书，按用途划分为普通图书和工具书。

图书的特点：① 内容比较系统、全面、成熟、可靠；② 传统印刷的图书出版周期较长，传递信息速度慢。

每一种书都有一个唯一的身份标识代码，称为国际标准书号（International Standard Book Number，ISBN），是专门为识别图书等文献而设计的国际编号。国际标准化组织于1972年颁布了ISBN国际标准，并在西柏林普鲁士图书馆设立了实施该标准的管理机构——国际ISBN中心。现在，采用ISBN编码系统的出版物有图书、小册子、缩微出版物、盲文印刷品等。2007年1月1日前，ISBN由10位数字组成，分4个部分：组号（国家、地区、语言的代号）、出版者号、书序号和检验码。自2007年1月1日起，实行新版ISBN，新版ISBN由13位数字组成，分为5段，即在原来的10位数字前加上3位欧洲商品编号（European Article Number，EAN）图书产品代码“978”。

（2）连续出版物

连续出版物是期刊、报纸、年刊、丛刊等定期或不定期连续出版的一类文献的统称。

① 期刊（也称杂志）。期刊一般是指定期或不定期连续出版的刊物，主要报道某一方面或学科的最新成果、研究状况和其他信息。一般有同样的名称，按一定时间编定卷号，每一卷又分为若干期，如《读者》。专家认为：全部的学术情报中，有70%是由期刊提供的。期刊是最重要的一类文献来源。大多数文摘索引类的检索工具都是以期刊论文作为摘录和检索对象。但不同类型的期刊其学术地位和信息价值往往差别很大。对科技工作者有较大参考价值的是学术性期刊，而在学术性期刊中最具使用价值的是核心期刊。

期刊按内容性质划分为社会科学期刊、科技期刊，按文种划分为中文期刊和外文期刊，按出版周期划分为不定期期刊、旬刊、半月刊、月刊、双月刊、季刊、半年刊、年刊等。

期刊根据收录的论文不同可以分为两类。一类是大众期刊，是目前十分流行的综合类文化生活期刊，如一些由传统文学期刊向通俗文学变形而来的期刊，以满足读者猎奇欲望、给读者以感情诉求、补充读者知识、指导学习生活为目的，具有一定的实用价值。一类是学术期刊，刊发的文献以学术论文为主，而非学术期刊刊发的文献如文件、报道、讲话、体会、知识等，只能作为学术研究的资料。学术论文在格式上要求有摘要、关键词和参考文献。在学术期刊中，有一类期刊发文质量高，学科信息量大，被公认为代表学科当代水平和发展方向的期刊，这就是核心期刊。核心期刊按专业评选，如北京大学图书馆牵头评选的《中文核心期刊要目总览》等。

每一种期刊都有一个唯一的身份标识代码——国际标准连续出版物编号（International Standard Serial Number，ISSN），这是根据国际标准ISO3297制定的连续出版物国际标准代码，其目的是使世界上每一种不同题名、不同版本的连续出版物都有一个国际性的唯一代码标识。ISSN由设在法国巴黎的国际连续出版物数据系统管理。ISSN由8位数字组成。8位数字分为前后两段，各4位，中间用连接号相连。ISSN通常印在期刊的封面或版权页上。在我国，期刊还有一个身份标识——CN号，国内统一刊号是指我国报刊的代号，是报刊管理部门为了便于报刊统计、管理而按一定规则进行编排的号码总称。

期刊的特点：出版周期短、传递信息快；材料原始，内容新颖，信息含量大；学科面广、内容丰富。

② 报纸。报纸是一种以刊载新闻和评论为主的定期出版物，它与期刊有相同的特点，但是比期刊时效性更强，出版周期更短，报道信息更快。报纸具有报道及时、涉及面广、信息量大等优点。报纸的学术内容较少，但与人们的日常生活关系很密切，所以拥有大量

的读者，如《人民日报》。

报纸按内容划分为综合性报纸、专门性报纸、知识性报纸和参考性报纸，按出版周期划分为日报、周报、旬报等。

（3）特种文献

特种文献是指出版形式比较特殊的科学技术文献，是图书、连续出版物以外的其他文献类型的统称。它介于图书与期刊之间，似书非书，似刊非刊。这类文献的特点是数量较大、增长快、内容广泛、类型多样，涉及科学技术、生产生活等各个领域，保密性强，有的公开发表，有的内部发行，实用价值大。特种文献主要有如下几种。

① 会议文献。会议文献指在学术会议上宣读或书面交流的论文、报告以及讨论记录等资料。学术会议围绕某一学科或专业领域的新成就和新课题来进行交流、探讨，因此，会议文献的学术性很强，代表了一门学科或专业领域最新的研究成果；尤其是国际性会议或全国性会议的论文，可不同程度地反映某一学科在相应范围内的学术水平、发展趋势和研究的进展情况，它是科研工作重要的信息源。其内容与期刊相比可能不太成熟，但比期刊传递信息更为迅速。

会议文献一般分为会前、会中和会后 3 种形式。会前资料包括会议通知、会议程序单、论文摘要等；会中资料包括开幕词、闭幕词、会议决议书等；会后资料包括会议结束后经整理出版的专门会议丛刊、会议论文集等。会议文献在中国知网和万方数据库中都有收录。外文会议文献数据库有 IEEE Xplore 等。

② 专利文献。专利文献是指有关专利申请说明书、批准公报以及分类、文摘索引等记录载体材料的总称，主要是指专利说明书。专利说明书的内容具体、可靠、详尽，具有新颖性、实用性和创新性，能反映某一领域科学技术的最新水平，是一种启迪思维的重要信息源。通过了解专利文献，一方面可以借鉴他人的研究思路、研究技术，另一方面可以避免科研重复，减少人力、物力等资源的浪费。利用专利文献可以分析研究技术动向、产品动向和市场动向。

专利包括发明专利、实用新型专利、外观设计专利 3 种，它们受保护的期限分别为 20 年、10 年、10 年。专利文献的特点：内容新颖、出版迅速；涉及技术领域广泛、实用性强；具有法律效力；技术上具有单一性和保守性；重复量大。

③ 科技报告。科技报告是指国家政府部门或科研生产单位关于某项研究成果的总结报告，或是研究过程中的阶段进展报告。报告的出版特点是各篇单独成册，统一编号，由主管机构连续出版。在内容方面，报告比期刊论文等专深、详尽、可靠，是一种重要的情报源。

科枝报告主要是以科技成果公报或科技成果研究报告的形式进行传播和交流。自 20 世纪 60 年代开始，中华人民共和国国家科学技术委员会就开始根据调查情况定期发布科技成果公报和出版研究成果公告，由中华人民共和国国家科学技术委员会所属的中国科学技术信息研究所出版，名称为《科学技术研究成果公报》。我国科技报告一般在政府管理部门才有收藏，通过万方数据库可以检索到《科学技术研究成果公报》。

科技报告按研究的进展情况划分为初步报告、进展报告、最终报告，按科研水平的高低划分为绝密、秘密、保密、非密限制发行、公开、解密。科研报告的特点：理论性强，是了解某一领域科研进展、发展动态的重要情报源；保密性强，难以获取。

④ 学位论文。学位论文是指高等院校或研究机构的学生为获取某种学位而撰写的学术论文。学位论文是经过审查的原始研究成果，带有一定的独创性，且具有一定的研究水平，因而是一种重要的信息源。学位论文的质量参差不齐，但所探讨的内容比较专、深，多数有一定的独创性，对研究工作有一定的借鉴作用。学位论文是非卖品，除少数在期刊中刊载以外，多数不公开出版，因而获得原件比较难。但每篇学位论文都有一副本保存在学位授予单位，读者可到学位论文的收藏单位去查阅、复制。

学位论文包括学士论文、硕士论文、博士论文。其中硕士论文和博士论文都是含有独创性的学术性文献资料，价值较高。中文学位论文可以通过中国知网和万方数据库检索得到，外文学位论文数据库目前以 PQDT 较为有名。

⑤ 政府出版物。政府出版物是指政府机关颁布的文件，如政府公报、会议文件和记录、法令汇编、条约集、公告、专题报告、调查报告等，所包括的内容范围广泛，几乎涉及所有知识领域，但其重点在政治、经济、法律、军事、制度等方面。政府出版物按其性质可分为行政性文献和科技性文献。行政性文献包括会议记录、政府法令、方针政策、规章制度、决议和指示、调查报告和统计资料等，它们占政府出版物的 60%～70%。政府出版物具有正式性、权威性特点，对于了解各国政治、经济和研究各国科学技术发展状况具有独特的参考价值。部分政府出版物是保密的，一般很难得到。有的政府出版物定期解密，也有的公开出售，但一般数量较少。目前，不少政府出版物在政府网站上发布，供上网的用户查询与利用。

⑥ 技术标准和规范。技术标准和规范包括技术规范、技术标准、操作规程、建议、准则、术语、专门名词等在内的各种技术文件，是一种具有法定性质的文件。它以科学技术和实践经验的综合成果为基础，经有关方面协商一致，由主管机构批准，以特定形式发布，作为共同遵守的准则和依据。标准文献适应范围明确、专一，对有关各方有约束性，有鲜明的时效性，且一个标准只解决一个问题。还有一些不是以“标准”作题名，但却具有标准性质的文献，如章程等，在实际工作中有着广泛的用途。

技术标准包括尺寸标准、材料标准、性能标准、方法标准、操作规程、术语和图形符号标准、文献标准等。其特点是具有权威性、规范性、法律性、协调性、时效性等。

标准可分为国家标准、地区标准和行业标准，适用于不同范围。标准可以通过中国知网、万方数据库检索得到。

⑦ 产品样本说明书。产品样本说明书是指制造商和销售商为了推销其产品而出版发行的一种商业性宣传资料，主要包括厂家介绍、产品目录、产品样本和说明书等。产品资料形象直观、图文并茂、出版发行迅速，对产品的性能、构造、用途、使用方法及产品规格都有具体说明。由于产品样本说明书介绍的是已经投产和行销的产品，所以通过产品样本说明书可以了解厂家的工艺水平、管理水平和产品发展趋势等方面的信息。产品样本说明书既反映了企业的技术水平和生产动态，又促进了新产品、新工艺的推广应用，对企业管理人员的决策具有重要的参考价值。

产品样本说明书的特点为直观性强，其中附有大量图表、产品特性曲线、方程等；易于获取，厂家为了推销产品，往往免费赠送。

⑧ 技术档案。技术档案是指在生产建设中和科技部门的技术活动中形成的一系列以工程技术图纸、任务书、协议、合同、设计方案以及与此有关的调查统计数据等材料组成的

文件。技术档案一般为内部使用，不公开出版发行，有些有密级限制，因此在参考文献和检索工具中极少引用。

技术档案的特点：技术性、适用性（信息价值很高）、保密性。

除了以上所述主要文献类型外，还有统计资料、地图、乐谱、广告资料等类型文献，它们也是科学研究不可缺少的文献信息来源。

1.2.4　信息、知识、情报、文献及其相互关系

信息作为一个科学概念，最早出现在通信领域，是通信系统传输和处理的对象。随着科学技术的发展，社会信息量剧增，信息概念逐步运用到各个领域。信息的来源与目的不同，提出的信息的定义也多种多样。广义的信息指在客观世界中各种事物的存在方式和它们的运动状态的反映。按通俗的说法，信息就是客观世界一切事物存在和运动所能发出的各种信号和消息。狭义的信息指能反映事物存在和运动差异的或能为某种目的带来有用的、可以被理解或被接受的消息、情况等。因此，可对“信息”一词做出如下定义：信息是物质的一种基本属性，是物质的存在方式、运动的规律和特点的表现，是事物及其现象的内外特征、相互联系及作用的反映。

知识建立在信息的基础之上，是人类通过信息对大自然及人类本身进行挖掘、发现、分析、综合而创造出来的新的信息，是通过实践活动和大脑的思维总结出的新的认识。由此可看出，知识就是人们已知的那一部分信息，是人类通过信息对自然界、人类社会以及思维方式和运动规律的认识与掌握，是人脑通过思维重新组合的、精简化的信息集合。

“情报”一词最早产生于军事领域。我国情报学家严怡民认为：“情报是作为交流对象的有用的知识。”情报是传递中的知识，而传递的知识对传递的对象必须具有有用性，人们不需要或不能理解的知识不能成为情报，因为它不能改变人们的知识结构。归纳起来，可以认为情报是指被传递着的、有特定效用的知识。将知识中的特定部分传递到需要这种知识的使用者那里，被传递的这部分知识就成了情报。

信息、知识、情报、文献 4 个概念既有区别又有联系。人类既要通过信息认识世界、改造世界，还要把所获得的信息组织成知识。由此可见，知识是信息的一个部分。例如，动物异常现象是一种自然信息，人们在长期的社会实践活动中，总结出“动物异常现象有可能是地震发生的前兆”这一结论，这时的信息便转化为知识。知识是人们对自然信息进行系统化的加工而形成的，如果信息不经过人类的加工，不能正确反映客观存在的现象，那么信息还是信息。新知识首先发生并存在于人脑中，这就是主观知识；如果将头脑中认识的结果通过某种物质载体记录下来，就变成了可以传递的客观知识；而随着人类认识的深入发展，这种知识就逐步积累而成为较完整的知识体系，这就是人类创造的宝贵的精神财富。情报属于人工信息的范畴，信息和知识都是它的来源：激活的知识变成情报，失去时效的情报还原为知识。物质运动发出信息，信息经人脑加工变成知识；知识被记录形成文献，被传递成为情报；情报应用于实践产生新的信息，失去时效又还原为知识。由上述可见，信息是知识中的一部分，文献是信息的一种载体。文献不仅是信息传递的主要物质形式，还是吸收和利用信息的主要手段。它们的转换过程如图 1-3 所示。

信息概念不仅包括人与人之间的消息的交换，还包括人机之间、机器与机器之间的消

息交换，以及动植物界信号的交换。知识、情报和文献的本质都是信息，它们都属于信息的一部分，但它们之间的范围大小又有不同。知识属于信息这一大范畴之内，是信息的一部分，信息中的一部分经过人的大脑思维重新组织和整合，变成的对人类有用的、精简化的信息集合就成为了知识；情报是知识的一部分，知识中的一部分被传递者用于特定的目的就变成了情报，信息则是构成知识的原料。文献是记录有知识的一切载体，知识中的一部分被人类用特定的载体记载了下来形成了文献。知识分为主观知识和客观知识，文献记载的是客观知识。这几个基本概念之间的关系如图 1-4 所示。

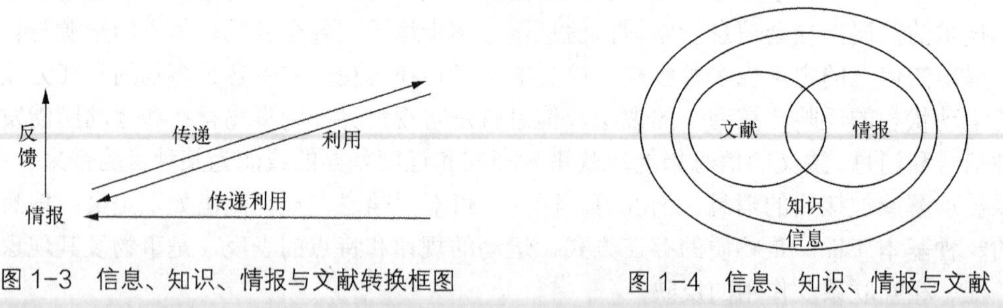

图 1-3　信息、知识、情报与文献转换框图

图 1-4　信息、知识、情报与文献

1.3　图书馆信息资源与服务

在信息时代，由于科学技术突飞猛进的发展，使得知识量激增，并由此带来记载知识的文献量成倍地增长。高校图书馆为了满足学校师生因教学和科研所产生的对国内外数字资源的各种需求，大量引进了各种数字资源。高校数字资源已经是我国数字资源利用较为普及的一个领域。据统计，全国已有 90%以上高校建有校园网络，这为高校数字资源的建设创造了良好的条件。

面对种类繁多的信息资源，如何才能正确、快捷、充分、有效地利用它们，许多学生对此茫然不知，本节将介绍这方面的内容。

1.3.1　图书馆信息资源

图书馆是社会的文献信息中心，也是校园网上的重要信息资源。图书馆的自动化、网络化、数字化建设为图书馆上网奠定了基础，校园网的开通为图书馆提供网上服务创造了条件。各大学图书馆的情况不同，条件各异，提供的网上服务也各不相同，但信息资源大同小异。

1．高校数字资源的建设

高校数字资源的建设主要是指数据库建设。一方面，数据库建设在信息资源建设中起着举足轻重的作用，数据库建设的水平是衡量信息资源建设水平的重要标志；另一方面，馆藏文献资源的数字化建设，或数字信息资源的购买、数字信息资源镜像的设立，它们的最终表现形式仍然是数据库。通常，高校图书馆的数字资源（数据库）包括 4 个方面的内容：馆藏书目数据库、联合书目数据库、特色文献数据库、数据库产品。

（1）馆藏书目数据库

馆藏书目数据库是开发信息资源的基础数据库，是图书馆全面实现网络化、自动化的基础。其作用是对馆藏传统文献（主要是纸质图书和纸质期刊）进行揭示，便于用户检索和利用图书馆的信息资源。

江西农业大学图书馆的馆藏书目数据库检索界面如图 1-5 所示。

图 1-5 馆藏书目数据库检索界面

对于高校馆藏书目数据库，一般可以通过所在大学的图书馆网站找到，但也有些大学图书馆不对外开放。向公众开放的大学图书馆的网站，大多数可以采用以下网址形式进入：lib.大学名称缩写.edu.cn。比如，北京大学的大学名称缩写是 PKU，江西农业大学的大学名称缩写是 JXAU。

通过馆藏书目数据库，我们可以检索相关图书，并获得相关图书的馆藏地点（哪个分馆）、索书号和馆藏状态（馆内借阅、外借、在架上）等信息。显然，这一数据库给我们带来了许多便利。我们足不出户就可了解图书借阅相关信息。

高校馆藏书目数据库的资料主要来源于各馆的回溯书目数据和添加的新数据。目前，我国书目数据库建库主要有 3 种模式：其一，自建数据库；其二，购买标准书目数据库套录（简称套录）；其三，套录与自建相结合。

（2）联合书目数据库

联合书目数据库通常是一个地区或一个国家的图书馆等信息机构在馆藏书目数据库的基础上，通过联机编目建立的反映文献资源收藏信息的书目数据库。联合书目数据库有利于地区间的协作采购和文献资源保障体系的建立，是实现馆际互借、资源共享的前提条件。

① 我国可检索的全国性联合书目数据库是由中国高等教育文献保障系统（China Academic Library&Information System，CALIS）建设的，如图 1-6 所示，通过该检索界面，可以检索到各种文献的馆藏分布。

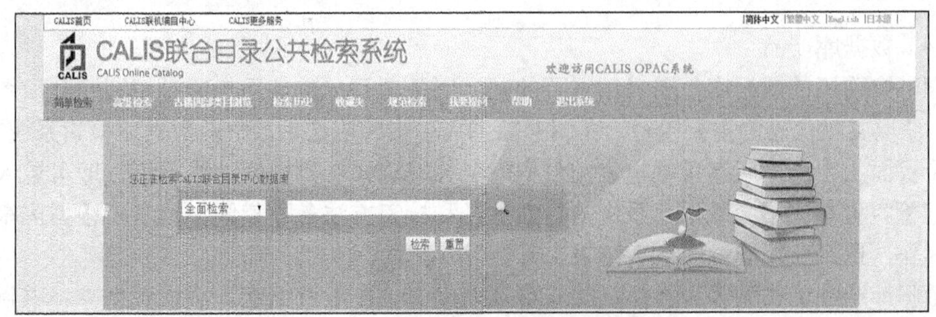

图 1-6 CALIS 联合目录公共检索系统

② 区域性联合书目数据库，如昌北高校图书馆联盟是以江西昌北高校图书馆的传统文献和数字资源为基础，实现了电子文献原文传递、纸质文献馆际互借，为广大读者提供全

方位的文献获取服务，其检索界面如图 1-7 所示。

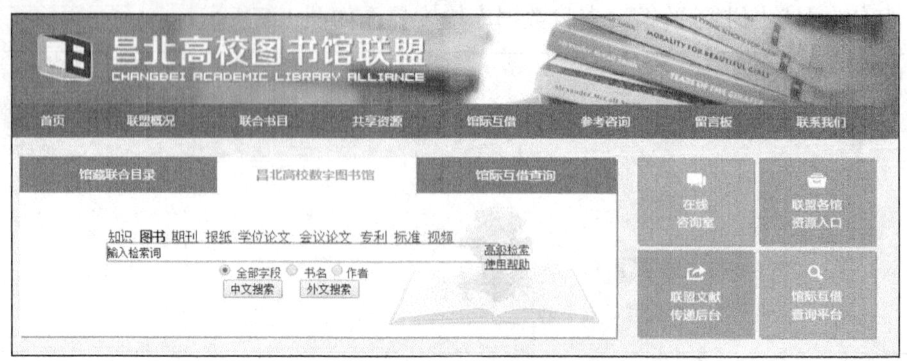

图 1-7 昌北高校图书馆联盟

（3）特色文献数据库

特色文献数据库是指依托馆藏文献信息资源，针对用户的信息需求，对某一学科或某一专题有利用价值的信息进行收集、分析、评价、处理、存储，并按照一定标准和规范将其数字化，以满足用户个性化需求的信息资源库。特色文献数据库可分为特色文献书目数据库和特色文献全文数据库两个类型。特色文献数据库有利于深层次地揭示和利用文献信息资源，是图书馆等信息机构提高信息资源服务水平和开展信息资源共享的重要途径。如江西农业大学的“鄱阳湖生态经济区资源数据库”（见图 1-8）。

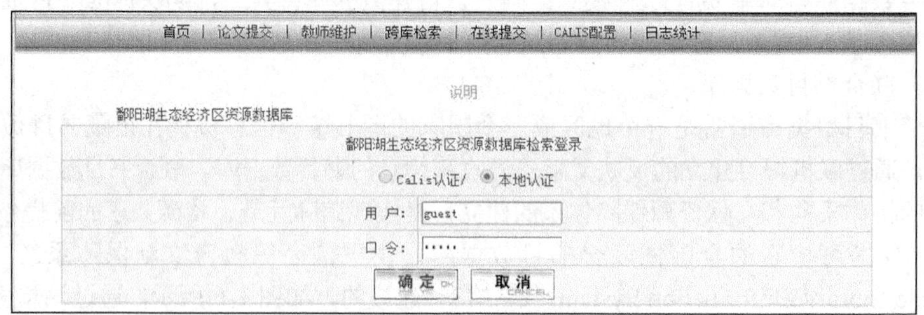

图 1-8 鄱阳湖生态经济区资源数据库

（4）数据库产品

图书馆购买的数据库是图书馆重要的网上服务项目，也是用户通过校园网利用图书馆资源、获取文献信息的主要途径。在图书馆主页单击相应选项，出现数据库检索系统页面。在这个页面上将列出所有可供检索的数据库名称，选择想要检索的数据库，即可进入该数据库的检索状态。不同数据库系统的检索途径和检索方法各不相同，读者可根据屏幕提示逐步操作，直到获得满意的检索结果。

数据库产品的类型多种多样，如光盘数据库、单机版数据库、联机数据库、书目数据库、全文数据库、事实数据库等。这里所说的数据库产品是指数据库生产商开发的、图书馆能够通过购买获得其所有权的各种数据库，也就是商用数据库产品。

高校图书馆拥有的数据库一般分外文数据库和中文数据库，其中部分是免费资源，如图 1-9 和图 1-10 所示。

中文数据库	外文数据库	试用数据库

中国知网	万方数据知识服务平台
中文科技期刊数据库	国家哲学社会科学学术期刊数据库
读秀中文学术搜索	方正电子图书
超星电子图书	博看网畅销期刊数据库 NEW
墨香华文数字报纸平台 NEW	国研网
起点自主考试学习系统	iLearning外语自主学习资源库 NEW
雅乐世界名校精品课程	雅乐国际教育视频库 NEW
爱迪科森网上报告厅	就业培训视频数据库
环球英语多媒体资源库 NEW	江西农大硕博论文库
新东方多媒体学习库	鄱阳湖生态经济区资源数据库

图 1-9　中文数据库

中文数据库	外文数据库	试用数据库

Wiley-Blackwell期刊	Springer全文数据库
EBSCO全文数据库	Science Online数据库
ProQuest学位论文全文库	ProQuest数据库(NSTL联合购买)
Nature电子期刊	Annual Reviews数据库
国道外文全文数据库	Ovid数据库
Emerald回溯库	MeTeL(外文国外高校多媒体) NEW
SAGE回溯期刊数据库	剑桥期刊回溯库 NEW
可公开获取资源平台	CALIS外文期刊题录
NSTL全国免费开通文献	

图 1-10　外文数据库

试用数据库资源主要分两种情况：其一是数据库提供商为了推销产品，作为一种营销策略，主动建议潜在的客户试用；其二是图书馆不确定本校对该数据库产品的使用需求，或者不清楚该数据库产品的使用价值，需要本校师生先试用来决定是否购买，如图 1-11 所示。

已经购买的商用数据库，又分镜像站和远程访问两种。镜像站的数据库产品基本建在高校内网上，供本校师生使用。镜像站的特点是不受互联网的影响，信息获取速度极快，但是占用大量贮存空间，一般比较适合需要经常检索而且检索流量较大的数据库。远程访问是通过学校指定端口（比如学校图书馆端口）或网关直接链接到互联网上的商业数据库，速度不是很快，因此适用于那些检索流量较小、学校图书馆希望通过流量形式进行计费的数据库产品。

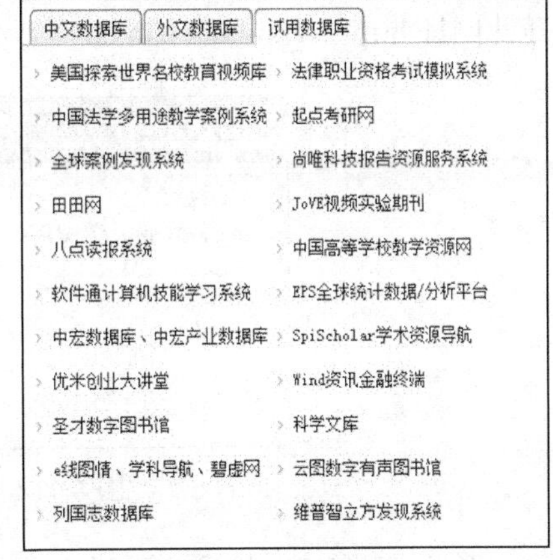

图 1-11　试用数据库

（5）网上电子图书馆、虚拟图书馆资源的利用

图书馆为进一步推进资源共享，纷纷把自己的电子文献上传到互联网，并建立专门的网页，从而大大丰富了网络文献信息资源。Internet 上虚拟图书馆正在把越来越多的电子图书馆或数字图书馆连为一体。读者不必亲自到图书馆去，就可以通过 Internet 进入许多图书馆，任意浏览或下载电子文献，获得所需信息，而不再受传统图书馆的空间距离及固定开馆时间的限制。

2．网络信息导航

无论是图书馆主页还是学校主页，都提供了网络资源的站点导航服务。网络导航是图书馆员将网上的资源进行搜集、分类和加工，整理出对用户利用网上资源非常有利的资源组合。其中使用较多的有以下几类：一是搜索引擎导航，它可以帮助用户链接不同的搜索引擎，并通过这些搜索引擎获得所需的信息；二是大学或图书馆导航，它可以帮助用户链接其他大学或图书馆，并通过这些图书馆主页获得所需信息；三是学科资源导航，这类导航系统对 Internet 上纷繁的电子信息进行收集、加工和整理，形成网上虚拟资源，建立各学科导航库。用户通过浏览和查询这些资源，可以在短时间内快速获得有关学科全面的网上信息。

3．高校数字资源的访问

高校数字资源非常宝贵，在校师生务必利用好这些数字资源。其原因在于，一是高校数字资源比较集中，使用方便；二是这些数字资源供本校师生免费使用（学校花钱购买的），出了校园就得自己付费。

下面，分校内访问和校外访问两种情况，分别介绍高校数字资源的使用方法。

（1）校内访问

目前，大多数高校建有校内网，通过校内网访问这些数据库是非常方便的。但是，多数高校不允许同时连通外网，也不允许通过 ADSL 直接进入学校数字资源，否则，会无法访问校内数字资源，或者能访问但无法下载数据。一般在校园里，连上网线就能进入校园内网，也不需要通过代理访问外网，就能直接进入学校图书馆。

（2）校外访问

在校外访问时，大多数高校需要通过 VPN 设置，或通过特定网页进入这些数据库。因此，首先要清楚所在大学的校外访问方式，是通过 VPN 设置，还是通过特定网页。

相对来说，通过特定网页相对简单，比如江西农业大学是通过特定访问入口进入的。打开此网址 https://vpn.jxau.edu.cn/，就能见到登录窗口，如图 1-12 所示。

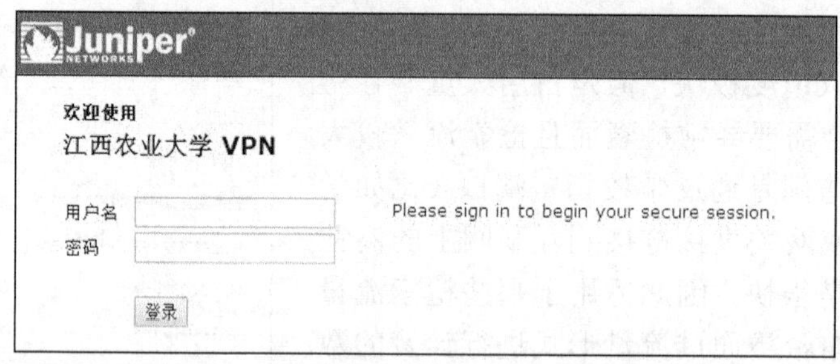

图 1-12　江西农业大学 VPN 登录页面

至于通过 VPN 设置方式进入，不同高校，其设置方法也不相同。不过，学校基本都会给出详细设置说明。在百度搜索“大学 VPN 设置说明”，就会发现许多高校是通过这种方法让校外的本校师生访问校内资源。之所以要进入校内网，是因为商用数据库都是限于本校师生使用的。校外网络必须通过身份确认，才能访问这些商用数据库。凡是本校师生都有用户名和密码，输入这些信息就能通过身份确认。当然，有的高校并没有给学生提供相应的用户名和密码，那就只能限于校内使用。

1.3.2　图书馆信息服务

图书馆信息服务是充分利用图书馆现有的各种实体资源和网上虚拟资源，尽量扩展相关问题的知识涵盖面，依靠现代信息技术提供知识面很广的各种服务。信息服务是高校图书馆的重点服务工作，包括以下几个方面。

1．外借服务

文献借阅是图书馆传统的、基本的服务方式，主要包括文献外借、馆内阅览等。除需要保护的文献，如古籍、珍稀文献、孤本等只提供馆内阅读外，其他文献通常均可以外借。读者需要了解图书馆馆藏资源的组织和图书借阅流程。

（1）馆藏书目检索

现代化的高校图书馆为读者提供文献信息查询时，已经采用了简明、快捷、查询功能全面的计算机检索方式。读者可利用图书馆联机公共检索目录系统（On-Link Public Access Catalogue，OPAC），通过任意词、题名、著者、出版者、年代、主题词或分类号进行检索。通过书目查询，即可了解某种藏书馆藏情况，如果在馆，系统会提醒可借阅。

以江西农业大学图书馆为例，读者可以通过以下两种方式查询图书馆的图书及其借阅情况。

① 到南区逸夫图书馆一楼大厅的检索机上的专用“检索系统”查询图书情况。

② 通过校园网络查询。

a．登录江西农业大学图书馆主页中的“图书查询”栏目。

b．在图书查询页面，可以进行图书查询，了解新书通报情况和自己借还书的情况。

（2）借还书流程

读者按照各个图书馆的规定，凭相关证件入室或入库取书，办理借阅手续。

2．参考咨询服务

参考咨询服务主要负责解答读者在利用图书馆过程中产生的各种问题，内容涉及馆藏资源及其利用、文献查找途径及查找中遇到的问题、图书馆的各项服务与规则等，目的在于帮助读者有效地利用图书馆。提供咨询服务的方式包括以下几种。

（1）现场咨询

图书馆一般设有总咨询台，接受读者的当面咨询。咨询台通常设在读者流量比较大的地方，并且有比较明显的标志。在咨询台值班的图书馆员通常称为参考馆员。参考馆员要解答读者在台前提出的与检索文献信息、利用图书馆有关的各种各样的问题。例如，如何使用 OPAC，在何处可以找到我国外贸的最新统计数据，怎样使用某个全文数据库等。口头咨询的特点是时间紧促，要求在较短时间里迅速给出正确的答案。

（2）电话咨询

图书馆电话咨询服务是通过电话这个媒介直接或间接与读者沟通并提供服务的举措。图书馆设置电话咨询岗位，提供电话咨询服务，由资深参考馆员通过传统的电话解答读者的咨询。电话咨询能够缩短信息源与读者之间的空间距离，利于读者方便、快捷地获取信息。

（3）虚拟参考咨询

虚拟参考咨询是图书馆利用现有的网络平台推出的一种参考咨询服务形式。用户不受任何系统、资源与时空的限制，通过电子手段（如 E-mail、Web 表格、在线交谈、商务软件、视频会议等）提出咨询问题，受理咨询者（可以是个人、参考馆员、专家及计算机系统等）同样以电子手段及时给予答复。

① 常见问题解答（Frequently Asked Questions，FAQ）。FAQ 是一种解答式服务，它是图书馆根据长期工作实践经验和对用户的调查，将用户可能问到的或实际问到的一些问题及其答案编辑成网页，并在图书馆 Web 站点主页的显要位置建立链接。FAQ 具有非常重要的作用，因为在日常工作中，图书馆员往往必须解答不同读者提出的同一问题，在虚拟咨询服务中也是如此。如果读者在寻求图书馆员帮助之前，先在 FAQ 数据库中查询自己所要的内容，就可大大节省自己和工作人员的时间。一个界面友好、检索方便、回答问题清楚

而全面的常见问题解答数据库是高校图书馆数字化参考咨询环境非常实用的组成部分。FAQ 是参考咨询的重要补充，大大避免了馆员的重复性劳动，是宣传图书馆资源与服务的重要窗口。

清华大学图书馆的 FAQ 设立在图书馆主页右上角“咨询”栏目下的二级类目里面，问题分为参考咨询相关问题、一般性问题、查找资料、电子资源使用、学术资源信息门户、馆藏目录查询、图书流通阅览、图书馆规则、馆际互借、读者服务、网络服务相关问题、来自校外读者的问题、学位论文格式及电子版验收、常用名词术语等。读者可以根据需要，进行分类浏览，单击每一个大类的超链接后会出现若干个相关的小类问题，再将这些具体问题的超链接打开，就会得到具体的答案。另外，清华大学图书馆在设立 FAQ 浏览功能的同时，还设立了 FAQ 检索功能，使用起来非常方便。

② E-mail 及 Web 表单。基于 E-mail 及 Web 表单的参考咨询服务是目前虚拟参考咨询服务中较简单且较流行的形式。单向交流的 E-mail 服务是一种简单的解答式服务，但有些实时在线的交互服务也用 E-mail 来提问和解答。利用 E-mail 是目前网上参考咨询服务的主要形式，它包括两种方式的服务：一种是简单的 E-mail 问答服务，即用户利用 E-mail 发送提问，参考馆员也利用它将答案返回给用户，大部分图书馆都在开展这项服务；另一种方式就是在虚拟咨询台上设置 Web 表单，用户通过填写 Web 表单来提问。如今越来越多的图书馆使自己的虚拟咨询服务实现了 Web 化。用户可以根据自己的需要有选择地下载表格，利用这些表格可以给图书馆提意见，或发送订购书刊的请求，或就检索问题寻求图书馆员的帮助等，既方便了用户提问，又方便了参考馆员的解答，大大节省了双方的时间。

③ 实时虚拟参考咨询。虚拟咨询台即实时在线的虚拟服务，这是一种交互式的服务。它通过网络聊天软件（如 QQ）、视频会议或基于 Web 的聊天室等方式，由参考馆员在网上虚拟社区直接“面对”用户，即时回答用户的咨询。在这种服务方式中，参考馆员可以非常方便地向用户发送解答其问题的网页；用户也可以就自己的问题和参考馆员讨论或反复提问直至满意为止。虚拟咨询台从根本上改变了图书馆员与读者的交互关系，将咨询服务带入了一个新纪元，使参考咨询工作重新焕发了生机，成为现代图书馆服务新的生长点。

3．新书通报服务

新书通报，即报道图书馆新入藏文献的书目索引，是图书馆为了推荐馆藏，将到馆新书目录选择部分或全部推荐给读者。在每批新书交付流通时，新书通报也随之刊发，全面、系统地向读者介绍本批新书的情况。它通常按文献类型分类编排，反映每种新书的题名、著者、出版者、索书号等主要款目事项，以方便读者查询和借阅。由于馆藏不断增加，每批新书上架后很容易被淹没在书海中，读者很难及时查找到所需新书，而新书通报弥补了这一缺陷，通过宣传、推介新书，帮助读者迅速了解新馆藏，对于提高图书利用率有显著的作用，是图书馆读者服务工作的重要环节。新书通报的作用体现在 3 个方面：一是深入读者，加强文献资源开发利用；二是开阔视野，及时反馈情报信息；三是揭示馆藏，不断提高图书采编质量。

新书通报根据载体形式可以分为纸质新书通报和电子新书通报。纸质新书通报是利用印刷的方式，将新书目录打印出来，向读者进行推荐。纸质新书通报有以下几种方式：一是在图书馆的宣传橱窗或校园内的宣传橱窗进行张贴，有的图书馆则张贴在各阅览室门口，这样让读者找新书较方便；二是通过在图书馆出版的信息简报上进行登载；三是单独印发，向读者免费发放。纸质新书通报需要一定的印刷成本，读者获取途径单一，如果只是在馆内张贴，则只有到馆读者才能看到；另外，受印刷时间影响，时效性不够，尤其是放在信息简报上的新书通报，往往可能到读者手上时，新书已变旧书了。而且为了节约成本，新书通报的提示内容往往不够多，只限于基本的题名作者等，没有详细内容提示和评价，对读者利用新书造成障碍。为了弥补纸质新书通报的缺陷，利用现代技术，图书馆推出了电子新书通报。电子新书通报是指利用网络平台，通过电子的方式向读者推荐新书。根据不同的位置，电子新书通报也有多种方式。第一种方式是图书馆利用自动化系统，通过推送的方式，及时向读者发送新书目录。这一方式要求读者事先进行定制，如果不定制，则发送的是所有的新书目录。第二种方式是利用公共检索平台，读者在检索书目时，可以看到新书目录。第三种途径是在图书馆网站上进行推荐。不管哪种途径，电子新书通报揭示的内容更深入，可以有详细的内容介绍，甚至可以提供图书目录、读者评价等方面的内容，更方便读者选择新书。此外，图书馆还提供了个性化的新书推荐，比如新书特别推荐，即在每批的新书中推荐几本有特色的图书给读者，所谓有特色，即是同类书中见解新颖、别具风格的图书；专家荐书是由资深专家推荐的新书书目；专业新书推荐是按专业向读者推荐新书；公共新书推荐则是将外语、数学等公共课的教学参考书进行推荐。

图 1-13 所示为金盘系统的新书通报。

图 1-13 金盘系统的新书通报

4．馆际互借与文献传递

（1）馆际互借指图书馆工作人员根据读者的需求，将本馆没有收藏的图书，从其他收藏馆借阅过来供读者使用的一种服务。馆际互借一般针对图书而言。当读者特别需要某种文献，而本馆又未收藏时，可通过馆际互借的办法互通有无。这种文献流通形式，不仅运用在地区范围和全国范围内的馆际，还可发展到国际范围的馆际。馆际互借是文献资源共享的一种重要方式。

建立馆际互借关系的图书馆，对互借文献的范围、办法等都会共同协商，制订出馆际互借规则。其主要内容包括建立馆际互借的目的、对象、权利和义务，互借关系的有效期限和手续，借阅范围、数量、期限以及损坏、遗失赔偿办法等。馆际互借一般允许图书外借或部分复印（由于涉及版权问题）。音像型文献、计算机软件通常不外借。

馆际互借的服务方式一般有以下两种。

① 在同一地区内，互发通用借阅证，让读者自己到有互借关系的任何一个图书馆或文献收藏机构利用文献。

② 图书馆工作人员帮助读者获取文献。首先，读者向图书馆的馆际互借处提出申请；其次，工作人员确定拥有所需文献的图书馆和可接受的价格，并向该馆发送馆际互借申请；最后，由对方将所需文献传递过来，或由工作人员前往该图书馆将文献借出、复印带回。馆际互借处收到读者所需文献后，通知读者。

（2）文献传递是将用户所需的文献复制品以有效的方式和合理的费用，直接或间接传递给用户的一种非返还式的文献提供服务，它具有快速、高效、简便的特点。现代意义的文献传递是在信息技术的支撑下从馆际互借发展而来，但又优于馆际互借的一种服务。

文献传递服务包括本馆文献提供和外馆文献提供两部分。本馆文献提供是指为校外读者复印、传递本馆收藏的各种原文文献。外馆文献提供是指为校内外读者向国内其他高等院校图书馆或文献提供机构（如国家图书馆、中国科学院图书馆等）、国外的高等院校图书馆或文献机构等请求提供原文文献复制及原文传递服务。

5．科技查新

科技查新简称“查新”，是指以具备一定信息资源基础与相应查新咨询资质人员的查新站为委托方，在科研立项、新产品开发、专利申请和科技成果鉴定等方面提供鉴证的一种深层次的信息咨询服务工作。科技查新服务由查新机构针对某一特定课题，通过计算机检索和手工检索等途径，查找出大量与委托方项目相关的国内外科技文献资料，结合必要的调查研究，对有价值的文献资料进行综合分析，审查其新颖性，在此基础上写出有根据、有分析、有对比、有建议的科技查新报告。这些都是单纯的文献检索所不具备的，也有别于专家评审。目前科技查新已经发展成为社会各领域用于判断项目新颖性的鉴证手段。

6．教学与培训

图书馆通过多层次、全方位的教学与培训活动，帮助读者了解图书馆、利用图书馆，提高个人的信息素养。图书馆的文献能否得到充分利用与读者是否具有使用文献的技能有很大关系。因此，对读者进行培训显得十分重要。培训读者主要从两方面入手：一方面，培养他们的情报意识，激发他们利用图书馆的欲望，使他们自觉地认识到图书馆是自己的良师益友、终身学习的场所；另一方面，提高他们利用图书馆和检索情报的技能，以便能熟练地利用图书馆。具体地说，就是图书馆通过各种方式向读者传授“怎样利用图书馆”的知识，包括目录学知识、文献知识、信息检索与利用知识、网络数据库使用等。教学与培训的方式包括新生入馆教育、专题讲座、搜索大赛、阅读沙龙、真人图书馆、文献检索教学、微课等。

7．学科服务

学科服务指为了在图书馆与各学科用户之间建立直接的联系，掌握教学科研工作对文献资料的需求，帮助广大师生充分了解和利用图书馆的资源与服务，图书馆组建学科工作组，为各学科用户设置学科馆员，对口负责本学科师生的信息服务工作。服务项目如下。

（1）学科资源建设

① 制订对口院系的相关学科的馆藏资源（包括各种载体的文献）发展计划。

② 了解对口院系的信息需求，联系和组织院系教师、科研人员圈选文献，参与推荐、选订对口学科的中外文图书，并配合采访工作人员做好中外文期刊续订、增订、删除工作。

③ 试用、评价相关学科的电子资源。

（2）学科联络

① 与对口院系经常联系，收集师生们对图书馆资源和服务的建议及要求。

② 向对口院系师生及时通报和推送图书馆的最新资源和服务项目。

③ 建立对口院系重点学科的教师档案，开展个性化的信息服务。

④ 参与对口院系组织的有关学术活动，及时了解相关学科的发展动态。

（3）学科信息服务

① 通过电话、电子邮件等方式及时解答对口院系师生有关图书馆资源和服务的疑问。

② 为对口院系师生提供利用图书馆的指导和培训，包括介绍图书馆各种载体的资源和服务项目的专题讲座等。

③ 承担科技查新、代查代检工作，开展定题和跟踪等个性化学科服务。

④ 搜集、鉴别和整理相关学科的网络信息资源，参与相关学科文献资源的分析、评价工作。

8．代查代检

代查代检是图书馆以其丰富的网络资源、数据库资源及国内外联机数据库系统为支持，根据各类读者或用户的检索要求，提供多种用途和多种形式的信息检索服务。

（1）文献检索服务：针对自然科学、社会科学及人文科学各个学科、各种目的的研究课题，以描述课题的主题词、关键词作为检索入口，从开题立项、研究中期，直到成果验收，开展全程的文献检索服务。检索结果大部分为文献的文摘，也有一部分为电子全文。

（2）文献收录及被引用检索服务：通过作者姓名、作者单位、文献篇名、期刊名称、会议名称、会议时间、会议地点、发表时间等途径，查找文献被科学文献索引（Science Citation Index，SCI）、社会科学引文索引（Social Sciences Citation Index，SSCI）、工程索引（The Engineering Index，EI）等数据库收录和引用的情况，并依据检索结果出具检索证明。

（3）商业经济信息检索服务：提供国内外公司的名录、产品、经营范围、雇员人数、财政状况、销售额等信息检索服务；提供国内外机械、电子、计算机、化工、石油、建筑、医疗设备等各行业的产品及其供货商的信息检索服务；提供市场趋势、经济发展、经济统计、经济预测及国际贸易等经济信息检索服务。

1.4 移动图书馆

1.4.1 移动图书馆产生的背景

随着 GPRS、3G、4G 和 Wi-Fi 等无线网络技术的发展和智能手机、iPad 等移动终端的广泛使用，人们的阅读方式与资源获取途径发生了巨大的变化，移动阅读改变了人们的生活，同时也改变了图书馆的服务模式和手段，并使移动图书馆服务得到快速发展。这里的移动图书馆指的是利用移动终端设备获取电子图书资源的一种服务方式，它是图书馆阅读服务的延伸和补充模式，是移动通信技术和数字图书馆相结合的产物。依托目前比较成熟的无线移动网络、互联网及多媒体技术，人们不受时间、地点和空间的限制，通过使用各种移动设备（如手机、掌上计算机、eBook、平板计算机等）可方便、灵活地进行电子图书阅读等类型的新兴的信息服务模式。

1.4.2 移动图书馆的服务内容

1．信息发布与交互服务

图书馆利用移动图书馆平台向读者发布相关信息，并为读者提供交互服务。信息发布与交互服务主要有以下 4 种形式。

（1）通知公告类服务：将新闻、讲座、展览、新书通报等内容发送给读者，主要由短信方式实现。

（2）指南类服务：在移动图书馆的无线应用通讯协议（Wireless Application Protocal，WAP）网站上提供一些指南类页面，如办证流程、入馆须知、阅览室分布、馆情介绍、联系方式等，以供读者在线查阅。

（3）互动交流类服务：读者通过短信或博客、论坛、微博、空间、读者留言等方式，发布意见或建议、书刊推荐、书评等。

（4）客户端服务：它是图书馆为读者提供的个性化服务之一，该功能是基于本地手机客户端的应用，也称为 App 应用。读者在使用时，需下载软件到手机上，再进行功能操作。

2．移动 OPAC

将 OPAC 移植到移动图书馆上，称之为移动 OPAC。其主要内容如下。

（1）注册与维护：主要功能是个人账户信息的注册与维护，如修改基本信息、修改密码、绑定手机号、绑定借阅证等。

（2）书目查询和预借：用户可通过移动图书馆平台，检索和查询自己所需的图书，对已经借出的图书进行预约登记等。

（3）提醒和续借：主要包括外借图书的逾期提醒和图书归还后的预约提取通知等服务。

（4）事务处理类服务：主要指通过手机进行图书馆事务的处理，如采编、书目清点、系统维护、跟踪服务等工作。

3．移动数字资源服务

移动数字资源服务是指读者通过智能手机、eBook 等便携式移动设备，使用网络即可自由访问图书馆的数字资源，并且可以在线阅读和下载。读者主要是通过手机的上网功能，登录并访问移动图书馆网站，可以进行数字资源的一站式检索、在线浏览、下载阅读、馆际互借等，还可以在线观看、浏览、下载多媒体资源。这些数字资源和多媒体资源包括电子杂志、电子报纸、电子图书、电影、电视、视频、音乐、随书光盘、网上报告厅、网络课堂、在线讲座等。

1.4.3　移动图书馆的特点

1．实时性和移动性

移动图书馆打破了传统图书馆和数字图书馆在地域及时间上的服务限制，任何人在任何时间、任何地点都可通过移动终端轻而易举获得图书馆的信息资源。

2．交互性

交互性主要体现在两个方面：一方面，用户或读者通过手机短信的形式，向图书馆业务部门进行参考咨询，工作人员答疑解惑与之进行实时交流；另一方面，体现在移动图书馆提供了馆藏书目的自主查询、预约、续借等服务，方便了读者随时随地与图书馆交流。

3．便捷性

移动图书馆集 OPAC 系统、一站式检索系统、文献传递系统、数字资源等为一体，读者只需在移动终端上网，即可轻松地实现图书馆各种资源的获取，既方便又快捷；同时，作为终端载体的手机、iPad 等有体积小、质量小的特点，方便携带。

4．主动性和个性化

用户接受信息和知识时，由以前的被动接受，转变成现在的自主服务。用户可以根据自己的需求，对感兴趣的信息进行个性化订制。

1.4.4　移动图书馆使用指南

下面以超星移动图书馆为例，介绍移动图书馆使用指南。

1．下载/安装

超星移动图书馆依托集成的海量信息资源与云服务共享体系，为移动终端用户提供了资源搜索与获取、自助借阅管理和信息服务定制的一站式解决方案。用户可在手机、iPad 等移动设备上自助完成个人借阅查询、馆藏查阅等功能，同时可自由选择超过百万册电子图书、海量报纸文章及中外文献元数据，并可获得方便快捷的移动阅读服务。用户在安装超星移动图书馆客户端软件后，在联网条件下，即可单击圈图标，进入超星移动图书馆，如果是机构用户服务，首先要选择所在机构，然后输入所在机构的用户名及密码，即可进入移动图书馆。

2．方法/步骤

进入超星移动图书馆主页面，可以看到有很多栏目，包括书架、学术资源、公开课、报纸、视频等。最下面的任务栏有“扫一扫”“订阅”栏目，如图 1-14 所示。

单击“学术资源”，其中有图书、章节、期刊、报纸和视频等栏目，还有最新出版的书籍简介，供读者免费观看，如图 1-15 所示。

图 1-14　超星移动图书馆主界面

图 1-15　超星移动图书馆“学术资源”界面

单击“馆藏查询”，登录成功后，就可以随时随地查看本学校的馆藏资源，并做些记录，可以直接到图书馆借书，避免了排队、查书，如图 1-16 所示。

单击“图书馆公告”，可以查看最新的图书馆开放信息、培训讲座、新书、数据库使用等情况，方便大家使用各种资源，如图 1-17 所示。

图 1-16　超星移动图书馆“馆藏查询”界面

图 1-17　超星移动图书馆“图书馆公告”界面

单击“书架”，如果你没有下载书籍，那么这一栏是空的，反之会在下面排列下载的书籍，单击即可进入阅读，也可以设置明度、纸张、书签等个性化的选项，如图 1-18 所示。

单击“公开课”栏，可以下载超星数据库里面的公开课，并直接在手机上看，非常方便，如图 1-19 所示。

单击“报纸”，里面有很多报纸可供选择。如果页面上报纸不能满足你的“胃口”，可以单击右上角的“添加”进一步选择，如图 1-20 所示。

图 1-18　超星移动图书馆的“书架”界面

图 1-19　超星移动图书馆“公开课”界面

图 1-20　超星移动图书馆“报纸”界面

滑到第 2 页，其中的特色选项便是“有声读物”，添加订阅里面还有很多个性化的读物供大家选择，如图 1-21、图 1-22 所示。

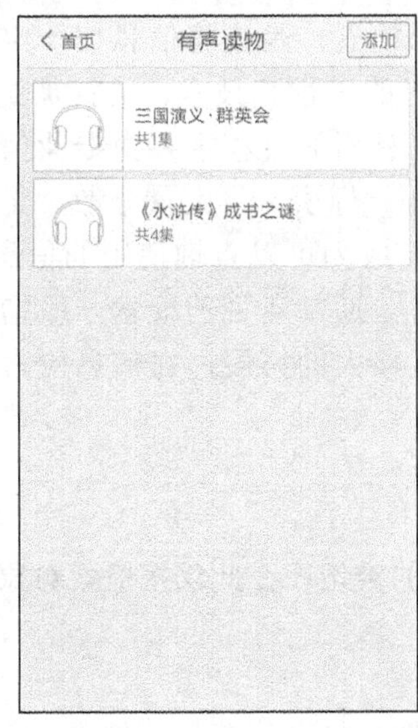

图 1-21　超星移动图书馆“有声读物”界面

图 1-22　超星移动图书馆“添加应用”界面

第 2 章

信息检索基础理论

佛罗里达州立大学道尔大厅的门楣上刻着："知识的一半，是知道到哪里去寻找它。"德国柏林图书馆大门上刻着："这里是人类知识的宝库，如果你掌握它的钥匙的话，那么全部知识都是你的。"检索正是人类打开现代知识宝藏的金钥匙。当今社会，信息浩如烟海、如潮涌动，从日常生活到科学研究，人们都在自觉或不自觉地传递、接收和利用信息。信息变得与空气和水一样重要，因此有人将信息与物质、能源并列称为世界三大基本要素。信息检索的知识与技能是当代大学生必须具备的基本能力，对学生日后不断吸收新知识、改善知识结构、提高自学能力和研究能力、发挥创造才能都具有十分重要的意义。

2.1 信息检索概述

2.1.1 信息检索的定义

信息检索（Information Retrieval）全称信息存储与检索，是指将信息按一定的方式组织和存储起来，并根据信息用户的需求找出所需信息的过程和技术。也就是说，广义的信息检索包括"存"和"取"两个环节。信息存储（标引）过程主要由专业信息标引人员、图书情报部门的专职人员依据检索语言进行编制、标引，将大量分散、无序的信息集中起来，并经过加工整理，使之有序化、系统化，成为可以查询使用的信息集合；狭义的信息检索是指从信息集合中找出所需信息的过程。通常所说的检索一般指狭义的信息检索。随着 Internet 的发展，网络信息空间得到了极大的拓展，在信息检索中也占有很重要的位置。

2.1.2 信息检索的类型

根据不同的划分标准，可以将信息检索划分为不同的类型。在此仅按检索对象和检索手段两种方式进行划分。

1．按检索对象划分

根据检索对象的不同，信息检索可分为以下 3 种类型。

（1）数据检索

数据检索是以数据为特定的检索对象的检索，即查找文献中的某一数据、公式、图表以及某一物质的化学式等。数据检索是一种确定性检索，检索的结果是经过核实、整理的数据信息，是用户可以直接利用的信息。例如，查找学位论文的分类号、GDP、CPI、恩格尔系数等即为数据检索。可利用的工具主要有百科全书、辞典、年鉴、手册、名录及其相对应的数据库和网络资源等。

（2）事实检索

事实检索是以事实为对象的检索，即查找某一事物发生的时间、地点及过程等。事实检索与数据检索一样，是一种确定性检索，检索的结果可以供用户直接利用。例如，查找“学分制”“厄尔尼诺现象”，查找某产品的生产企业、性能或某机构的概况等。可利用的工具主要有百科全书、字典、辞典、年鉴、手册、名录及其相对应的数据库和网络资源等。

（3）文献检索

文献检索是指以文献原文为检索对象的检索，它是利用检索工具和系统查找文献线索、获取文献信息的过程。传统的文献检索过程一般包括两个步骤：第一步是通过手工检索工具（目录、文摘、索引、题录）获取文献线索（文摘题录信息），第二步是据此查找或复制文献全文。随着全文检索系统和超文本检索系统的发展，人们已经可以利用计算机全文检索系统直接获取全文文献信息。文献检索是要检索出包含所需要信息的文献，是一种不确定性检索，其检索结果是与某一课题有关的若干篇论文、书刊的来源及收藏地点等。因此，文献检索一般使用文摘、目录、索引、题录检索工具及其相对应的数据库、全文数据库和网络资源等。

2．按检索手段划分

按检索手段的不同，信息检索可分为手工检索、机械检索和计算机检索。

（1）手工检索

手工检索是检索人员利用手工检索工具，通过手翻、眼看、大脑思维判断索取原始文献的检索。这类工具是传统的印刷型检索工具，如文摘、目录、索引、题录。手工检索的优点：检索条件简单、成本低；检索过程中可以随时获取反馈信息，及时调整检索策略；检准率高。手工检索的缺点：漏检严重；检索速度慢。

（2）机械检索

机械检索是借助力学、光学、电子学等技术手段和机械智能设备等进行的信息检索。其类型有穿孔卡片检索、缩微胶片检索与缩微存储平片检索。随着计算机检索方式的成功应用，穿孔卡片检索已经不再使用。缩微胶片检索和缩微存储平片检索是利用光电设备和检索系统中的代码区、主题词区感应识别储存资料的标识区，命中检索后送入阅读器阅读或复印。

（3）计算机检索

计算机检索使用的是计算机检索系统，检索系统包括计算机设备、通信网络、数据库和其他辅助设备等。计算机检索包括光盘检索、联机检索和网络检索。

传统的检索手段是手工检索形式。随着计算机技术、网络通信技术和数字化技术的快速发展，以计算机为工具的信息检索形式正逐步替代传统的手工检索形式，成为信息检索的主要形式。

2.1.3 信息检索的原理

在存储信息时，信息著录和标引人员先要对各种原始信息进行分析，把原始信息中包含的信息内容分析出来，形成若干能代表该原始信息主题的概念，并用检索语言（即标引标识）把这些概念标引出来；然后按一定规则存入检索工具或系统，形成信息集合。信息检索的过程是信息存储的逆过程。用户检索时，首先对自己的所需信息进行分析，形成若干主题概念，把这些概念转换成检索语言，用检索语言表达信息提问；然后从检索工具或系统中查找到相关信息（匹配过程）（见图2-1）。简而言之，信息检索原理就是将检索标识与存储在检索工具或系统中的标引标识（包括可检索的著录项）进行匹配，二者一致或信息标引的标识包含着检索标识，则为命中记录。计算机检索是利用电子计算机存储检索文献信息的过程。存储时，文献信息工作者将大量的文献、数据、事实资料以一定的格式输入计算机的软件系统，通过系统的多种分类检索功能组成可供检索的数据库。检索时，将检索提问词组成检索式输入计算机内，计算机将检索提问词与存储系统的数据进行匹配运算，输出符合需要的检索结果。

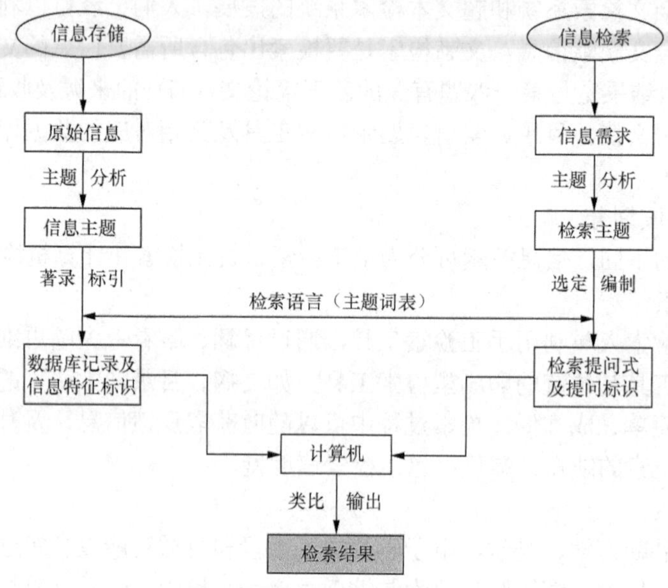

图2-1 信息检索的基本原理

2.2 检索语言

2.2.1 检索语言的定义与作用

1．检索语言的定义

检索语言是用来描述文献内容特征、外部特征和表达信息提问的一种人工语言。它是信息的加工、存储和检索人员共同遵循与使用的特定语言，即在信息存储过程中，用它来描述、标引信息的内容特征和外部特征，从而形成检索标识；在检索过程中，用它来描述检索提问，从而形成提问标识。检索的匹配就是通过检索语言的匹配来实现的，当提问标识与检索标识完全匹配或部分匹配时，结果即为命中文献。

2．检索语言的作用

检索语言在信息检索中起着极其重要的作用，它是沟通信息存储与信息检索两个过程的纽带：① 用于描述、标引文献信息内容特征和外部特征，保证不同标引人员描述文献信息的一致性；② 用于分析、表达用户需求，保证了不同检索人员对信息需求表达的一致性；③ 沟通标引人员和检索人员的思想，保证了检索人员与标引人员对相同文献内容表述的一致性，提高查全率和查准率；④ 对内容相同及相关的文献信息加以集中或揭示其相关性；⑤ 保证了信息存储的集中化、系统化和组织化，便于检索人员进行有序化检索。

2.2.2　检索语言的分类

根据不同的划分方式，检索语言具有不同的分类，通常的划分方式如下。

1．按检索词的规范化程度划分

（1）受控语言

受控语言也称人工语言或规范化语言，是通过对标引词词形、词义、词量及词间关系的规范化管理，消除或减少其歧义，达到标引词表达文献概念的单一性。受控语言主要用来编制参考工具书、手工检索工具的分类目录与各种索引以及网上数据库中的分类导航表等，如标题语言、元词语言、叙词语言和分类语言等。

（2）非受控语言

非受控语言也称自然语言，指人们日常使用的语言。各种检索工具的正文部分的各条描述记录与计算机检索系统的全文数据库中的各条描写记录，一般都是用自然语言来描述的。目前，自然语言应用越来越广泛，已部分取代主题语言，这是信息检索发展的趋势之一，如今 Internet 上一些数据库也采用自然语言。

2．按检索标识的组配方式划分

（1）先组式语言

先组式语言是指在检索文献之前，表达文献内容的标识已事先固定组配好（编表时已预先固定组配好），如体系分类语言、标题词语言等。

（2）后组式语言

后组式语言是指在编制词表和标引文献时，表达文献主要概念的标识都没有预先固定组配，而是在进行检索时，根据检索的需要，按组配原则临时组配起来。如单元词语言、叙词语言等。

3．根据描述信息的特征划分

（1）描述信息内容特征的语言，主要有主题语言、分类语言和代码语言。

（2）描述信息外部特征的语言，主要有题名、责任者、编号、机构名称和引文等。它采用文献信息的题名、责任者、编号、机构名称和引文等作为著录和标引的对象，检索时可将题名、责任者、编号、机构名称和引文作为检索标识进行检索。

4．按标识的性质与原理划分

（1）主题语言

该划分方法也称为主题法，是一种用词语标识处理原始信息、组织主题检索工具或检索系统的方法。主题语言通常以信息的主题为依据选择语词作为概念标识，将概念标识按照一定规则排列，概念之间的相互关系通过一套参照系统指引等方法间接显示。具体地说，是指以自然语言的字符为字符，以规范化或未经规范化的名词术语为基本词汇，以概念之间的形式逻辑作为语法和构词法，用一组词语作为信息检索标识而构成的一种检索语言。主题语言又分为标题词语言、单元词语言、关键词语言和叙词语言。

（2）分类语言

分类语言是用分类号或类目来表达各种概念，并将各种概念按学科体系或性质进行分类和系统排列的语言。分类语言包括体系分类语言和组面分类语言。目前普遍使用的是等级体系分类法。

国内常用的分类语言主要有《中国图书馆分类法》（简称《中图法》）、《中国科学院图书分类法》（简称《科图法》）、《中国人民大学图书馆分类法》（简称《人大法》）等。国外常用的分类语言有《美国国会图书馆分类法》《杜威十进分类法》《国际十进分类法》等。目前在我国使用较多的分类法是《中国图书馆分类法》。一部完整的分类法由分类表、辅助表和使用说明 3 部分组成。

（3）代码语言

代码语言是指对事物的某方面特征，用某种代码系统来加以标引和排列事物概念，从而提供检索的检索语言。如化合物分子式代码系统、化学物质登记号代码系统、文献类型代码（专利号、合同号、报告号）系统等。

（4）引文索引语言

引文索引语言又称引证关系追溯语言，是通过追溯科技文献之间的相互引证关系，提供从被引文献去检索引用文献的索引语言。

2.2.3 主题语言

1．标题词语言

标题词语言是以标题词作为文献内容标识和检索依据的一种主题语言。标题词通常是指从自然语言中选取并经过规范化处理，表示事物概念的词、词组或短语。规范化处理主要指对词义、词形及词组的组合方式进行处理，使之达到检索语言的要求。标题词是一种先组式规范检索语言。

标题词的结构通常由主、副标题词组配构成，这种结构可称为两级标题。两级标题是按“事物—事物的方面”的原则组成，这样就使存储在检索工具中的文献形成了按“事物—事物的方面”的排检系统。标题词语言通过规范处理与参照系统来表达各主题概念以及各标题词之间存在的各种主要关系。标题词的主要规范类型及参照关系的表达方式如下。

（1）同义词等同的规范：对于等同概念的词，用 see（见）参照方式，优选出一词作标引词，使一个概念只用一个标题词来表达，排除多词一义现象，以避免漏检。例如，同义词：corn，maize，mealie，see maize（maize 为规范标题词）；airplane，plane，aeroplane，see airplane（airplane 为规范标题词）。俗名与学名：rice see oryza sativa（用学名作标题词）。简称与全称：FAO see Food and Agriculture Organization（用全称作标题词）。

（2）相关关系的规范标题词：除等同、等级关系之外的其他关系，用 see also（参见）方式，指引出相关标题，起扩大检索的作用，也可防止漏检。如 Animal housing see also Cattle housing、Pig housing、Poultry housing、Sheep housing（畜舍参见牛舍、猪舍、禽舍、羊舍）。

标题词语言具有较好的通用性、直接性和专指性，适合从事物概念进行特性检索。标题词的不足之处：因其固定组配缺乏自由扩检与缩检能力，难以有效检索复杂的主题概念；标题词表修订年限长，不能及时收录学科专业发展过程中所产生的新概念和术语。标题词目前已较少使用，常用的标题词表有 EI 所用的《工程索引标题词表》（Subject Headings for Engineering，SHE）、《美国国会图书馆标题表》（Library of Congress Subject Headings，LCSH）。

2．元词语言

元词又称单元词，是指从文献中抽取出来的，能表达文献主题的基本的 、不能再分的单元词语。它从文献内容中抽出，经过规范，能表达一个独立的概念，具有灵活的组配功能。元词是不能再分解的概念单元的规范化词，用来标引文献的主题概念；元词具有组配性，但是字面的组配不是概念的组配。例如，“国际贸易”不是单元词，只有“国际”和“贸易”才是单元词。又如，对于“公路桥梁”这一概念，按元词的做法是通过“公路”和“桥梁”这两个元词组配来表达该概念，而标题词则直接选用“公路桥梁”这个词组来表达它。

在实际的检索系统中，元词语言使用极少，但它贡献出了影响深远的组配思想。经过不断发展，它已被更先进的叙词语言取代。

3．叙词语言

叙词是指从文献内容中抽取出来，能概括表达文献信息内容基本概念并经过规范化的名词或术语。叙词语言是一种规范化的检索语言，属于后组式检索语言。它吸收了多种检索语言的原理和方法，既适用于手工检索，又适用于计算机检索。常用的叙词表有：科技文摘数据库（Information Service In Physics，Electro-Techno logy，Computer and Control，INSPEC）的《INSPEC Thesaurus》、EI 的《EI Thesaurus》以及我国的《汉语主题词表》等。

（1）叙词语言的特点

① 吸收了标题词语言对词语进行规范处理的方法，并适当采用标题词语言的先组式方法；同时吸取了标题词语言采用复合词或词组表达文献主题概念的方法。

② 吸收了单元词语言的组配功能。

③ 吸收了分类语言的概念组配原理，以概念组配代替了单元词语言的字面组配。叙词的概念组配不仅能准确地表达文献的主题，而且能避免虚假组配。

④ 吸收并进一步完善了标题词语言中标识系统采用的参照系统，采用了体系分类语言的基本原理来编制叙词分类索引（范畴索引）和等级索引（词族索引），增强了族性检索能力。同时借鉴了关键词语言的轮排方法，从多方面显示叙词的相关关系。

（2）叙词语言的优点

叙词语言具有直观、专指性强、组配性高、结构严谨和标引能力强等优点；概念组配是叙词语言的基本特点，其组配功能强大，提供了较强的多维检索功能，无论多复杂的文献信息主题概念，都可以通过叙词的组配实现有效的检索。叙词语言标引文献信息精度高、有深度，能实现多因素和多途径检索，其编制和使用标准化，叙词表兼容性高，适应计算机编制、管理和检索，且检索效率高，是现代信息检索系统使用的一种比较理想的检索语言。

4．关键词语言

关键词是指从文献的篇名、文摘、正文中抽取的能揭示和描述文献主题内容的起关键作用的词与词组。除了禁用词，如一些冠词、介词、副词或连词外，凡在概念上有实质意义的词都可用作关键词。通常一篇文献信息可以选取 3～5 个关键词。关键词法主要用于计算机信息加工抽词编制索引，国内中文数据库多采用关键词索引。

（1）关键词索引的优点

① 标引时无须查看词表，直接根据题名、文摘中的语词进行标引，简便、易行，可以降低对标引人员的要求，节省标引时间。

② 易于使用计算机编制，实现检索工具编制过程的计算机化，保证通报文献的及时性以及生产过程的高效率和低成本。

③ 能够及时更新词汇，出现在题名、文摘中具有检索意义的词汇均可立即用于标引和检索。

（2）关键词语言的不足

① 关键词检索工具的质量往往直接受文献题名质量的影响。由于不同学科领域的题名在反映文献主题内容的程度上存在很大的差异，用关键词语言建立的检索工具，质量往往不稳定，会导致漏检、误检。

② 作为一种自然语言形式，关键词语言未进行同义词、相关词的处理，用户检索时很难依靠自己的了解查全同一概念的不同词形以及进行相关词的检索，这会增加用户负担，影响查全率。

③ 题名中的不少语词为通用概念，以它们为检索入口建立的检索款目没有实际检索意义。

④ 汉语由于存在分词难题，应用计算机进行汉语关键词抽词标引仍需要解决词汇切分问题。

对关键词语言进行改进的一般方法包括：① 调整禁用词表，根据学科领域的特点和检索的需要，在禁用词表中增加无实际标引和检索价值的一般性质词汇，如方法、利用、应用等，缩小索引篇幅，改进检索效果；② 进行人工干预，如通过人工辅助标引增加题名外的关键词，对词对式索引中不符合加法关系的标题予以删除；③ 改进关键词表，将标引用的关键词整理成表，作为抽词标引的依据，在汉语尚未解决词汇切分的情况下，这一方法特别适用；④ 使用后控词表，利用对同义词、相关词的处理改进检索等。

2.2.4 《中国图书馆分类法》

1.《中图图书馆分类法》的原理

《中国图书馆分类法》（下文简称《中图法》）属于体系分类语言，它是我国图书馆使用较广泛的分类法体系，原名为《中国图书馆图书分类法》。《中图法》初版于1975年，并分别于1980年、1990年和1999年进行修订再版，2010年推出第5版。《中图法》分为5个基本部类和22个基本大类，如表2-1所示。

《中图法》以学科分类为基础，以文献内容的学科属性为主要标准，运用概念的划分与概括方法，按知识门类的学科系统，采用从总到分、从一般到具体、从简单到复杂、从低级到高级的逻辑次序，进行层层划分，每划分一次，就产生许多类目，逐级划分就产生许多级别的类目。类目是指具有共同属性的一组文献资料，被划分的类称为上位类，由上位类划分出来的类称为下位类，上位类与下位类之间一般是等级关系。由于《中图法》是按学科、专业集中文献，并从知识分类角度揭示各类文献在内容上的区别和联系，因此，它提供了从学科分类检索文献的途径。

《中图法》的标记符号采用拉丁字母与阿拉伯数字相结合的混合号码制。其中拉丁字母表示大类，其他各级类目用阿拉伯数字表示。由于“T 工业技术”类的二级类目太多，因此“T 工业技术”类的二级类目也采用字母表示。例如：TD9，T 代表一级类目——工业技术，D 代表二级类目——一般工业技术，9 代表三级类目——计量学。《中图法》基本采用层累制作为编号制度。以经济大类为例介绍如下。

[一级类目]　F 经济

[二级类目]　F0 政治经济学

F1 世界各国经济概况、经济史、经济地理

F2 经济计划与管理

[三级类目]　F20 国民经济管理

F21 经济计划

F23 会计

F24 劳动经济

F25 物质经济

F27 企业经济

F28 基本建设经济

F29 城市与市政经济

表 2-1　《中图法》基本大类

5 个基本部类	22 个基本大类
马克思主义、列宁主义、毛泽东思想	A 马克思主义、列宁主义、毛泽东思想、邓小平理论
哲学	B 哲学、宗教
社会科学	C 社会科学总论 D 政治、法律 E 军事 F 经济 G 文化、科学、教育、体育 H 语言、文字 I 文学 J 艺术 K 历史、地理
自然科学	N 自然科学总论 O 数理科学和化学 P 天文学、地球科学 Q 生物科学 R 医药、卫生 S 农业科学 T 工业技术 U 交通运输 V 航空、航天 X 环境科学、安全科学
综合性图书	Z 综合性图书

2．体系分类法的优缺点

（1）体系分类法的优点

① 体系分类法以学科分类为基础，符合认识事物的规律与处理事务的习惯，容易熟悉和掌握。

② 体系分类法以学科专业集中文献，系统地揭示知识内容，便于从学科和专业角度检索文献，具有较高的查全率，族性检索的效果好。

③ 体系分类法采用国际通用的阿拉伯数字和拉丁字母作为分类符号，通用性强。

④ 体系分类法将主题概念逐级划分，便于缩小或扩大检索范围。

⑤ 便于组织文献资料的排架。

（2）体系分类法的主要缺点

① 体系分类法是一种先组式检索语言，不能随时修改和补充，因而新兴学科产生的类目不能及时体现，较难标引和检索新兴学科的文献信息。

② 体系分类法能较好地反映学科之间直线序列的纵向关系，但不易反映学科与学科间相互交叉渗透的横向关系，对于标引和检索主题概念复杂的交叉学科文献不够准确。

③ 在使用分类语言标引和检索文献信息时必须对学科的分类体系有较深了解。分类语言所使用的标识一般都是号码，在标引文献信息时，需经过双重间接转换（即主题概念—学科概念—分类号码），转换过程易发生偏差，容易出错。

④ 体系分类法本身的系统性、聚类性有利于族性检索，不利于特性检索。

2.3 检 索 工 具

2.3.1 检索工具的定义

检索工具是人们用来报道、存储和查找各类信息的工具。包括传统的二次、三次印刷型检索工具，面向计算机和网络的光盘检索系统、联机检索系统及搜索引擎等各种网络检索系统。

检索工具是随着信息检索技术的不断发展而发展的。随着时间的推移，有些检索工具曾在一定历史时期为信息检索的发展做出过重要贡献，但已经完成了历史使命，现在不再使用了，例如，机械检索工具在当前信息检索利用中已经很少使用了。

2.3.2 检索工具的类型

依据划分的方式不同，检索工具有不同的类型。按照检索手段的不同，检索工具可分为手工检索工具、机械检索工具和计算机检索系统；按照著录形式的不同，可分为目录型检索工具、题录型检索工具、索引型检索工具、文摘型检索工具、全文型检索工具等；按照载体形式的不同，可分为书本式检索工具、卡片式检索工具、缩微式检索工具和机读式检索工具等。

1．线索型检索（检索类）工具书

线索型检索工具是在一次文献的基础上，整理、编制出的提供一次文献信息线索的二次文献，包括目录、题录、文摘和索引等，主要用于查找国内外书刊资料。

（1）目录

目录通常是以单位出版物为著录对象，揭示和报道出版物的外部特征。按组织形式可划分为国家书目、联合目录、馆藏目录、报刊目录、联机目录和网络型目录等多种类型。例如《全国新书目》《全国总书目》《全国报刊简明目录》等。

（2）题录

题录揭示单篇文献的外表特征，是在目录的基础上发展起来的一种检索工具。它与目录的主要不同点在于著录的对象不同，目录的著录对象是整部文献，而题录的著录对象是文献中的论文或章节。例如《中文科技期刊题录数据库》《化学题录》等。

（3）文摘

文摘是在题录的基础上发展起来的，增加了揭示内容特征的摘要部分。文摘是系统著录、报道和揭示文献信息外部特征和内容特征的检索工具，是重要的二次文献。它是对文献中的论文或内容进行浓缩，概括地描述其主要论点、数据、结论等，并注明其出处，按一定的规则编排起来的一种检索工具。文摘分 3 种：指示性文摘、报道性文摘和评论性文摘。例如《新华文摘》《经济学文摘》等。

（4）索引

索引就是将文献信息中的题名、人名、地名、字句及参考文献等分别摘录出来，并注明出处，按一定的规则编排起来的一种检索工具，如主题索引、分类索引、关键词索引、引文索引等。

2．参考型检索工具书

参考型检索工具书又称参考工具书，是能为读者提供各种所需的具体资料的工具书，供人们查阅数据、结论、定义、公式、分子式、人物简介等数据和事实信息。参考工具书是事实检索、数据检索的工具，属于三次文献，一般包括字典和词典、百科全书、年鉴、手册、名录、图表、表谱、类书、政书和方志等。参考工具书一般由序跋（说明编辑宗旨、编辑经过及正文评价等）、凡例（说明收录范围、编制体例、使用方法等）、正文（主体部分，提供检索的主要对象）、辅助索引、附录等构成。

（1）字典和词典

字典是以收单字为主，解释其形态、读音、意义和用法，并按一定排检方法编排起来的参考工具书。如《说文解字》《康熙字典》《新华字典》等。词典，也作辞典，是以词语为单位，解释词语概念、含义、词义变迁及用法的工具书。词典与字典性质相近，我国很多字典兼收一定数量的词，很多词典又以单字为基础，并讲解字形、字音、字义，可以说二者各有侧重，但又不能截然分开，如《辞海》《现代汉语词典》等。

（2）百科全书

百科全书是汇聚人类一切门类知识或某一门类知识的完备的工具书，被称为“工具书之王”“没有围墙的大学”“袖珍图书馆”等。它包括各学科或某一学科的基本知识和重要研究成果，提供学科定义、原理、方法、历史和现状、统计、书目等多方面资料，可供查考各学科名词术语、人名、地名、物名、事件、图像及有关参考文献，如《中国大百科全书》《中国农业百科全书》《中国金融百科全书》等。现在许多人应用网络上的百科全书产品，如百度百科、维基百科等，这些网络上的百科全书产品因更新及时、查找方便、内容丰富而得到人们的青睐。

（3）年鉴

年鉴是一种每年一期连续出版的工具书。它以当年政府公报和文件，以及国家重要报刊的报道和统计资料为依据，及时汇集上一年内的社会科学和自然科学等领域的重大事件、重要时事文献、科学技术的新进展和统计数据，有些还附有大量图表和插图。年鉴编辑单位具有一定权威性，多为政府有关部门、学术团体或研究机构，也有由报社编辑部或大百科全书出版社编辑出版的。年鉴可以说是百科全书的补充。百科全书篇幅浩大，内容极其丰富，尽可能反映科技发展的新水平、新成就。但是，百科全书出版周期过长，如一部百科全书要8～10年才能修订完。年鉴的信息则比较及时，具有信息密集、资料新颖翔实、连续出版等特点，如《中国百科年鉴》《中国农业年鉴》《中国统计年鉴》《江西统计年鉴》《中国教育年鉴》等。

（4）手册

手册是汇集某一范围内基础知识、基本数据、文献资料的参考工具书。它还常用指南、要览、大全、便览等名称。手册有手头常用书的含义，便于随身携带、随时翻阅参考。手册常采用大量表格、图例、照片、符号等将所收录的内容形象化，因而查找方便。大多数手册是针对某一学科或某一领域编写的，因此信息内容较专深。凡遇到具体事实、数据、符号、公式、规格等问题，通常可从手册中找到信息。手册的种类繁多，数量巨大，作用也各有不同和侧重，如《世界知识手册》《国际资料手册》《机械工程手册》《简明化学手册》《气相色谱手册》等。

（5）名录

名录是一种简要介绍人物、团体、物品或地域概况的事实材料的工具书。名录是涉及范围很广的一种工具书，可分为人名录、地名录、机构名录。很多人名录、地名录也称为人名词典和地名词典。有的名录与手册相似，它把某一范围的资料汇集并加以解释，以供参考，如《国际名人录》《近代农业名人录》《全国乡镇地名录》《世界地名录》《中国工商企业名录》《中国图书馆名录》等。

（6）图录

图录是汇集某一学科、某一方面的事物，用图像形式绘录或摄制下来，加以分类编排的工具书。图录包括地图集和图谱。图谱指一系列有内在联系的图像资料。科技图谱具有内容的科学性、文字的通俗性、图像的艺术性、表达的准确性等特点，能形象地揭示复杂的自然科学现象、原理、技术等，可以为科学技术研究提供丰富的直观材料。例如《中华人民共和国地图集》《中国动物图谱》《中国农业气候资源图集》《最新有色金属金相图谱大全》《中国高等植物图谱》等。

（7）表谱

表谱也称“表册”，是以表格形式反映历史人物、事件、年代的工具书，具有信息密集、资料性强和查检方便等特点。表谱包括年表、历表及其他历史表谱，如《中华人民共和国大事记》《中国历代年表》《中国历代纪年表》《中国历史年代简表》《新编万年历》等。

（8）类书

类书是辑录文献中的史实典故、名物制度、诗赋文章、丽词骈语等资料，按类或按韵编排以便查检和征引的工具书。类书一般分为综合性类书和专门性类书。综合性类书是汇辑多门类文献资料的工具书，如《艺文类聚》《初学记》；专门性类书是只收某一门类文献资料的工具书，如《佩文韵府》。

（9）政书

政书是收集历代或某一朝代政治、经济、文化、制度方面的史料，分门别类地加以编排和叙述，是专门记载典章制度的工具书。政书具有真实性、易检性、资料性、汇编性等特点。通过政书可查考典章制度、人物和事物掌故以及辑录古籍、奏章等。首创政书体例的是唐代刘秩的《政典》，我国第一部完备的政书是唐代杜佑在参考了刘秩的《政典》基础上，加以补充和扩大而编成的《通典》。

政书一般分两大类，一类为记述历代典章制度的通史式政书，如“三通”；另外一类为记述某一朝代典章制度的断代式政书，称为会典、会要，如《唐会要》《五代会要》《宋会要辑稿》等。《通典》《通志》《文献通考》合称“三通”或“前三通”。《通典》由唐代杜佑编著，系统记述了自上古黄帝至唐天宝末年的历代经济、政治制度的沿革变迁（其中一部分记述到唐代宗、唐德宗时）；《通志》由南宋郑樵编著，记述上起三皇，下讫隋代的典章制度（部分述至唐代或北宋），内容较《通典》更为广泛；《文献通考》由元代马端临编著，叙载自上古至南宋宁宗嘉定末年的历代典制。

政书与类书的不同之处：首先，类书兼收各类，收录范围广泛，政书仅收典章制度方面的史料；其次，类书是资料的汇编，而政书不仅收集资料，还要加以提炼和组织。

（10）方志

方志又称地方志，是按一定的体例分门别类地系统记载地方行政区域内的政治、经济、文化、地理、社会等方面情况的历史与现状的资料性著述。我国方志的类型有主体与支流之分。主体类型主要按行政区划而定，全国性的称为“一统志”，如《大明一统志》《大清一统志》；省的称为“通志”，如《河南通志》等；州、府、县、乡、镇也各有州志、府志、县志、乡志和镇志；此外还有关志、盐井志、土司志等。支流类就自然对象分，有山志、水志、湖志、塘志等；就人文对象而分，有书院志、古迹志、游览志、路桥志等；另外，记一方之琐闻、轶事，兼及政治、经济、文化的志也属此类。地方志是我国特有的地方文献，有丰富的自然、文化等方面的资料。由于它有地域性、真实性、综合性和连续性的特点，所以人称“地方百科全书”。其功能多在保存历史、资政、教化方面，因而为国家和地区建设与发展提供了借鉴。

随着科技的发展，网络工具书不断涌现，越来越受到人们的关注，如《中国工具书网络出版总库》《维基百科》《百度百科》《中华在线词典》等。

2.4　计算机检索系统

2.4.1　计算机检索系统的定义与构成

计算机检索系统是利用计算机的有效存储和快速查找能力来进行信息的分析、组织、存储和查找的系统，包含硬件、软件及数据库 3 部分。硬件是计算机检索系统采用的设备总称，主要包括计算机主服务器、检索终端、数据输出设备等。软件是用来管理、控制与规定计算机运行步骤的各种程序的总称，包括系统软件和应用软件。系统软件分为操作系统和编译系统等，是计算机固有的工作软件，如 Windows、DOS、UNIX 等；应用软件又称为检索软件，通常包括数据库管理系统、编辑排版软件、自动标引、词表管理、输入/输出控制软件及检索匹配程序等。数据库是计算机检索系统的信息源，是按一定方式存储在一定存储介质上、相互关联的数据集合，是检索的直接对象。

2.4.2 计算机检索的发展

自从 1946 年世界上第一台电子计算机在美国宾夕法尼亚大学诞生以来，随着计算机技术、通信技术、数据传输技术及存储介质的迅猛发展，计算机检索经历了脱机批处理检索、联机检索、光盘检索与网络化检索 4 个阶段，计算机检索正以其快速、高效、便捷、海量等特点赢得广泛的认可和青睐。

1．脱机批处理检索阶段

20 世纪五六十年代是脱机检索的试验和实用化阶段，其特征是检索时利用计算机做批处理。计算机检索工作开始于 20 世纪 50 年代初期。1954 年，美国海军军械试验站图书馆利用 IBM701 电子计算机建立了世界上第一个计算机情报检索系统。1959 年，美国人卢恩利用 IBM-650 电子计算机建成了世界上第一个定题检索系统，为科研机构一定主题的新到文献提供服务。1961 年，美国化学文摘社用计算机编制《化学题录》，首次利用计算机来处理书目信息。在这一时期，计算机还没有连接通信网，也没有远程终端装置，主要是利用计算机进行现刊文献的定题检索和回溯性检索。当时的信息检索是脱机批处理检索，即由用户向计算机操作人员提问，操作人员对提问内容进行主题分析，编写提问式，输入计算机，建立用户提问档，按提问档定期对新到的文献进行批量检索，并将结果及时通知用户。

2．联机检索阶段

20 世纪 60 年代至 80 年代是联机检索试验和实用化阶段。1965 年以后，第 3 代集成电路计算机进入实用化阶段，存储介质发展为磁盘和磁盘机，存储容量大幅增加，数据库管理和通信技术都有深入发展，计算机检索从脱机阶段进入联机检索时期。1965 年，系统发展公司进行了首次全国性的联机检索表演。1967 年以后，联机检索系统相继出现。第一个大规模联机检索系统是 1969 年全面投入运行的美国国家航空航天局（National Aeronautics and Space Adminstration，NASA）的 RECoN 系统。1970 年，美国洛克希德公司的 DIALOG 系统和系统发展公司的 ORBIT 系统相继建成，美国 MEDLARS 也于 1970 年发展了联机检索系统（MEDLINE）。此后不久，欧洲宇航局的 ESA-IRS 和美国纽约时报联机检索系统投入运行。随着国际联机检索系统的发展，信息检索在这一阶段实现了远程实时检索。

3．光盘检索阶段

20 世纪 80 年代以来，一种新型的信息载体——激光光盘在信息检索系统中得到越来越广泛的应用。特别是自 1985 年第一张商品化的 CD-ROM 数据库 Biliofile（即美国国会图书馆的 MARC）推出以来，大量以 CD-ROM 为主载体的数据库和电子出版物不断涌现，从而使得光盘检索以其操作方便、不受通信线路的影响等特点异军突起，大有与联机检索平分秋色之势。早期的光盘检索系统是单机驱动器和单用户，为满足多用户同时检索的要求，即同一数据库多张盘同时检索的要求，出现了复合式驱动器、自动换盘机及光盘网络技术。

4．网络化检索阶段

进入 20 世纪 90 年代，随着互联网的迅速发展、基于客户/服务器的软件的开发和推广，互联网的应用从单纯的科学计算与数据传输向社会应用的各个方面扩展。图书馆、信息服务机构和科研机构以及一些大的数据库生产商纷纷加入互联网，许多联机系统纷纷上网，把自己的系统安装在互联网的服务器上，为信息需求者提供各种各样的信息服务。这些信息构成了极其丰富的网络信息资源，信息检索步入了一个崭新的历史时期。

2.4.3　数据库

1．数据库的定义

数据库是长期储存在计算机内，有组织的、可共享的数据集合，是检索系统的信息源，也是用户检索的对象。

2．数据库的类型

数据库的类型多种多样，按不同划分标准，可分为不同的类型。

（1）按存储介质划分，可分为磁带数据库、磁盘数据库、光盘数据库等。

（2）按信息处理层级划分，可分为书目数据库、文摘数据库和全文数据库。

（3）按照收录的文献类型划分，可分为期刊论文数据库、图书全文数据库、专利数据库、学位论文数据库和产品数据库等。

（4）根据收录文献信息的范围划分，可分为综合性数据库和专业性数据库。

（5）按媒体信息内容划分，可分为文本数据库、数值数据库、声音数据库、图像数据库、视频数据库和多媒体数据库。

3．数据库的结构

数据库一般由文档、记录、字段这 3 个自上而下的层次构成（见图 2-2）。

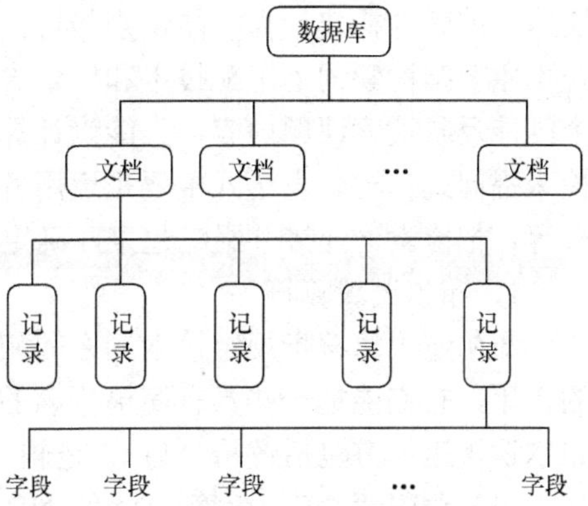

图 2-2　数据库的层次

（1）文档

文档是数据库中数据组织存储的基本形式，是数据和信息的有序集合，由若干条记录组成，一个或若干个文档构成一个数据库。通常一个数据库至少包括一个顺排文档和一个倒排文档。顺排文档是按文献记录的输入顺序（即文献序号）排列的文档，又称为主文档。它将全部记录按照存取号的大小顺序依次排列形成文献信息集合，是数据库的主体内容。在顺排文档中检索，对每个检索式都得按顺序从头到尾进行扫描匹配，存储的记录越多，扫描的时间越长，从而会严重影响检索的速度。因此，倒排文档应运而生。倒排文档是把顺排文档中的标引词抽出，按标引词的字母顺序依次排列而成的文档。每个标引词在顺排文档中的不同物理地址构成倒排文档中该词的地址集合。它既可以按不同类型的字段分别组织不同的倒排文档（如主题词倒排文档、作者倒排文档等），又可以把不同的字段组成一个混合倒排文档。如果将顺排文档看作某种印刷型检索工具的正文部分，那么倒排文档就相当于它的辅助索引。二者的区别在于：顺排文档以完整记录作为处理和检索的单元，倒排文档以记录中的字段作为处理和检索的单元。倒排文档数量越多，检索的途径就越多。

（2）记录

记录是构成数据库的基本单元，是对某一实体的属性进行描述的结果。在期刊全文数据库中，一条记录相当于检索刊物中的一篇论文，其属性就是期刊论文的著录项目，一般应包括文献的题名、著者、关键词、出版单位、出版时间、期刊号和页码等。

（3）字段

字段是记录的基本组成单元，是有关一篇文献或一条记录的基本数据单元，每一个字段都反映该篇文献或该条记录的一个方面的信息，组合在一起形成对一篇文献信息的内容特征和外部特征的完整描述。在文摘数据库中，一条记录应包含原始文献的题名、著者、出处、出版时间、分类号、文摘、主题词或关键词等字段。每一个字段都有一个相应的标识符，以便计算机识别。

2.4.4 计算机检索技术

计算机检索的实质是“匹配运算”，即由检索者把检索提问变成计算机能识别的检索表达式输入计算机，由计算机自动对数据库中各文档进行扫描、匹配。掌握计算机检索技术，快速、准确地构建计算机能识别的检索表达式是进行计算机检索的重要环节。计算机检索技术主要指检索词的组配技术和检索表达式的构成规则。检索表达式简称为检索式，是一个既能反映检索课题内容，又能为计算机识别的算式，是进行计算机检索的依据，又称为检索提问式。检索表达式主要是运用各种逻辑运算符号、位置算符、截词符及其他限制符号等，把检索词连接并组配起来，确定检索词之间的关系，准确表达检索课题的内容。

1. 布尔逻辑算符

布尔逻辑算符指规定检索词之间相互关系的运算符号，在检索表达式中起着逻辑组配的作用，它们能把一些具有简单概念的检索词组配成一个具有复杂概念的检索式。常用的布尔逻辑运算符包括逻辑“与”、逻辑“或”、逻辑“非”。

（1）逻辑“与”：运算符为“AND”或“*”，用于表达交叉概念或限定关系的组配，可以缩小检索范围，提高查准率。如检索式 A AND B 或 A*B，表示检出同时含有检索词 A 和检索词 B 的记录。例如：检索“鄱阳湖植被保护”方面的文献信息，可用如下检索式：鄱阳湖 AND 植被保护。

（2）逻辑“或”：运算符为“OR”或“+”，用于表达检索词并列关系（同义词、近义词）的组配，实现检索词概念范围的并集，它可以扩大检索范围，防止漏检，有利于提高查全率。如检索式 A OR B 或 A+B，表示检索包含检索词 A 或包含检索词 B 的记录。在一篇文献记录中只要含有检索词 A 和检索词 B 中的任何一个即算命中。例如：检索有关“土豆”的文献资料，因为“土豆”的学名为“马铃薯”，因此可用如下检索式：土豆 OR 马铃薯。

（3）逻辑“非”：运算符为“NOT”或“–”，它是一种排斥关系的组配，用来从原来的检索范围中排除不需要的概念。如检索式 A NOT B 或 A – B，表示检出含有检索词 A，但同时不含检索词 B 的记录。逻辑“非”可以缩小检索范围，增强检索的准确性。例如：检索有关能源方面的文献信息，但不包括核能，可用如下检索式：能源 NOT 核能。

以上 3 种布尔逻辑算符的逻辑关系如图 2-3 所示。

3 种布尔逻辑算符在检索时有时会同时用上，计算机检索时会按优先顺序自动完成算符运算，其中 NOT 优先级最高，AND 次之，OR 最低；如果要改变优先级，可在检索式中添加优先算符“( )”。

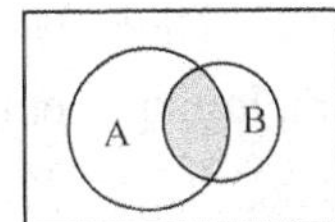

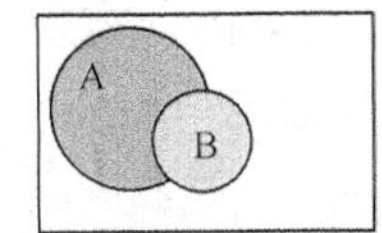

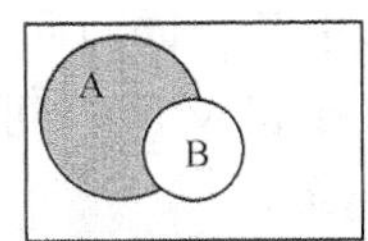

图 2-3　3 种布尔逻辑算符的关系

2．位置算符

位置算符又称为邻接运算符，是表示检索词之间位置关系的运算符。使用布尔逻辑算符检索时，计算机只判断参加运算的检索词在记录中出现与否，不能确定检索词之间的相对位置关系，而使用位置算符能够确定检索词之间的顺序与相对位置关系，更精准地表达检索需求，提高检索效果。

不同的联机检索系统所使用的位置算符的种类和功能有所不同，下面以 ProQuest Dialog 系统为例，介绍几种常用的位置算符。

（1）PRE/*n* 或 P/*n*：表示两检索词彼此相邻，中间最多可插入 *n* 个单词，两检索词词序不变。*n*（*n*=0，1，2，3…）为可插入词的数量，*n*=0 时，表示两检索词中间不得有其他任何的字或词，但允许有空格或标点符号。

如 potential p/0 energy，可检出：potential energy、potential-energy、potentail，energy。

又如 solar p/1 energy，可检出：solar energy、solar radiant energy、solar thermal energy、solar wind energy……

（2）NEAR/*n* 或 *N*/*n*：表示两检索词彼此相邻，中间最多可插入 *n* 个单词，两检索词词序可变。*n*（*n*=0，1，2，3…）为可插入词的数量，*n*=0 时，表示两检索词中间不得有其他任何的字或词，但允许有空格或标点符号。

如 chemistry n/0 physics，可检出：chemistry physics、physics chemistry。

又如 cost* n/1 living，可检出：cost of living、living costs。

再如 economic n/2 recovery，可检出：economic recovery、recovery of the economic。

3．截词检索

在英语词汇中，一些词往往存在单复数形式、派生词、衍生词、词性及英美拼写方法等多种不同形式，在检索时，要将各种形式的检索词全部罗列出来，不仅困难、费时，而且会受到检索系统的限制。截词检索正是解决这一问题的有效方式。截词符也称通配符，通常用“？”“*”等符号表示，不同的检索系统使用的截词符不同，用法也不同。

使用截词检索时，要特别注意截断的词干不能太短，词干一般应在 3 个字符以上，以免增加机器检索时间和产生误检。

截词的方式有多种，按截断长度可以分为有限截断和无限截断。

（1）有限截断：指限定截去有限个字符。例如：“??”表示截断 0～1 个字符，输入“apple??”，可检出含有 apple、apples 的记录；“???” 表示截断 0～2 个字符，“????” 表示截断 0～3 个字符，输入“stud????”，可检出 study、studies、studying、studied 等，以此类推。

（2）无限截断：在检索词后加一个截词符，表示该词后可加任意个字符。使用无限截词，所截词根不能太短，否则会输出许多无关记录。例如：输入“comput?”可检出 compute、computer、computers、computing、computed、computerization 等。

截词按截断部位又可分为右截断、中间截断、左截断和复合截断。

（1）右截断：截去某个词的词尾，使词的前方保持一致，也称为前方一致检索。如输入“employ?”（或“employ*”），可检出包含 employ、employing、employee、employer、employment 等词的记录。

（2）中间截断：截去某个词的中间部分，使词的两边保持一致，也称为两边一致检索。当一个截词符放置在检索词的中间（通常用“?”）时，表示允许它为任一字符，如输入“pract?e”可以查找到 practice 和 practise。允许有一个或 *n* 个字符变化，分别使用一个或 *n* 个截词符。例如，用“fib??glass”可以查找到 fiberglass 和 fibreglass。

（3）左截断：截去某个词的前部，使词的后方保持一致，也称为后方一致检索。例如：输入“?economic”能够检出含有 economic、microeconomic、macroeconomic 等词的文献记录。

（4）复合截断：指同时采用两种以上的截断方式。例如，输入“?chemi?”，可检出包含 chemical、chemist、chemistry、electrochemistry、electrochemical、physicochemical、thermochemistry 等词的记录。

4．字段限制检索

字段限制检索是在检索系统中对检索词出现的字段做一些限制，其作用是能多方位检索到自己所需要的信息。字段限制是每一个计算机检索系统为提高检索效率而配备的一项重要功能。根据数据库结构可知，一个完整记录由多个字段组成，将检索词限制在记录的某一个特定字段内检索，不但可以减轻机器负担，提高运算速度，还可以使检索结果更准确。数据库普遍提供的字段有题名、文摘、关键词、叙词、分类、作者、机构、文献类型、语种等，一些专业数据库能提供一些特有的字段，如专利号、专利发明人、标准号、导师等字段，因此不同的数据库提供的检索字段（检索途径）各有差异。在联机检索和 Web 高级检索中，还可用表示语种、文献类型、出版国家、出版年代等的字段标识符来限制检索范围。

字段检索包括两种形式：一是通过菜单选择检索字段，二是用命令的方式输入字段限制算符。在 Dialog 系统中，用专门的字符表示不同字段，例如前缀限制符：

AU=限查特定作者；

JN=限查特定刊名；

LA=限查特定语种；

PN=限查特定专利号；

PY=限查特定年代。

例如后缀限制符：

/ TI 限在题名中检索；

/ AB 限在文摘中检索；

/ DE 限在叙词标引中检索；

/ (TI,AB,DE)同时在题名、文摘、叙词字段检索。

5．精确与模糊检索

精确检索实际上是检索形式上完全匹配的检索词，一般使用在主题词、作者等字段。例如，以精确检索方式在主题词字段中检索“促销”一词，如果在主题词字段中出现“促销战略”“促销调查”等复合词的记录就并非命中记录，一定是单独以“促销”出现才算匹配。再如，用户输入作者名为“郭新”，那么“郭新宇”“李郭新”等便不算匹配记录。模糊检索类似智能检索或概念检索，系统不但忽略复合词，可能还会自动返回包含它认为意义相近的检索词的记录。

6. 短语检索

短语检索常用运算符为"‘",检索时系统不自动拆分"‘"的短语或句子,只检索出与"‘"内完全相同的内容,也称精确检索。谷歌、百度等都支持这一技术。

7. 加权检索

加权检索是某些检索系统中提供的一种定量检索技术。加权检索同布尔逻辑检索、截词检索等一样,也是信息检索的一个基本检索手段,但与它们不同的是,加权检索的侧重点不在于判定检索词或字符串是不是在数据库中存在、与别的检索词或字符串是什么关系,而是在于判定检索词或字符串在满足检索逻辑后对文献信息命中与否的影响程度。加权检索的基本方法:在每个检索词后面给定一个数值表示其重要程度,这个数值称为权值。在检索时,先查找这些检索词在数据库记录中是否存在,然后计算存在的检索词的权值总和。权值之和达到或超过预先给定的阈值,该记录即为命中记录。运用加权检索可以命中核心概念文献,因此它是一种缩小检索范围、提高查准率的有效方法。但并不是所有系统都能提供加权检索这种检索技术,而能提供加权检索的系统,对权的定义、加权方式、权值计算和检索结果的判定等方面,又有不同的技术规范。

2.5 信息需求与表达

2.5.1 信息需求概述

信息需求是指人们在从事各种社会活动的过程中,为解决不同的问题所产生的对信息的需求,它是信息用户对信息内容、信息载体、信息服务的一种期待状态,是激励人们积极开展信息活动的源泉和动力。用户的信息需求具有主观性和认识性,且不断发展变化并受时空的限制,处于一种运动状态。

美国信息技术专家科亨把用户的信息需求状态划分为以下 3 个层次,分别称为信息需求的客观状态、认识状态和表达状态,如图 2-4 所示。

(1)信息需求的客观状态:由用户所进行的职业或活动,以及其所处的社会环境和知识结构等客观因素决定,不以用户的主观意志为转移。

(2)信息需求的认识状态:用户对客观信息需求并不一定会全面、准确地认识,由于主客观原因,用户可能只认识其中的一部分或全然没有认识,甚至可能产生错误的认识。

(3)信息需求的表达状态:通过用户的信息活动,特别是与信息服务系统的交往和互动,用户的需求得以表达。

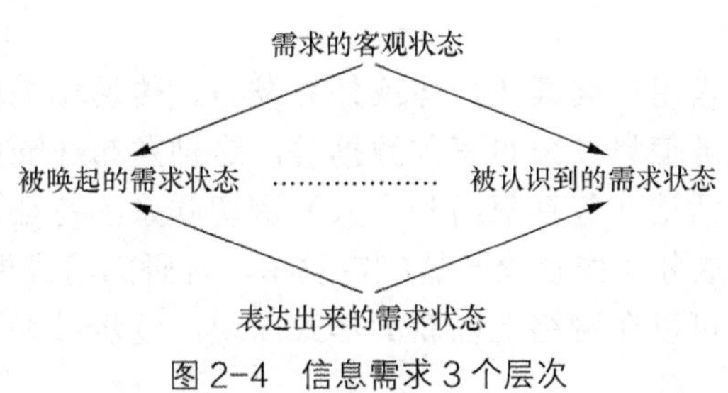

图 2-4 信息需求 3 个层次

在文献信息服务中，用户表达信息需求以后，还必须为文献信息服务系统所理解，才能为其提供个性化的针对性服务，才能获取需要的信息客体、信息传递系统和相关的信息服务产品。因此，用户信息需求的表达及接收在文献信息服务中是关键环节。

2.5.2 信息需求产生的原因

关于信息消费者信息需求产生的原因，目前在情报学界主要有需求满足论、认知过程论和行为障碍论 3 种观点。这里对其简要描述如下。

1．需求满足论

马斯洛的需求层次理论认为人的需求分为生理需求、安全需求、社交需求、尊重需求和自我实现需求 5 个层次，并从低层次到高层次逐步被满足。而需求满足论认为信息需求是在满足人的总体需求所从事的活动中产生的，是从外部活动中寻找信息需求产生的原因。

2．认知过程论

认知过程论认为信息需求产生于人的认知过程。如德尔文（B. Dervin）认为信息需求产生于个人知识的不连续性和知识差；贝尔金（N. J. Belkin）的 ASK（Anomalous State of Knowledge）理论认为个人知识状态的异常产生信息需求。库尔梭（C. C. Kuhlthau）则主张认知的不确定性原则。认知过程论是从认知主体内部知识结构差异的角度来探讨信息需求产生的原因。

3．行为障碍论

弗林（Goger R.Flynn）认为，由于知识的缺乏导致了人的行为的障碍，从而产生了信息需求。信息需求的行为障碍论是以消费者行为理论为根据的，行为源于动机，而动机是来源于需要的欲望，因此信息需求来源于消费者的信息需求。如果信息消费者具有信息获取的能力，在此基础上就构成了信息需求。

2.5.3 信息需求的形式

信息需求的形式主要有获取信息需求、发布信息需求、信息交流需求、信息咨询需求。

1．获取信息的需求

获取信息的需求是信息需求的主要方面。人类不论是在生活（物质生活与精神生活）中，还是在工作中，都会产生获取信息的需求。网络环境下人们获取信息的需求包括用户获取各种信息线索的检索需求和获取原始信息的直接要求。从需求客体对象上看，既包括各种形式的文字、图像、数据、事实信息和实物、实情、口头等非文献型信息，又包括对存储、揭示与检索这些信息的网络工具、检索系统和非网络工具（如百科全书、字典、词典）等的需求。

2．发布信息的需求

发布信息的需求是指用户向其他个体或外界发布、传递相关信息的需求，包括对外发表研究成果、发布业务信息、公布有关数据等。这种发布在一定的社会规范和法律制约下进行，具有与职业活动（包括部门和个人）密切联系的特征，其中大部分活动被视为职业活动的一个有机成分（如企业产品广告发布、科研部门成果公布等）。在网络化环境中，用户的信息发布可以在网络上以新的形式出现，逐步成为网络信息需求的一个重要组成部分。

3. 交流信息的需求

与信息发布需求不同，用户的信息交流需求是一种双向信息沟通需求，即用户与他人或外界进行相互之间的信息沟通与交流的需求。苏联著名的情报学家米哈依洛夫曾通过构造社会交流体系研究科学交流现象，确立了科学信息交流的系统模式，将信息交流分为两种基本的方式或过程。一种方式是由信息生产者和利用者之间直接进行的信息传递，如直接交谈，参加学术会议，参观同行的实验室和科学技术展览，演讲，交换书信，以及成果发表前的准备工作等，并称其为“非正式交流过程”。与非正式交流过程相对应，把借助科学文献系统为基础进行的信息交流传递称为“正式交流过程”。在网络环境下，这种交流模式已发生了新的变化。属于非正式交流过程的用户之间的“个人接触”和“直接对话”，已开始纳入社会化的计算机网络中的“电子邮件”、“电子会议”、即时信息交流工具（如 QQ）等形式的交流轨道；同时，电子商务、电子政务、信息素质教程等的展开以及基于互联网的其他业务的开展，集中体现了网络环境下信息交流需求的新趋势。

4. 信息咨询的需求

社会的信息化发展中，正确、及时的决策和有效的信息利用已成为人们从事各种职业工作、开展各种社会活动的关键，社会化的专业咨询因此得到迅速发展。在网络环境下，传统咨询与现代信息分析技术和网络传递手段结合，改变着咨询业务的面貌。在人们的咨询需求中，分散的个体性咨询需求比例逐渐下降，取而代之并广泛利用的是网络化咨询服务。就目前情况而论，用户的网络咨询需求不仅包括网络信息资源的获取、利用等网络化咨询服务需求，而且包括内容十分广泛的商务信息咨询、市场咨询、交通咨询、医疗诊断咨询、生产咨询和生活娱乐咨询等。在今后的发展中，将进一步深化人们的网络咨询需求的内容，并扩大其范围，将其进一步与人们的学习、工作和社会活动相适应。

以上 4 个方面的信息需求并非孤立的，而是相互联系的整体信息需求。实际上，在现代环境下，任何用户的社会信息需求决不会局限于某一方面，而是信息获取、发布、交流和咨询需求的综合体现。

2.5.4 大学生信息需求的特征

1. 广泛性

多元文化必然导致多元化价值观。实施对外开放政策后，国人的思想空前活跃，国外的各种思潮、生活方式也蜂拥而至，特别是西方有关民主、自由、个性解放等方面的文化思潮影响较大。从整体上看，多元并存；从个体上看，多数大学生尚未形成完整的、稳定的人生价值观，在一些问题上常常表现出矛盾或多变状态。为了适应社会需要，实现自身价值，大学生不再满足于阅读本专业的文献信息，而是广泛涉猎各个科学领域的文献信息。凡是有利于世界观的形成，有利于拓宽知识面，有利于培养科学精神，有利于提高科学素质和综合水平的书籍都受大到学生的欢迎，大学生的阅读需求表现出一定的广泛性。

2. 集中性

学校统一安排教学计划、教学大纲和教学进度，必然使众多大学生在同一时间内集中借阅内容基本相同的教学参考资料。同时，大学生思维敏捷，从众心理特别强，受校园文化、社会潮流以及国内外发生的重大事件的影响，也会促使大学生比较集中地关注热门书籍。例如，随着我国与世界各国的交往日益频繁，广大学生和用人单位把英语四、六级证书看作英语水平的权威证明，这种做法极大地刺激了大学生对英语的阅读需求，英语四、六级考试用书常常供不应求。同样，国家对高级经济管理、法律、会计人才需求仍然热度不减，使得各种经济理论、法制建设等方面的书籍纷纷涌向高校图书馆，形成新的阅读倾向。为了适应信息社会的需要，各高校相应开设了计算机方面的必修课和选修课，大学生读者踊跃借阅计算机方面的图书，使计算机类图书需求量不断增加。

3．多样性

随着计算机网络应用技术不断发展，学科交叉渗透更加明显，大学生所学学科的综合性、整体性越来越突出。作为新世纪的大学生，所受到的教育不应仅仅是书本上的一些概念，更应该接受新事物和新信息，不断补充新的学术理念，而网络就是新事物的代表。网络文化是一种开放的文化。在以网络为渠道的文化沟通中，不同文化传播、碰撞时交融在一起，使大学生信息需求的来源不仅仅是印刷类文献资料，逐渐形成了印刷型文献、电子文献、网络信息资源三足鼎立的格局。在学习方面，尤其是专业知识的学习，网络的利用目前还处于初级阶段，但是大学生作为上网率较高的群体之一，网络既是学习的媒体，也是学习的资源，他们不仅需要信息量大的出版物，形象生动、图文并茂的声像资料，光盘查询、专题检索、二次文献信息服务等，还需要充分利用互联网的各项功能获得有用信息。在当前高校普遍向数字校园迈进的进程中，网络已成为大学生获取信息的主要途径之一。

4．阶梯性和渐进性

不同群体读者阅读需求具有阶梯性和渐进性。大学生读者群是高校图书馆较活跃的读者群。大学生学习是由低年级到高年级、由浅入深、循序渐进的过程。大学生的共同特点：涉猎广泛，许多时候甚至十分庞杂，都希望尽快熟练地运用计算机和网络阅读自己感兴趣的文献信息。

2.5.5 影响信息需求表达的因素

用户的个体因素、社会因素和自然因素决定着用户的信息需求。对已意识和认识到的信息需求，用户主要是用语言和文字的形式加以表达。语言是一种符号系统，是通过系统且组合复杂的声音传达包罗万象的意义和情感等内容的交际工具。语言的存在形式是言语，具体表现为口语和书面语。而文字则是语言的书写符号系统。那么，是什么因素决定用户信息需求的表达呢？

1．用户的认知能力

认知能力是指接受、处理和发出概念信息的能力，主要包括推理判断、语言理解、数量关系、空间能力和知觉速度等。认知能力不仅包括语言知识的习得和使用，还包括非语言知识的习得和使用，所习得和使用的是“存放在我们大脑里的各种心理表征和规则”。心理表征从不同的角度反映客观世界，它们对客观世界的事物、活动、过程和主观世界的意识、思维进行分类和指称；规则主要指思维的规则和语言规则。这些心理表征和规则构成了通常所说的“认知图式”。外来信息源引起大脑皮层的活动，“激活”了原有知识图式中的相关信息，这些外来信息和原有信息相结合产生新信息的过程就是联想。

决定用户信息需求的个体因素是内因，社会因素和自然因素是外因，外因都是通过内因才发生作用。对于存在于用户自身中的客观信息需求的认识，特别是对大量隐性需求的认识，主要取决于用户自身的认知能力，特别是元认知能力。元认知能力是用户主体对自身认知活动的认知，其中包括对当前正在发生的认知过程（动态）和自我的认知能力（静态）以及二者相互作用的认知。如果用户认知能力不足，就会造成隐性需求不能被显性化，甚至有可能被淹没。

2．用户的表达能力

用户的表达能力主要取决于用户的语用能力。所谓语用能力就是对语言实际运用的能力。人们判断语言实际运用能力的标准是能否进行正确的表达和理解。通常情况下，能进行正确的表达和理解，语言的实际运用能力就强，反之则弱。语用能力以认知能力为基础，它主要取决于"认知图式"的多少和联想能力的大小。"图式"丰富，输入的信息立刻有相关信息可供选用，经由联想"激活"，完成知识匹配，实施"编码""解码"等语言信息处理，从而实现表达。用户的信息意识决定着主观愿望能否转化为信息行为。但即使用户具有较高的信息意识，在实际操作中意识到自己某种朦胧的信息需求，如果表达能力较差，这种需求仍不能被用户清晰地表达给服务系统。比如，在信息检索过程中，就有大量用户由于不能准确地表达自己的需求或不能正确地分析处理大量的检索结果，导致其需求无法获得满足。

3．用户对服务系统的信任度

用户在向服务系统提出自己的需求时，往往有一种强烈的倾向，即他所表达的需求是他认为该系统能够提供的服务，而不是他真正的服务需求。比如，用户在获取图书馆的文献检索服务时，经常表达专指性较差、比实际需求更为笼统的检索提问。这是因为用户对服务系统和服务人员的服务能力抱有怀疑。这在服务系统的功能不能令人满意或新用户首次利用信息系统的服务时表现得更为明显。因此，服务系统在服务过程中客观存在的首因效应、近因效应、晕轮效应对用户的信息需求的表达也产生相当明显的影响。

4．用户表达需求的途径、手段和环境

用户表达需求的途径、手段和环境，即用户表达需求时经过何种渠道，使用什么符号形式并处于何种社会和自然条件。用户向服务系统表达需求，可以当面表达，也可远程表达；既可用话语表达，也可用文字表达。就表达的效果讲，文字表达远比话语表达效果好，因为用户以书面形式写出提问时，对用户本身有一种约束，他必须考虑如何清楚、准确地将真正的需求表达出来；而用户如果远程获取信息系统的服务时，由于少受系统的约束，一般不会太多考虑系统的服务能力，更多考虑的是如何将自己的需求表达清楚。

2.6　检索的组织与实施

2.6.1　分析课题

分析课题是实施检索中重要的一步，也是检索效率高低或成败的关键。面对一个课题，需要找出它的研究范围、国内外研究现状以及将要达到的目的。在课题分析中，还要考虑以下几个问题。

（1）找出课题所涉及的主要内容和相关内容，从而形成主要概念和次要概念，选取主题词。

（2）明确课题需要的文献类型。在检索工具中收录了来自各种不同类型的文献信息，课题性质不同，所需要的文献类型也不同。

（3）确定检索的时间范围。每一项理论或技术都有其发生、发展和形成的过程。为避免浪费时间和精力，检索时应根据研究课题的背景确定检索的时间范围。时刻关注相关学科的最新动态。

（4）课题需要的主语种。

（5）了解课题对查新、查准、查全等方面有无具体要求。

下面是按需要及目的分析所需文献的几种情况。

（1）需要关于某一课题系统、详尽的信息，包括掌握其历史、现状和发展，如撰写毕业论文、申请研究课题、进行科技成果查新、鉴定专利、编写教材等。这类需求要求检索全面、彻底，检索的资源多，覆盖的时间年限长。为满足这类需求，要尽可能使用光盘数据库和网络数据库，以降低检索成本。

（2）需要某个课题的最新信息，一般指长期从事某个课题的研究，或从事管理决策、工程工艺的最新设计等工作时。对于这样的检索目的，需要检索的资源则必须更新速度较快，如联机数据库、网络数据库、搜索引擎等，覆盖的年限也较短。

（3）需要了解一些片断信息，解决一些具体问题。 例如写论文时，针对某个问题查找一些相关参考资料；或进行工程设计施工时需要一些具体数字、图表、事实数据等；或查找某个人的传记、介绍，某个政府机关或商业公司的网页，某个术语的解释等。这类需求不需要查找大量资源，但必须针对性很强，结果必须准确，速度要快。解决这类需求，除数据库外，网上搜索引擎、专题 BBS 都是常用的资源。

总之，分析检索课题是整个检索过程的准备阶段，此阶段的工作做得越细致、越充分，检索工作就越顺利，就能避免盲目查找，节省时间与精力，获得较好的检索效果。

2.6.2 制订检索策略

制订检索策略包括两个步骤。第一步是选择检索词。对前面确定的课题概念组面，还需要将其转换成检索工具中相应的检索词。将概念单元转换为检索词时，应尽量选用规范化的词。检索新课题、边缘学科或比较含糊的概念时，可能这些词没有收入检索工具，这时应从专业范畴出发选用本学科具有检索意义的关键词或自由词，不然就会带来误检或漏检。检索词选择是否得当，直接影响检索效果。

检索词的选取，除了使用规范化的词，有的检索工具还提供了关键词（自由词）检索，这时可选取该词的同义词、近义词、狭义词、分子式、分类号、登记号、专利号、化学物质俗名、商品名等，使用多个词试检。规范词或代码的选择需利用词表或分类表进行自然语言到规范语言的转换，而标引人员和检索人员的思路不一致时也会影响检索效果。此时，可以试用关键词在篇名、文摘甚至全文中查找。关键词检索直接、简明，对非专业信息检索人员来说容易掌握。

第二步是利用布尔逻辑算符构建检索式。检索式的构建要求能贴切地表达检索课题。在检索过程中，还需要根据检索结果的多少，不断调整检索式，直至得到符合需要的结果为止。

2.6.3 选择检索工具

根据所需检索文献信息的不同种类，选择不同的检索工具。一般来说，查找科技方面的信息、经济方面的信息，应选择以磁盘、光盘为载体的检索工具。尤其是 Internet 上的检索工具。查找中国传统文化方面的文献信息，目前大多使用以纸张为载体的检索工具。在检索某些特殊的具体问题时，不能囿于固定原则，应当针对实际问题，选择恰当的检索工具。此外，选择检索工具时，还应根据本人、本地拥有检索工具的实际情况，不必削足适履，放弃简单的、易得的检索工具，去寻求先进的、复杂的检索工具。譬如查找西汉某位人物正史中的传记资料，查《史记人名索引》《汉书人名索引》就行了，不必要利用二十五史光盘数据库等。

选择检索工具时，还应该分析检索课题，列出检索点，分清先后主次，选择贴切、重要的检索工具。如查找唐太宗的传记资料，首先应该选择年谱之类的检索工具，而不应该先找今人所写的传记。选择检索工具时，检索者还需具有一定的知识素养和眼光，这也是一个必备的条件。

2.6.4 选择检索途径

检索途径是指检索工具或数据库提供的，用各种检索标识排检而成的检索入口。常用的检索途径有分类、主题、序号、责任者、机构名、专利号、代码（如分子式、结构式）、引文等，还有信息类型、出版时间、语种等。用户在开始检索前，掌握的已知信息不多，随着检索的进行，可根据获得的文献信息逐步调整检索途径。

（1）分类途径。分类途径是利用目次表分类索引进行的检索，关键是确定类目或分类号。有的课题涉及多个学科时，应注意从不同类目交叉进行。分类途径的检索依据是分类法，分类表也称分类语言，使用这种检索途径的关键是熟悉和掌握分类表。对于文献信息的学科分类，世界各国都有自己的分类法。此外，对于不同的文献，可能要采用不同的分类法。如专利文献要使用专利分类法，标准文献要采用标准分类法等。

（2）主题途径。主题途径是利用主题索引进行的检索，关键是确定主题词或关键词。它是采用反映文献主题概念的检索词作为检索入口的一种检索途径。这类检索词的种类主要包括关键词、主题词、标题词和叙词，适合特性检索，查准率高。例如，主题词“C 语言——程序设计”就比分类号 TP312 表达得更准确。

（3）篇名途径。篇名途径是根据书刊篇名进行查找的一条途径，如各种题名字段、书名目录、篇名索引、刊名一览表等检索工具皆用此途径检索。它是把文献名称按照字顺编排起来的检索系统。使用方法与查字典相似。

（4）著者途径。著者途径是利用著者索引进行的检索，关键是要准确书写著者的姓名，包括个人著者和团体著者。著者姓名途径主要是利用著者字段、著者目录、著者目录（索引）、团体著者目录（索引）、专利权人索引、机构字段、机构索引等。这些字段、目录（索引）都是按著作姓名字顺编排，在已知著者的前提下，很快就可查到所需文献。但要注意外国著者与我国著者书写上的区别。

（5）序号途径。序号途径是利用代码索引进行的检索，一般有专利号索引、标准号索引、化学分子式索引、CAS 登记号索引等多种。常见的号码索引有 ISBN 号、索书号、ISSN

号、专利号、入藏号、报告号、标准编号等。

（6）其他途径。有些检索工具还编有一些特殊索引，可以通过特殊途径找到所需要的文献信息。如引文索引、会议索引等。

选择检索途径应注意以下几点。

（1）从已知信息特征选择检索途径。

（2）从课题检索要求选择检索途径。例如，了解某一学科的发展历史、研究现状和发展趋势，为制订战略决策和进行预防而搜集信息，应以分类途径为主，辅以主题检索；为研究解决某一具体问题或攻克某一技术难关，应以主题检索为主，辅以分类检索。

（3）从检索工具提供的索引选择检索途径。检索工具提供的每种索引，都是一种检索途径。

2.6.5 选择检索方法

选择检索方法主要依据课题性质、检索目的、检索范围以及对学科发展状况的了解程度。信息检索方法应根据课题的目的、性质和检索工具的现状灵活选定。一般来说，检索方法有手工检索和计算机检索两种。

1．手检方法

（1）常用法

常用法是信息检索中常用的一种方法，因为是利用检索工具来查找，故又称为工具法。其按查找时间的顺序不同又可分为顺查法、倒查法和抽查法3种。

① 顺查法：顺查法是一种按照时间顺序由后向前的查找法。如接过某一课题，先要摸清课题的起始年代，然后逐年由远向近进行查找，直到认为文献够用为止。由于逐年查找，故查全率较高，而且在检索过程中可以不断筛选，剔出参考价值较小的文献，因而误检的可能性较小。利用这种方法检索文献比较全面、系统，但费时、费力，工作量大，适合于内容较为复杂，时间较长，范围较广的研究课题。一般在进行综述等为战略性决策提供参考，在检索时间充裕且拥有较全的检索工具时可使用此方法。

② 倒查法：与顺查法相反，是一种逆着时间顺序由前向后的查找方法。该法多用于一些新课题、新内容的查找，因此是由新向旧去查找，直至所需资料够用为止，不必逐年查找资料。采取这种检索方法可以及时把握学科的最新发展动态，且检索的时间跨度可以灵活掌握，检索效率高，但与顺查法相比，其查全率相对较低。

③ 抽查法：抽查法指单独抽出某一学科在某一时期的文献，利用检索工具进行查找。该法重点检索某一时期的文献，检索效率高，但必须在熟悉学科的发展特点、了解该学科文献发展较为集中的时间范围下进行，否则易漏检。

（2）追溯法

追溯法又名引文法，是查找某一篇文献被哪些文献所引用，或者利用文献末尾所附参考文献和注释为线索逐一地追溯原始文献的方法。文献之间的引证和被引证关系反映了文献之间存在的某种内在联系，从一定程度上反映了某一课题研究的轨迹。引文法既可以检索前人的学术成果，又可以探索发现某一成果基础上的新发展，是手检和机检中常用到的一种方法。由于原文作者所引用的参考文献数量有限，而且不够全面，因此容易产生漏检和误检，且查全率极低。所以该方法是在缺少检索工具的情况下，作为查找文献的一种辅助方法来使用。

具体来说，引文法通常有两种方式。

① 由远及近地追溯：找到一篇有价值的文献后，进一步查找该文献被哪些文献引用过，以了解该研究的最新动态，这种查法能查到越来越新的文献，但要依靠专门的引文索引工具，如《科学引文索引》。

② 由近及远地追溯：利用文献后面所附参考文献或注释，不断追溯相关文献的过程，适合于查找以往的研究情况或对背景资料的查询，其缺点是越查文献就越旧，而且容易漏检。

（3）分段法

分段法是交替使用以上所提的两种方法，因而又叫循环法或综合法。具体来说，就是先使用检索工具查找某课题几年内的资料，再利用该资料末尾所附参考文献追溯。一般 5 年之内的文献被引用参考得较多，因此可以只追溯 5 年左右的时间，然后再用检索工具查出一批文献进行追溯，分批、分段地交替进行，如此循环，直至认为够用为止。

2．机检方法

随着信息技术的发展，计算机检索逐步占据检索的主导地位。计算机检索方法也称检索方式或检索界面。一般有专门机构维护管理的数据库都提供各种各样的检索方法，而多数的网站网页则不提供检索方法，只能浏览。计算机检索方法目前没有固定模式，主要可归纳为以下几种。

（1）基本检索：基本检索是一种较简单的检索方法，多数数据库只提供一个检索框，且只能输一个词或一个词组检索，但也有的数据库可对多个词进行逻辑组配检索。

（2）高级检索：在高级检索中，用户可通过点选检索系统给定的检索算符对多个词进行逻辑组配检索。高级检索提供的检索框较多，一般一个检索框只能输一个词或一个词组，检索框多控制在 2～5 个。

（3）专业检索：一般只有一个大检索框，要求用户自己输词、字段、检索算符进行组配检索。专业检索要求用户有熟练的检索技术。

（4）分类检索：一般按分类表进行限定检索，或按学科进行一级一级浏览。

（5）二次检索：是在以上单项检索的基础上，进一步选用新词进行缩小范围的检索。

3．检索方法的选择原则

（1）检索条件：主要是考虑当时有没有检索工具可供利用。无检索工具时，采用追溯法较为实际；工具完整时，宜采用工具法。

（2）检索要求：信息检索的一般要求是“广、快、精、准”。“普查”型检索，要求“广”“精”，宜采用顺查法。“攻关”型检索，要求“快”“准”，宜采用倒查法。

（3）学科特点：考虑检索课题的学科发展特点。新兴学科，年代较短，一般采用顺查法；传统学科，年代久远，起始年代无法查考，只能倒查，并可根据学科在不同时期的不同发展速度，重点抽查学科发展的高峰时期，以便在较短的时间段中查到较多的有用信息。

2.6.6 实施检索

在分析课题的基础上选择好检索工具后，即可按照一定的检索途径和检索方法实施检索。

在检索时采用描述文献外表特征的篇名、著者、序号等途径检索，简便、快捷。采用分类途径进行检索，需要在该课题所属的类号和类目下逐条查找。采用主题途径检索，则要以表达研究课题主题内容的主题词为检索标识。但在用分类途径或主题途径检索时，可能会出现检索提问标识和文献存储标识不一致而查不到合适文献的情况，这时应反复修改检索提问标识，直至检索到适合的文献为止。

在检索到研究课题的相关文献后，应仔细阅读文献著录条目的内容，判定是否有参考价值，如符合检索需要，则要准确记录下文献的分类号、题名、著者、出处和入藏号等，以便索取原始文献，并用以积累资料。

2.6.7 索取原始文献

索取原始文献是文献检索的最后一步，但在做这一步之前，还必须能识别文献出处的类型以及文献出处为期刊时的缩写刊名还原问题。同时需要对获取的检索结果进行归类整理，并按相关度进行排序，按相关度高低索取较有价值的原始信息。索取原始信息的方式：利用图书馆馆藏目录或公共联机目录查找文献馆藏地，到附近的图书馆或文献情报中心借阅或复印文献；利用有关全文数据库，打印、下载原始信息；利用联机信息系统或网络信息系统，用联机传递、E-mail、Fax 或脱机邮寄的方式获取原始信息，或网上提出订购请求，获取原始信息；搜索网上免费信息资源，可以获得一些有用的文献信息；通过图书情报机构文献传递服务索取原始文献信息等。

1．文献类型的辨别

检索工具著录的文献出处款目项中，一般对文献类型不加说明，需检索者自己识别。检索刊物所收藏的文献大多只有图书、期刊、会议文献、科技报告及专利文献等，它们均可以从“文献出处”款目项中加以判断，这对用户按不同的文献类型去查找不同的馆藏目录并索取原文具有一定的实用价值。下面举例说明各种文献的著录特征。

（1） 图书。图书的著录特征除著者、书名外，还有出版社、出版地、出版时间、图书总页数、国际标准书号等。

（2） 期刊。期刊出处的著录一般包括刊名、年、卷（期）、页次等，如 Compu. Wld. J. 2003，19（2），31～125，这里的刊名采用缩写著录。

（3）会议文献。会议文献的著录出处要掌握 3 要素：会名、会址和会期。

（4）科技报告。科技报告出处的著录特征主要为报告号，如 ESA106879。

（5）学位论文。学位论文出处的著录特征主要有学位名称、颁发学位的大学名称、地点及授予学位的时间。例如，Master Thesis Dissertation，Stanford Univ.，Stanford，CA，1985。

（6） 专利文献。专利文献出处的著录特征主要有国别代码、专利号以及专利的法律状态，如 CN1015681B。

2．缩写刊名还原成全称

在国外的大部分检索工具中，为了压缩篇幅，其文摘中著录的刊名出处，一般习惯采用缩写名称。因此，还必须将缩写刊名转换成全称，才能索取原文。其方法如下。

（1）西文期刊的缩写转换全称，可利用检索工具中的“期刊表”对照转换，如 EI 可使用“Publication List”还原，CA 可利用“Chemical Abstracts Service Source Index”

转换等。

（2）对于非拉丁语系的国家，如日文、俄文的刊名缩写的还原比较麻烦。因为这些文种的刊名在用英文书写的检索工具中一律采用拉丁文音译缩写著录，因此，首先使用检索工具中提供的“期刊表”将其缩写刊名变成全称，然后再借助“俄文字母—拉丁字母音译对照表”及“黑本式拉丁字母—日文字母音译对照表”将检索工具中的拉丁字母转换成相应的俄文、日文刊名，最后便可索取原文。

（3）对于中文出版的期刊，在用英文书写的检索工具中既有按汉语拼音音译的，如 Zidonghua Xuebao，也有按英文意译的，如 Chinese Journal of Lasers，但港台地区期刊多采用威妥码拼音著录，如 Hsin Hsien Wei。因此，在使用时应特别注意，切忌把音译刊名直接当成英文刊名去查找原文。

对于计算机检索，若是全文库或网络信息检索，一般都能看到原文；若是文摘题录库，可记录其论文题名和文献出处，使用 CASHL 或 NSTL 机构的原文传递功能索取全文。

2.7　检索效果的评价

检索效果就是利用检索系统进行检索服务时所获得的有效结果。检索效果包括技术效果和经济效果。技术效果是由检索系统完成其功能的能力确定，主要指系统的性能和服务质量；经济效果是由完成这次功能的价值确定，主要指检索系统服务的成本和时间。评价系统的检索效果，目的是为了准确地掌握系统的各种性能，找出影响检索效果的各种因素，以便有的放矢，改进系统的服务质量，更好地满足用户信息检索的需求。

2.7.1　评价指标

评价指标是衡量检索系统性能和检索效果的标准。根据兰卡斯特（F.W.Lancaster）的阐述，判定一个检索系统的优劣，主要从质量、费用和时间 3 方面来衡量。质量标准主要通过查全率与查准率进行评价，费用标准是指用户为检索课题所投入的费用，时间标准是指花费时间，包括检索准备时间、检索过程时间及获取原文时间等。克兰弗登（Cranfield）在分析用户基本要求的基础上，提出了 6 项检索系统性能的评价指标，即收录范围、查全率、查准率、响应时间、用户负担和输出形式。随着网络信息检索系统和搜索引擎等的快速发展，关于评价指标体系的研究不断有新的观点出现。对于用户而言，实际检索时关心的是查全率、查准率和响应时间。

查全率和查准率是判定检索效果的主要指标。查全率和查准率结合起来，描述了检索成功率。

1．查全率

查全率是衡量某一检索系统从文献集合中检出相关文献成功度的一项指标，即检出的相关文献量与系统文献库中相关文献总量的比率。它反映该系统文献库中实有的相关文献在多大程度上被检索出来。

查全率=（检出相关文献量/系统中相关文献总量）×100%。

即 $R=b/a\times 100\%$。

设 R 为查全率；P 为查准率；M 表示漏检率；N 表示误检率；m 为检出文献总量；a 为检索系统中的相关文献总量；b 为检出的相关文献总量。例如，要利用某个检索系统查某课题，假设在该系统数据库中一共有相关文献 40 篇，而只检索出来 20 篇，那么查全率就等于 50%。

2．查准率

查准率也称为相关率，是衡量某一检索系统的信号噪声比的一种指标，即检出的相关文献量与检出文献总量的比率。

查准率=（检出相关文献量/检出的文献总量）×100%。

即 $P=b/m\times100\%$。

例如，如果检出的文献总篇数为 50 篇，经审查确定其中与课题相关的文献只有 40 篇，另外 10 篇与该课题无关。那么，这次检索的查准率就等于 80%。

3．漏检率

漏检率是指漏检相关文献量与检索系统中相关文献总量的百分比，是衡量信息检索系统漏检文献的尺度，可用下式表示。

漏检率=（漏检相关文献量/系统中相关文献总量）×100%。

即 $M=(1-b/a)\times100\%=100\%-R$。

例如，利用某个检索系统查某课题。假设在该系统数据库中一共有相关文献 40 篇，而只检索出来 30 篇，那么漏检率等于 25%。

4．误检率

误检率是指误检（检出不相关）文献量与检出文献总量的百分比，是衡量信息检索系统误检文献程度的尺度，可用下式表示。

误检率=（误检文献量/检出文献总量）×100%。

即 $N=(1-b/m)\times100\%=100\%-P$。

例如，如果检出的文献总篇数为 50 篇，经审查确定其中与课题相关的文献只有 40 篇，另外 10 篇与该课题无关。那么，这次误检率等于 20%。

5．响应时间

检索系统的响应时间是指从发出检索提问到获得检索结果平均消耗的时间，主要包括：① 用户请求到服务器的传送时间；② 服务器处理请求的时间；③ 服务器的答复到用户端的传送时间；④ 用户端计算机处理服务器传来信息的时间。

6．收录范围

收录范围是指一个系统收录的文献是否齐全，包括专业范围、语种、年份与文献类型等，这是提高查全率的前提和基础。用户负担是指用户为检索课题所投入的费用。检索效果的输出形式是指用户获得的文献信息类型（题录、文摘还是全文）以及获得方式（脱机打印、联机打印、下载、E-mail）等。

评价信息检索系统的检索效果的主要指标是查全率和查准率。与之对应的，评价信息检索系统的检索误差的主要指标是漏检率和误检率。误差越大，效率越低，检索系统的性能就越低；误差越小，效率越高，检索系统的性能就越高。由此可见，产生漏检和误检的原因是影响信息检索系统效果的主要因素。

查全率和查准率之间具有互逆的关系，一个检索系统可以在它们之间进行折中。在极端情况下，一个将文档集合中所有文档返回为结果集合的系统有 100%的查全率，但是查准率却很低。另一方面，如果一个系统只能返回唯一的文档，就会有很低的查全率，但却可能有 100%的查准率。通常，以查全率和查准率为指标来测定检索系统的有效性时，总是假定查全率为一个适当的值，然后按查准率的高低来衡量系统的有效性。

2.7.2　影响查全率与查准率的因素

查全率与查准率是评价检索效果的两项重要指标，查全率和查准率与文献的存储、信息检索两个方面是直接相关的，也就是说，与系统的收录范围、索引语言、标引工作和检索工作等有非常密切的关系。

1．影响查全率的因素

从文献存储来看，影响查全率的因素主要有：文献库收录文献不全；索引词汇缺乏控制和专指性；词表结构不完整；词间关系模糊或不正确；标引不详；标引前后不一致；标引人员遗漏了原文的重要概念或用词不当等。此外，从情报检索来看，影响查全率与查准率间的因素主要有：检索策略过于简单；选词和进行逻辑组配不当；检索途径和方法太少；检索人员业务不熟练和缺乏耐心；检索系统不具备截词功能和反馈功能；检索时不能全面地描述检索要求等。

2．影响查准率的因素

影响查准率的因素主要有：检索词不能准确描述文献主题和检索要求；组配规则不严密；选词及词间关系不正确；标引过于详尽；组配错误；检索时所用检索词（或检索式）专指度不够，检索面宽于检索要求；检索系统不具备逻辑“非”功能和反馈功能；检索式中允许容纳的词数量有限；截词部位不当，检索式中使用逻辑“或”不当等。

2.7.3　提高文献检索的查全率

1．检索词的转换

常见的转换是同义词、近义词、相关词、单复数及缩写形式，如果是动词，那么还有可能有不同的时态。每一个检索词都有可能有多种表达形式，如果是由英文翻译过来的，那么还有可能有多种翻译方法，所以应该尽可能找全检索词的所有同义词、近义词。相关词指的是与检索词不是同一个意思但是有关联的词。如 META 分析的同义词包括元分析、荟萃分析、meta-analysis，近义词包括系统综述，相关词为循证医学。前列腺癌的缩写可能是 Pca 等。值得注意的是，在检索中文文献的时候，有必要把英文的全称和缩写也作为检索词，因为有些中文文章中是直接用英文词汇表示的。

2．使用截词符

虽然从理论上来说我们找到所有的同义词和近义词可以扩大检索结果，但是要想做到这一点是相当困难的。这时可以利用截词符来帮忙。一般用的截词符是“？”和“*”，在不同的数据库中表示的意思有所不同，常见的意思是“?”表示 0～1 个字符，而“*”表示多个字符。

3．使用上位词

上位词是指代范围更广的词。有些检索系统有主题词途径，则可以选用上位主题词。例如，水果是苹果的上位词，prostatic neoplasm 的上位主题词是 prostatic disease。

4．改变布尔运算符

将连接两个或多个检索词的 AND 改为 OR，即可提高检出数量。

5．扩大检索范围

如要求检索词位于标题中或为关键词、主题，检出记录数太少，则可改为要求位于摘要或全文中，检出记录数即可增加。

6．减少限制条件

增加副主题词。如果前面的检索中有限制条件，放宽或去掉限制条件；如果采用的是主题词和副主题词搭配的形式，看是否漏掉可能的副主题词。

7．使用分类号检索

分类号将相同内容但是不同表达的结果聚焦在了一起。当查找的文献数量少时，可以通过查找分类号来提高查全率。

以上说的是在同一个数据库中进行检索。每一个数据库所收录的文献都是有限的，而不同的数据库可能存在一定的互补关系。所以为了提高查全率，应该多检索几个数据库，将结果综合起来。当然前提条件是要了解每一个数据库收录期刊的范围、起止年代等，因为不排除有些小的数据库完全是另外一个大数据库的子集的情况，这时当然完全没有必要再检索那个小的数据库了。

2.7.4 提高文献检索的查准率

1．使用逻辑“与”、逻辑“非”限制检索范围

使用逻辑“与”，可以缩小信息资源的检索范围，提高查准率。例如，检索式“图书馆 AND 计算机”，检索到的既是“图书馆”方面又是“计算机”方面的文献。

使用逻辑“非”，可用于排除不希望出现的检索词。例如，检索“非高等教育”，检索式为“电视 NOT 高等教育”。使用逻辑“非”可缩小检索范围，减少信息量，提高查准率。

2．选择规范专业用语检索

为了提高检索的查准率，在选择主题词时，应选择规范的专业术语，例如，用“泡沫塑料”代替“海棉”，用“偏瘫”代替“半身不遂”或“偏估”等。对于本身具有多义性的关键词，可采用与主题密切相关的其他主题词进行限制。

3．使用位置逻辑运算符

位置逻辑运算符对复合检索词进行加工修饰，限制词与词之间的位置关系，可以弥补布尔逻辑运算符只是定性规定检索词的范围，使检索结果的查准率提高。

4．使用下位词

在文献信息检索时，选择主题词时应尽量避免选择外延广泛的上位词，而应增加或换用专指性较强的主题词和下位词进行检索。例如，“航天飞机”就属于“飞行器”的下位词，“载人航天飞机”是“航天飞机”的下位词。

5．增加限制条件

检索结果太多，可以增加限制条件，如将检索结果限定于一定核心作者，将检索结果限定于核心期刊范围内，将检索结果限定于一定的时间范围内，这些限制条件都可以提高查准率。

6．缩小检索范围

如果采用主题途径检索结果太多，那么可以缩小检索范围，在标题范围内查找。百度的高级搜索中也有检索结果限定于网页标题内的选项。对于一些不够精确的主题，题名（标题）内检索可以极大地提高查准率。

要根据不同的检索课题的需要，适当调整对查全率和查准率的要求，比如要了解某一理论、方法、设备、过程等的具体的片断的信息，以解决研究中的具体问题，要求“准”。

第 3 章

网络实用检索

3.1 网络搜索引擎

3.1.1 网络搜索引擎的定义

1．网络搜索引擎的定义

网上有无数网页，它们提供主题极为多样的信息，这些网页大都是由制作者随便命名的，而且几乎全都存储在不知何名的服务器上。当你需要了解特定主题的网页时，你怎么知道应当阅读哪些网页呢？为解决这个问题，搜索引擎应运而生。

搜索引擎是指根据一定的策略、运用特定的计算机程序搜集互联网上的信息，在对信息进行组织和处理后，将结果显示给用户，是为用户提供检索服务的系统。搜索引擎其实也是一个网站，只不过该网站是专门提供信息“检索”服务的。搜索引擎按其工作的方式分为两类：一类是分类目录型的检索，另一类是基于关键词的检索。利用搜索引擎使网络信息高效检索成为可能，但不同类型的搜索引擎，以及搜索引擎的不同使用技巧均会影响检索的结果和效率。我们应掌握搜索引擎的分类查找、关键词查找方法。目前还有元搜索引擎，当输入关键词后，它在其他搜索引擎的数据库中进行搜索，然后把结果返回用户。元搜索引擎也称为第三代搜索引擎。

2．搜索引擎的组成

搜索引擎一般由搜索器、索引器、检索器和用户接口 4 部分组成。

（1）搜索器：其功能是在互联网中漫游，发现和搜集信息。

（2）索引器：其功能是理解搜索器所搜索到的信息，从中抽取出索引项，用于表示文档以及生成文档库的索引表。

（3）检索器：其功能是根据用户的查询在索引库中快速检索文档，进行相关度评价，对将要输出的结果排序，并能按用户的查询需求合理反馈信息。

（4）用户接口：其功能是接纳用户查询、显示查询结果、提供个性化查询项。

3．搜索引擎发展历程

1990 年以前，没有任何人能搜索互联网，在之后短短的 20 多年间，搜索引擎已经进化到了第四代。从 FTP 文件搜索到目录搜索，再到全文搜索，再到价值型搜索。

所有搜索引擎的祖先是 1990 年由 Montreal 的 McGill University 学生 Alan Emtage、Peter Deutsch、Bill Wheelan 发明的 Archie（Archie FAQ）。虽然当时 World Wide Web 还未出现，但网络中的文件传输还是相当频繁的。由于大量的文件散布在各个分散的 FTP 主机中，查询起来非常不便，因此 Alan Emtage 等人想到了开发一个可以用文件名查找文件的系统，于是便有了 Archie。Archie 是第一个自动索引互联网上匿名 FTP 网站文件的程序，但它还不是真正的搜索引擎。Archie 是一个可搜索的 FTP 文件名列表。只有用户输入精确的文件名进行搜索时，Archie 才会告诉用户哪一个 FTP 地址可以下载该文件。

1994 年 4 月，斯坦福大学的两名博士生——美籍华人 Jerry Yang（杨致远）和 David Filo 共同创办了 Yahoo。随着访问量和收录链接数的增长，Yahoo 目录开始支持简单的数据库搜索。因为 Yahoo 的数据是手工输入的，所以不能真正被归为搜索引擎，事实上只是一个可搜索的目录。Wanderer 只抓取 URL。但 URL 信息含量太小，很多信息难以单靠 URL 说清楚，搜索效率很低。Yahoo 中收录的网站，因为都附有简介信息，所以搜索效率明显提高。

第三代搜索引擎从互联网提取各个网站的信息（以网页文字为主），并建立起数据库，从中能检索与用户查询条件相匹配的记录，按一定的排列顺序返回结果。根据搜索结果来源的不同，全文搜索引擎可分为两类，一类拥有自己的网页抓取、索引、检索系统（Indexer），有独立的“蜘蛛”（Spider）程序或“爬虫”（Crawler）、“机器人”（Robot）程序（这三种称呼意义相同），能自建网页数据库，直接从自身的数据库中调用搜索结果，如 Google 和百度；另一类则是租用其他搜索引擎的数据库，并按自定的格式排列搜索结果，如 Lycos。

垂直型搜索引擎又被称为价值型搜索引擎，它是在 2008 年后逐步兴起的一类搜索引擎。不同于通用的网页搜索引擎，垂直搜索专注于特定的搜索领域和搜索需求（例如人物搜索、品牌搜索、订单搜索、职位搜索、资金搜索等），在其特定的搜索领域有更好的用户体验。相比通用搜索动辄数千台检索服务器，垂直搜索需要的硬件成本低、用户的需求特定、查询的方式多样。表 3-1 所示为搜索引擎分类及代表性网站。

表 3-1　　　　搜索引擎分类及代表性网站

搜索引擎分类	代表性网站	使用方法及特点
全文搜索引擎 （关键词查询）	谷歌 百度 北大天网	在搜索框内输入要查找信息的关键词，然后单击“搜索”按钮，系统就会自动查找与关键词相匹配的信息
目录索引类搜索引擎（分类搜索）	雅虎 搜狐 新浪	将收取到的各个网站（网页）的信息按照目录分类，建立索引数据库供人们分类查找
元搜索引擎	搜网	在接受用户查询请求时，可以同时在其他多个搜索引擎上进行搜索，并将结果返回给用户

3.1.2 搜索引擎常用的检索技巧

在检索的过程中，很多人奇怪，为什么都用百度，他能搜得到我却搜不到？其实，搜索是有一定技巧的，较为常用的一些技巧如下所示。下面以百度为例，介绍一些常用的搜索技巧，这些技巧不但百度适用，谷歌等其他搜索引擎也一样可以使用。

1．“”——精确匹配

如果输入的查询词很长，百度在经过分析后，给出的搜索结果中的查询词可能是拆分的。如果您对这种情况不满意，可以尝试让百度不拆分查询词。给查询词加上双引号，就可以达到这种效果，如“江西农业大学”，搜索结果中的“江西农业大学”6 个字就不会是分开的。

2．-——消除无关性

“-”是逻辑“非”的操作，用于排除无关信息，有利于缩小查询范围。百度支持“-”功能，用于有目的地删除某些无关网页，语法是“A–B”。如要搜寻关于“武侠小说”，但不含“古龙”的资料，可使用：“武侠小说–古龙”。注意，前一个关键词和减号之间必须有空格，否则，减号会被当成连字符处理，而失去减号语法功能。

3．|——并行搜索

“|”是逻辑“或”的操作，使用“A|B”来搜索“或者包含关键词 A，或者包含关键词 B”的网页。使用同义词作关键词并在各关键词中使用“|”运算符可提高检索的全面性，如“计算机|电脑”。

4．intitle——把搜索范围限定在网页标题中

网页标题通常是对网页内容的归纳。把查询内容范围限定在网页标题中，就会得到和输入的关键字匹配度更高的检索结果。使用的方式是把查询内容中特别关键的部分，用“intitle:”领起来。如“intitle:超级女声”，注意，intitle:与后面的关键词之间不要有空格。

5．Site——把搜索范围限定在特定站点中

如果知道某个站点中有自己需要找的东西，就可以把搜索范围限定在这个站点中，能提高查询效率。使用的方式是在查询内容的后面，加上“site:站点域名”。如“site:baidu. Com”，注意，“site:”后面是站点域名，不要带“http://”；另外，site:与站点名之间不要带空格。

6．inurl——把搜索范围限定在 url 链接中

网页 url 中的某些信息，常常有某种有价值的含义。如果对搜索结果的 url 做某种限定，就可以获得良好的效果。实现的方式是用“inurl:”，前面或后面写上需要在 url 中出现的关键词。如“photoshop inurl:jiqiao”可以查找关于 photoshop 的使用技巧。上面这个查询串中的“photoshop”可以出现在网页的任何位置，而“jiqiao”则必须出现在网页 url 中。注意，inurl:与后面所跟的关键词之间不要有空格。

7．filetype:——特定格式的文档检索

百度以“filetype:”来对搜索对象做限制，冒号后是文档格式，如 PDF、DOC、XLS 等。通过添加“filetype:”可以更方便、有效地找到特定的信息，尤其是学术领域的一些信息。如“经济信息学 filetype:PDF”。

8．《》——精确匹配

书名号是百度独有的一个特殊查询语法。在其他搜索引擎中，书名号会被忽略，而在百度中，中文书名号是可被查询的。加上书名号的查询词，有两个特殊功能：一是书名号会出现在搜索结果中；二是被书名号括起来的内容，不会被拆分。书名号在某些情况下特别有效果，例如，查名字很通俗和常用的那些电影或者小说。比如，查电影《手机》，如果

不加书名号，很多情况下出来的是通信工具——手机，而加上书名号后，《手机》结果就都是关于电影方面的了。

9．“开始连接”“正在连接”——搜索免费电影

网络上有很多热心人提供免费电影的下载地址。为了表明真实、可靠，把下载过程也同时附上。现在最流行的下载工具是 Flashget 和迅雷。Flashget 下载开始就是“正在连接”，迅雷则是“开始连接”。所以，可以用想找的电影名字，加上“开始连接”或者“正在连接”，来寻找免费电影。检索形式如“电影名 开始连接”“电影名 正在连接”“电影名（开始连接 | 正在连接）”。如“哈利波特 4 开始连接”“倩女幽魂 正在连接”“史前一万年（正在连接 | 开始连接）”。

10．文本方式——查找论坛内容

论坛是个宝库，资源丰富，人才荟萃，交流的气息浓，在反复的讨论和回帖中，可以获得相对真实的信息。如“文本方式 可口可乐”“文本方式 超级女声”。

11．intitle:bookmarks——查询别人的收藏夹

IE 的收藏夹导出后，网页的标题（title）是 bookmarks。百度的 intitle 语法可以把搜索范围限定在网页标题内。所以，用 intitle 语法可以查询别人的收藏夹，结果应该都是精品，没有哪个人会把垃圾放到自己收藏夹的。如“小说 intitle:bookmarks \\查找小说的精彩站点”“语文 intitle:bookmarks \\查找语文方面的精彩站点”。

12．妙用 INDEX

在搜索框上输入：“index of/” inurl:lib，你将进入许多图书馆，并且一定能下载自己喜欢的书籍。

在搜索框上输入：“index of/” cnki，你就可以找到许多图书馆的 CNKI、VIP、超星等入口。

在搜索框上输入：“index of/” mp3，你就可以突破网站入口下载 mp3、rm 等影视作品。

3.1.3　网络数据库的信息检索

网络数据库的信息检索就是首先用户将浏览器作为输入接口，输入所需要的数据；然后浏览器将这些数据传送给网站；最后网站对这些数据进行处理，并通过浏览器返回结果。例如，将数据存入数据库，或者对数据库进行查询操作等。

网络数据库中的信息资源专业性强、主题明确；数据具有较高的权威性；数据有效分类和标识，检索效率高；数据库有良好的软硬件支持，提供可靠的在线访问。因此网络数据库广泛应用于银行、股市、在线翻译、电子商务等。

（1）使用多样化的网络数据库，常见的网络数据库有教育资源库、学术类网络数据库、在线图书馆、娱乐欣赏、网上商城（如淘宝、易趣）、数字城市（如电子地图）等。

（2）网络数据库的评价：① 内容准确无误；② 范围广深适度；③ 来源权威可信；④ 更新及时规律；⑤ 检索方便高效；⑥ 系统稳定可靠。

网络数据库的信息检索过程如图 3-1 所示。

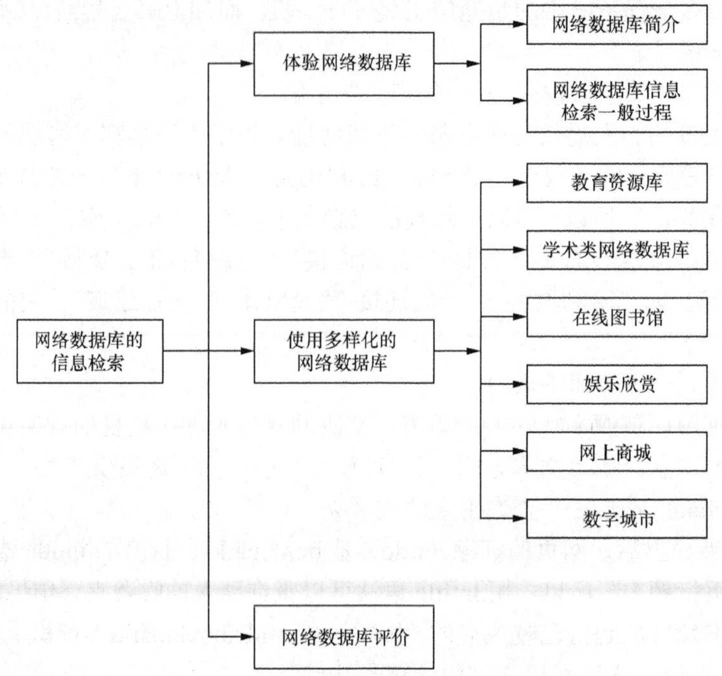

图 3-1　网络数据库的信息检索

3.1.4　下载网络中的文件

网络中丰富的信息资源，大体可以分为文本、图像图形、音频、视频、动画和应用工具软件等，它们都是以文件形式存在的，并有各自的存储形式，表 3-2 所示列举了部分文件的格式。对于文件，我们最关心的是它的属性，如文件名（由主名和扩展名组成，中间用“.”连接）、文件存储位置及文件内容、用途，此外，文件还包括修改日期、只读、存档、隐藏、大小等属性。

表 3-2　　网络信息资源类型及格式

类　型	文件格式	说　明
文本	.txt、.doc、.pdf、.html、.xls 等	网页、表格归类于文本
动画	.gif、.swf 等	.gif 亦可为图形
音频	.wav、.mp3、.midi 等	
视频	.avi、.mpg、.mov、.rm 等	
工具	.exe、.com、.rar、.zip 等	网络中很多工具软件是以压缩文件形式表现的

在网络中可以使用多种途径下载所需的文件，例如，专题网站收录比较丰富的文件；厂商网站提供产品对应的软件和资料，具有针对性和及时性；此外，FTP 提供大量文件下载服务。如果要搜索 FTP 中的文件，则可用北大天网，它是专门提供 FTP 文件搜索服务的搜索引擎。

在下载文件类信息时，可根据信息对象有针对性地选用合适的网站下载信息。在下载网页文字而网页保护不让下载时，可以将网页“另存为”，保存格式选择文本文件，即可将网页上的文本下载。如果是通过搜索引擎找到的网页，如百度，单击“百度快照”也可以将某些不让复制的网页的文字复制下载。

除了掌握一般网页中的文字、图片、页面下载方法之外，还可以借助专用工具，以提高信息下载的效率。文件下载工具的种类有：通用下载工具[如迅雷、网络蚂蚁（NetAnts）、网际快车（FlashGet）等]、网站下载工具（如 Webzip）、FTP 下载工具（如 CuteFTP、LeapFTP）、流媒体下载工具和其他专用下载工具。它们一般都拥有断点续传、多线程下载等技术。我们应灵活使用这些工具下载不同类型的信息，以提高效率。文件下载工具类别及软件名称如表 3-3 所示。

表 3-3 文件下载工具类别及软件名称

软件类别	软件名称	备注
文件下载工具	网络蚂蚁（NetAnts）、网际快车（FlashGet）、迅雷（Thunder）、网络吸血鬼（Net Vampire）等	可提高下载速度，支持断点续传、多线程下载等技术
FTP 工具	CuteFTP、LeapFTP、WebPublisher	用于文件传输，特别适合于大数据量、多个文件的批量交流

（1）断点续传：指在下载过程中能接着上次中断的位置继续下载。

（2）多线程：指在下载过程中能向服务器发出多个下载请求，把一个大文件分成几段同时下载。

网络的开放性使信息下载非常方便，在下载网络文件的同时，应注意尊重和保护网络信息的知识产权。

3.2 昌北高校图书馆联盟

3.2.1 昌北高校图书馆联盟简介

昌北高校图书馆联盟（以下简称“昌北联盟”）是以江西昌北高校图书馆的传统文献和数字资源为基础，以“资源共知、服务共享”为目标，运用先进的网络技术，打破地域限制，为广大读者打造的一个统一的、一站式的资源检索和服务平台。它是网络化、数字化的图书馆，成员馆包括江西财经大学图书馆、华东交通大学图书馆、江西农业大学图书馆、南昌航空大学图书馆、东华理工大学图书馆、江西中医药大学图书馆、江西科技师范大学图书馆、南昌大学图书馆。它实现了昌北高校各图书馆传统文献和数字资源在同一平台上的整合以及统一调度使用、电子文献原文传递、纸质文献馆际互借，为广大读者提供全方位的文献获取服务。

昌北联盟平台主页面如图 3-2 所示。

1．基本服务

昌北高校图书馆联盟的教师、博士生、硕士生、本科生可以访问昌北高校数字图书馆，并享有“查”“读”“传”等文献服务。

“查”——“一站式”检索为读者从 280 万种中文图书、5000 多万篇中文期刊以及 1.7 亿条元数据中找出您想要的信息，并且可以在线查询本校图书馆馆藏图书和昌北高校及全国图书馆的馆藏目录。

“读”——对本校图书馆拥有的资源，提供纸本图书的借阅及各类型电子资源的下载和在线阅读服务。读者可直接预览所有中文图书的封面页、前言页、目录页和试读页等内容。期刊论文等提供精确的链接地址，读者单击全文链接就可以获取全文。

“传”——本校图书馆没有的资源，可通过平台获取原文传递服务，也可以申请文献传递，并通过电子邮件获取参考馆员的服务。

图 3-2 昌北联盟平台主页面

2．登录方式

（1）在网页浏览器地址栏输入网址，可以直接进入昌北联盟平台。

（2）通过学校图书馆主页的链接，也可以转到昌北联盟平台主页面。

3.2.2 馆藏联合目录

所谓馆藏联合目录，就是将成员馆的馆藏目录整合而成的书目数据库。读者可以从单一窗口来检索所有成员馆的馆藏，并知道哪个图书馆有所需要的馆藏资讯。昌北联盟馆藏联合目录，可以从书名、作者、ISBN 等字段进行简单检索和高级检索，检索界面如图 3-3 和图 3-4 所示。

图 3-3 昌北联盟馆藏联合目录简单检索

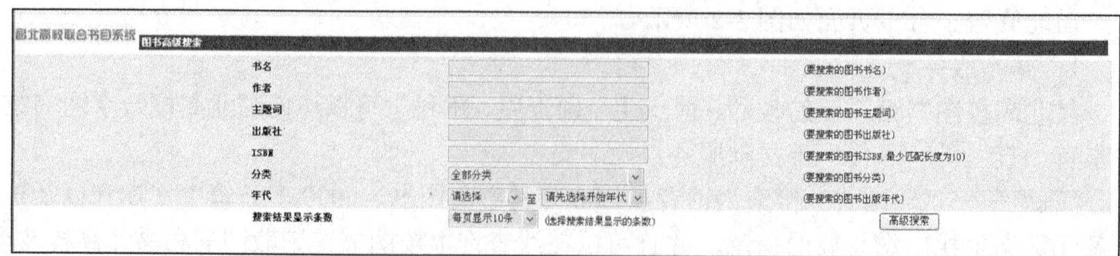

图 3-4 昌北联盟馆藏联合目录高级检索

1．检索结果

例如在检索框输入“图书馆学”，选择书名字段检索，结果显示如图 3-5 所示。

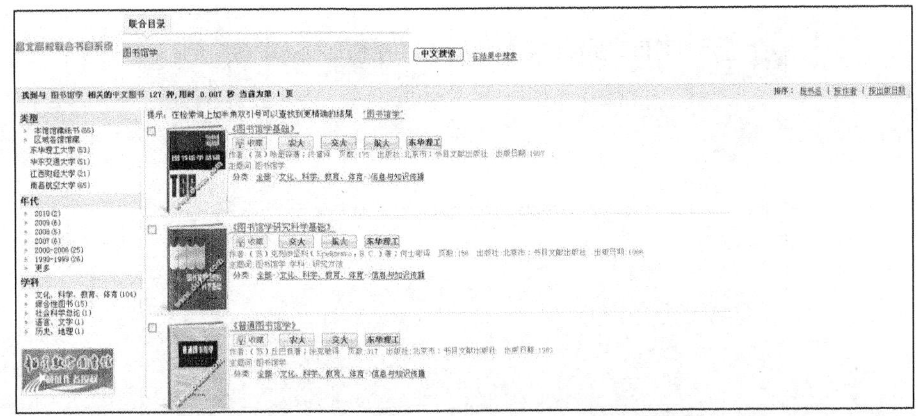

图 3-5　昌北联盟馆藏联合目录检索结果

在结果输出页面，左侧可以选择“类型”“年代”和“学科”进行操作，右上方可选择“按书名”“按作者”和“按出版日期”进行排序。单击馆藏地点，将转到成员馆的书目数据库，从中可以获得索书号和馆藏地点等信息。单击图书的标题或图片，可以查看图书的详细信息，包括书目著录信息、试读、借阅途径等，如图 3-6 所示。

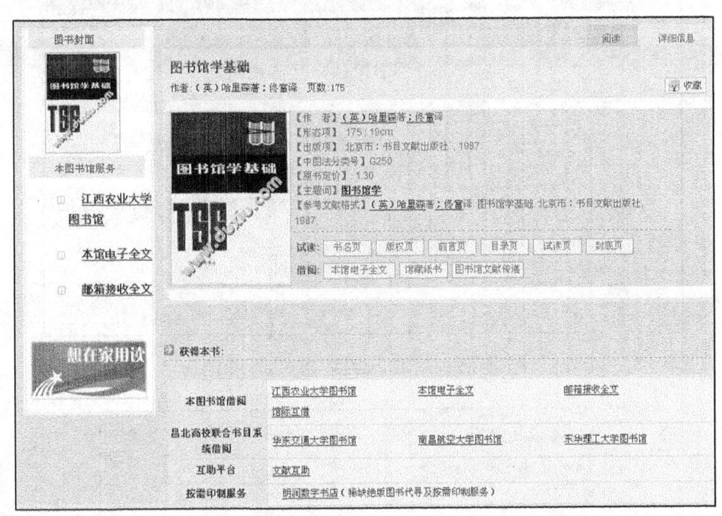

图 3-6　昌北联盟馆藏联合目录检索结果输出

2．文献传递

如果检索到本馆无馆藏纸本，也没有电子全文，可以通过申请文献传递获得电子全文。单击“图书馆文献传递”或者“邮箱接收全文”即可进入申请界面，按提示填写相关信息即可。需要注意的是，每本图书单次咨询不超过 50 页，同一图书每周的咨询量不超过全书的 20%，如图 3-7 所示。

3．馆际互借

如需要获得本馆未收藏的纸本图书，可以向有馆藏纸本的成员馆申请馆际互借。如要提交馆际互借申请，必须事先办理“联盟馆际互借证”，详情可以查阅馆际互借的相关规章制度。单击馆际互借，按提示操作，最后单击“确认提交”即可，如图 3-8 和图 3-9 所示。

云图书馆文献传递服务

您需要的全文将发送到您填写的邮箱中，请注意查收　　我的咨询历史 | 使用帮助

咨询范围：正文页 1 页至 50 页*（提示：本书共有正文页156）

电子邮箱：

验证码：　看不清楚？换一张

不区分大小写

咨询标题：图书馆学研究科学基础

详细信息

确认提交

服务说明：

1、每本图书单次咨询不超过50页，同一图书每周的咨询量不超过全书的20%。

3、回复邮件可能会被当作未知邮件或垃圾邮件，若您没有收到回信，请查看一下不明文件夹或垃圾邮件箱。

图 3-7　昌北联盟文献传递

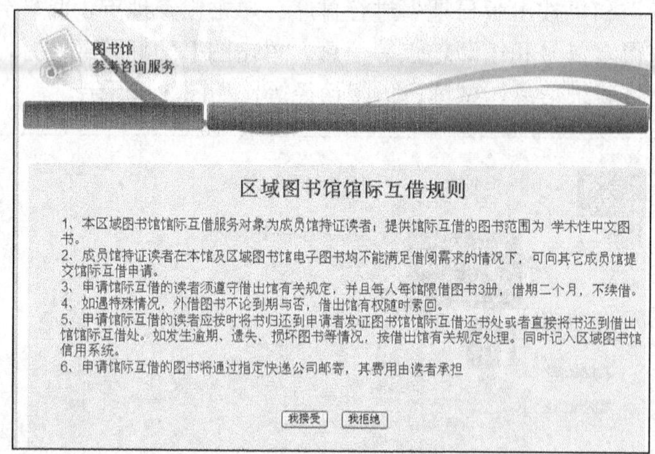

图书馆

参考咨询服务

区域图书馆馆际互借规则

1、本区域图书馆馆际互借服务对象为成员馆持证读者；提供馆际互借的图书范围为 学术性中文图书。

2、成员馆持证读者在本馆及区域图书馆电子图书均不能满足借阅需求的情况下，可向其它成员馆提交馆际互借申请。

3、申请馆际互借的读者须遵守借出馆有关规定，并且每人每馆限借图书3册，借期二个月，不续借。

4、如遇特殊情况，外借图书不论到期与否，借出馆有权随时索回。

5、申请馆际互借的读者应按时将书归还到申请者发证图书馆馆际互借还书处或者直接将书还到借出馆馆际互借处。如发生逾期、遗失、损坏图书等情况，按借出馆有关规定处理。同时记入区域图书馆信用系统。

6、申请馆际互借的图书将通过指定快递公司邮寄，其费用由读者承担

我接受　我拒绝

图 3-8　昌北联盟馆际互借规则

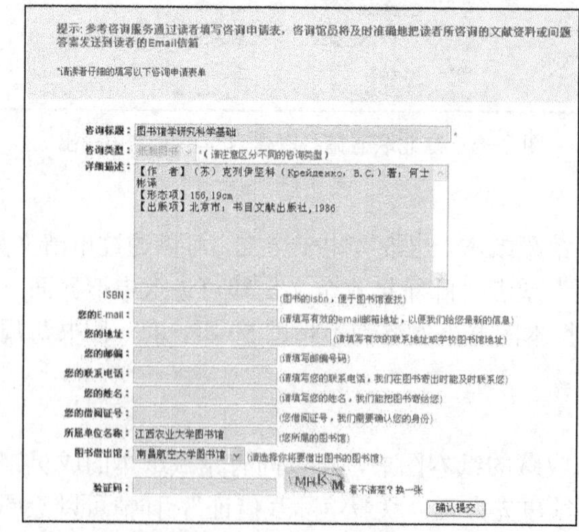

提示：参考咨询服务通过读者填写咨询申请表，咨询馆员将及时准确地把读者所咨询的文献资料或问题答案发送到读者的Email信箱

*请读者仔细的填写以下咨询申请表单

咨询标题：图书馆学研究科学基础 *

咨询类型：　*（请注意区分不同的咨询类型）

详细描述：【作　者】（苏）克列伊坚科（Крейденко, B.C.）著；何士彬译
【形态项】156,19cm
【出版项】北京市：书目文献出版社，1986

ISBN：　（图书的isbn，便于图书馆查找）

您的E-mail：　（请填写有效的email邮箱地址，以便我们给您最新的信息）

您的地址：　（请填写有效的联系地址或学校图书馆地址）

您的邮编：　（请填写邮编号码）

您的联系电话：　（请填写您的联系电话，我们在图书寄出时能及时联系您）

您的姓名：　（请填写您的姓名，我们能把图书寄给您）

您的借阅证号：　（您借阅证号，我们需要确认您的身份）

所属单位名称：江西农业大学图书馆　（您所属的图书馆）

图书借出馆：南昌航空大学图书馆　（请选择你将要借出图书的图书馆）

验证码：　看不清楚？换一张

确认提交

图 3-9　昌北联盟馆际互借

3.2.3 昌北高校数字图书馆

昌北高校数字图书馆是一个资源共享和检索平台，通过元数据采集技术收录了联盟各成员馆 70 余个数据库、近百万册（件）纸质文献的超过 2 亿条的元数据。读者可通过指向元数据的检索直接或通过原文传递、馆际互借等方式获得各类文献资源。资源类型包括纸质馆藏、电子图书、电子期刊、会议论文、学位论文、报纸、专利、标准、视频、图片、随书光盘、OA 资源及特色数据库等。其检索平台如图 3-10 所示，服务流程如图 3-11 所示。

以期刊频道为例，只要在搜索框中输入关键词，然后单击“中文文献搜索”，您就可以在海量的期刊数据资源中进行查找。如果您希望获得外文资源，可单击“外文文献搜索”。另外，您可以在搜索框下方选择：“全部字段”“标题”“作者”“刊名”或“关键词”选项，还可以通过右侧的高级检索来更精确地查找期刊，如图 3-12 所示。

高级检索页面如图 3-13 所示，报纸、学位论文、会议论文、专利、标准等频道目前尚未开通高级检索。

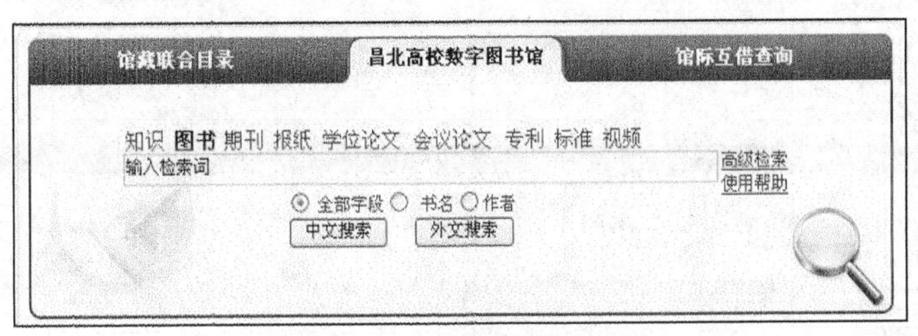

图 3-10　昌北高校数字图书馆检索平台

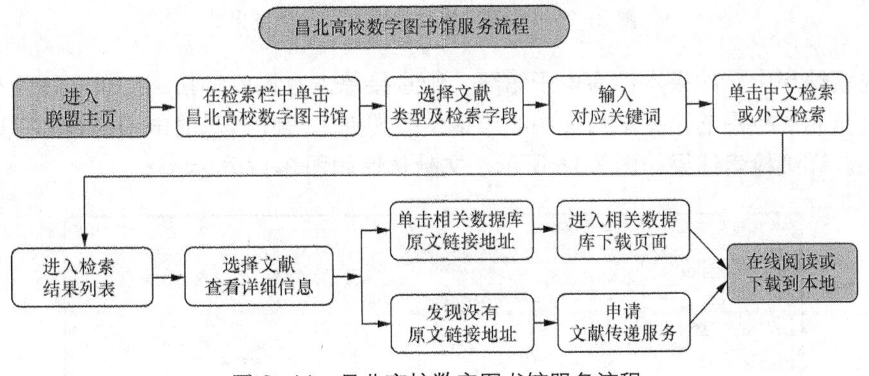

图 3-11　昌北高校数字图书馆服务流程

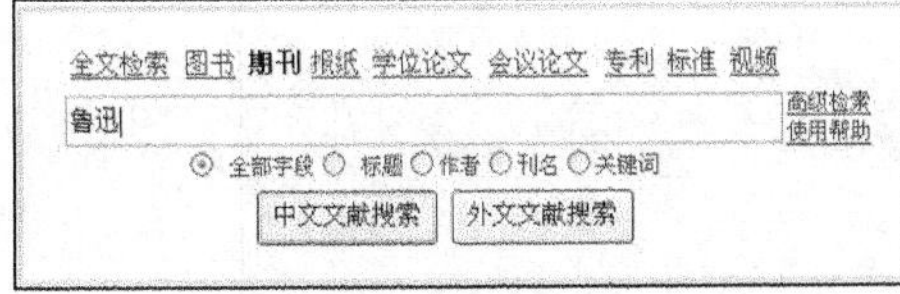

图 3-12　昌北高校图书馆检索页面

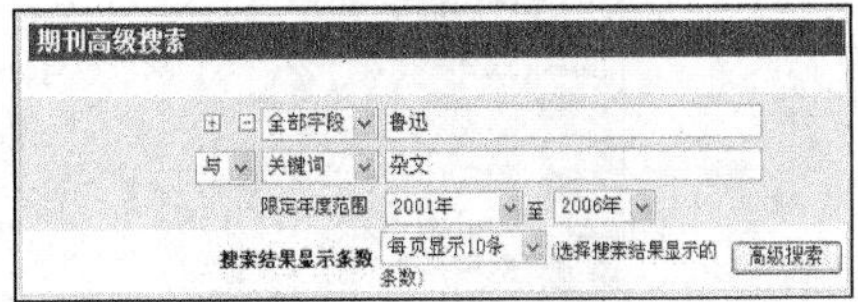

图 3-13　高级检索页面

如图 3-14 所示，您可以通过两个加减按钮来增加或删除一组条件框。

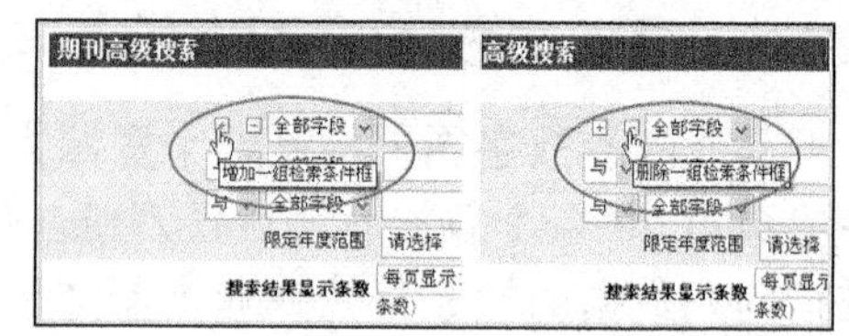

图 3-14　昌北高校数字图书馆检索页面加减按钮

搜索结果页面中，您可以通过两种方式来缩小搜索范围。

（1）通过左侧的“年代”“期刊”“学科”和核心期刊”聚类。

（2）通过上方的“在结果中搜索”。

检索结果如图 3-15 所示。

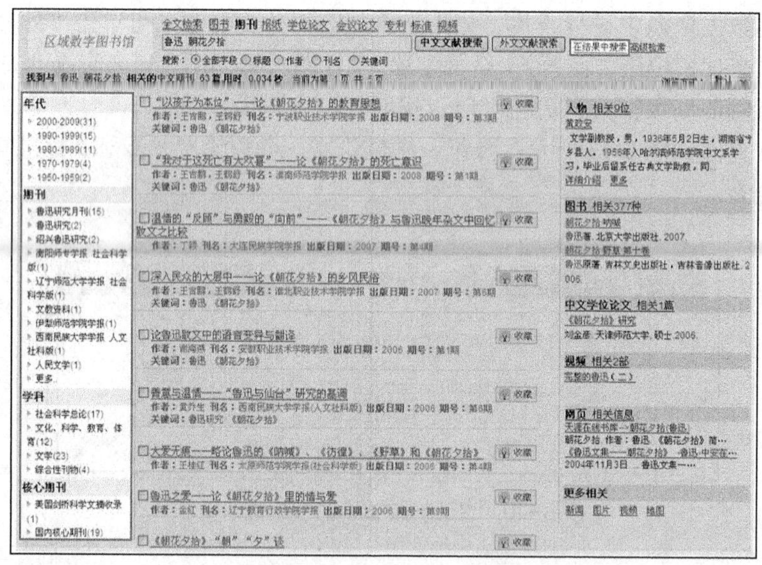

图 3-15　昌北高校数字图书馆检索结果

在检索结果中，如果本馆有电子馆藏，则直接单击数据库链接；如果本馆没有订购，则可通过昌北高校图书馆文献传递中心申请文献传递，查收自己的电子信箱邮件即可获取电子全文。详细检索结果如图 3-16 所示，文献传递如图 3-17 所示。

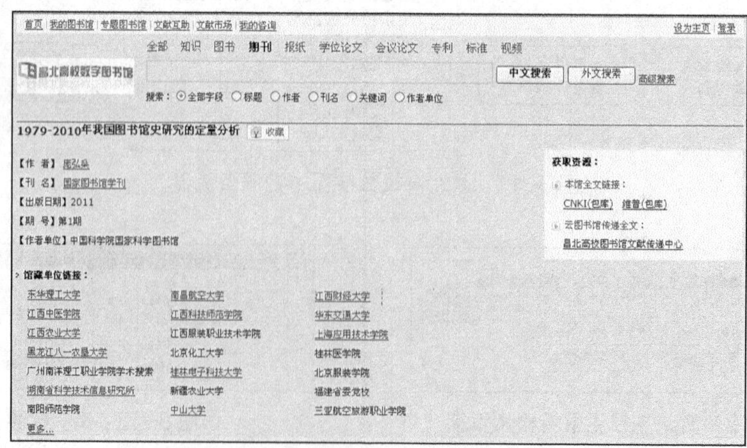

图 3-16　详细检索结果

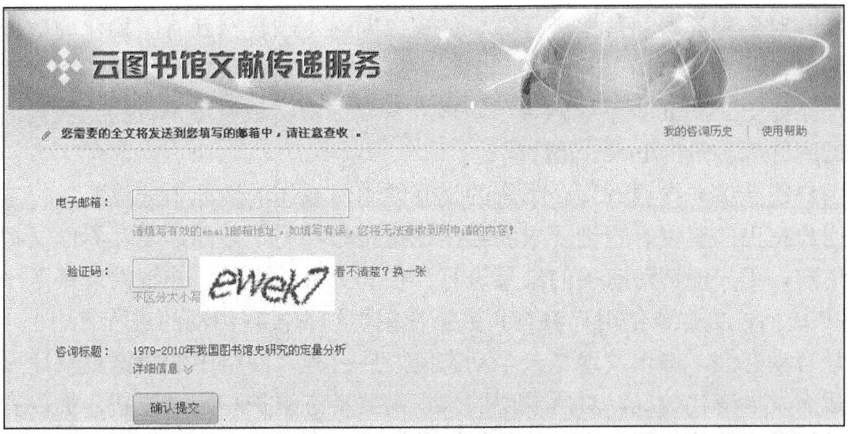

图3-17 文献传递界面

3.3 知识发现系统

随着网络技术、信息资源与用户需求的发展，图书馆提供的信息服务由原来的资源服务上升到知识服务层面。国内外IT技术提供商、数字资源供应商利用数据挖掘技术，凭借自身及网络海量文献资源，纷纷展开图书馆知识发现系统的研发。知识发现，就是从海量数据集中识别出有效、新颖、潜在有用的信息，最终转换成用户可理解模式的特定过程。基于知识发现与知识服务，结合本地化的知识发现系统已逐渐在各类图书馆得到应用，可为图书馆用户提供高质量、低成本的学术资源发现和共享服务。目前提供知识发现服务的系统主要有：Summon、EDS、Primo、超星发现系统、万方数据知识服务平台等。

3.3.1 知识发现系统概述

图书馆知识发现系统是一种面向服务、基于Web、使用分布式计算技术，从位于不同地理位置的分散的同构、异构数据集中发现知识的信息资源服务集成系统。这类系统主要实现各种资源之间的相互调用、协同工作，从根本上解决读者在文献检索过程中繁杂的过程，并有助于用户快速获取自己所需的文献。

对于图书馆的最终用户来说，人们无需考虑图书馆服务系统的后台技术有多么复杂，他们追求的是直接、快捷、高效地获取知识。从研究角度、学术角度来说，用户需要的是有准确来源的数据、最直接的答案，而不是成千上万的文献，因此可满足用户的多种需求，提供人们所需要的知识服务才是最好的服务。同时，相对于搜索引擎它成为人们的惯用工具，知识发现系统就是为图书馆量身打造的专用搜索引擎。

一般说来，图书馆知识发现系统具有以下基本要求。

（1）能够对大量的数据进行分析处理。知识发现系统和有关的数据挖掘工具必须能够对“海量”数据进行处理。寻找用户关注的信息，实现原始数据转化为有价值的知识。如CNKI Scholar平台除依托自身的全部数据库资源外，还能检索美国航空航天学会期刊、ACS期刊、IEEE期刊、超星图书、万方资源等十几种国内外数据库。

（2）能够对多种类型的数据进行分析处理。网络文献数据既有结构化的数据，又有半结构化的数据，还有非结构化的数据。面向网络的知识发现系统必须能够对多种类型的数据进行处理。如 EDS Find+系统融合了国内外重要二次文献服务平台的元数据，并能提供和引文数据库同等质量的 Index 元数据。

（3）用户能够参与挖掘过程。系统的交互能力对系统的性能十分重要。一方面，交互界面接收用户提出的检索、查询要求和数据挖掘策略；另一方面，交互界面又把生成的结果传递给用户，用户能够对有关的结果进行评估和选择。目前，知识发现服务平台大都支持手机 APP 访问，更加方便用户参与到数据挖掘与知识发现活动的进程之中。

（4）具有动态性。知识发现是一个动态的发展过程，网络中的数据更新速度较快，系统应能够适应发展变化情况，对所发现的知识需要动态维护和及时更新，提供有效的决策支持，如超星发现系统每周两次对其元数据进行更新。

（5）系统能对所发现的模式进行解释和评价。只有把所发现的知识明确表达出来，才能让用户更好地掌握和利用，才能体现知识的价值。因发现的模式通常都较多，系统在一定的程度上应能够进行评价和选择。目前的知识发现系统均可提供可视化的知识关联显示，通过可视化显示知识点与知识点、知识点与人、人与人、机构与人、机构与机构之间的相互关系，并以图表形式辅助学术趋势的分析。

3.3.2 高校图书馆的知识发现服务平台应用

目前，国内高校图书馆纷纷推出知识发现系统向读者提供“一站式”资源搜索与知识揭示服务，如北京大学图书馆的“未名学术搜索”、清华大学图书馆的“水木搜索”、复旦大学图书馆的“望道溯源”、南开大学图书馆的“南开搜索”、同济大学的图书馆“学术搜索”、东南大学图书馆的“成贤搜索”、浙江大学图书馆的“求是学术搜索”、厦门大学图书馆的“中文发现”……

这些图书馆知识发现系统功能各有不同，但都具有共同的特点，即收集大量数据库的元数据，并在元数据中进行检索，然后按照某一规则排序。这些发现系统帮助图书馆为读者提供统一资源的发现与获取服务，内容包括图书馆自身的传统型馆藏、数字馆藏，以及图书馆订购的各类远程数据库、电子资源，也包括数字资源供应商提供的可获取的多种文献信息资源及网页资源。

3.3.3 图书馆知识发现系统举要

1．EDS 资源发现系统（Find+版本）

该系统覆盖全球 9 万多家期刊和图书出版社的资源总量已达到 7.5 亿多条，学术期刊超过 17.7 万，全文资源近 7000 万，学术资源的语言种类有近 200 种，非英语的出版社资源超过 3 000 家。EDS / FIND+平台还扩展了期刊导航、学科导航、数据库期刊浏览、期刊检索、参考引文检索等功能，可整合图书馆界 90%以上的学术资源，并提供未购学术资源元数据。

系统核心功能如下。

（1）快速检索，通过海量学术资源的元数据仓储和预索引，提供快速检索。

（2）平台融合，实现检索结果与 Google Scholar Wiki 词条、社交网站等资源和服务的聚合。

（3）检索结果按相关性排序，利用控制性主题词表优先的排序方式进行过滤、聚合与导引，令最相关的结果最先排列，方便读者快速定位所需信息。

（4）一站式获取，通过嵌入式全文、客制化链接和链接服务器 Link Source，读者可快捷恰当地获取全文和数字对象。

（5）个性化服务，提供多项个性化服务，包括利用电子书架保存检索结果和检索式、RSS 订阅、添加标签和评论功能等。

【检索实例 1】利用 EDS Find+找出《中国哲学史》一书的本地馆藏信息。

操作方法：进入南邮“资源发现”检索界面→数据选择为“馆藏目录”，检索途径选“标题”，在检索框中输入“中国哲学史” →单击“检索”按钮→检索结果中找到所需图书→查看馆藏信息。

【检索实例 2】在 EDS Find+平台上，查找出西方哲学史方面的文献。

操作方法：进入南邮“资源发现”检索界面→数据选择为“电子资源”，检索途径选“所有字段”，在检索框中输入“西方哲学史” →单击“检索”按钮→检索结果左侧列出发现的 1409 条记录的“年份”“资源类型”“核心刊收录”“学科”等分布情况。本例按年份：2014 年 10 条、2013 年 22 条……；按类型：期刊论文 1355 条、图书 41 条、会议论文 13 条；按核心刊：CSSCI 635 条、CSCD 1 条；在检索结果页面右侧顶部，单击“排序”，可对检索结果进行相关度、时间、核心刊排序，单击任意一条检索记录，可查看图书或期刊的摘要、详细信息、收录数据库等信息，下载原文或进行数据挖掘分析。

2．超星发现系统

（1）超星发现简介

超星发现以近 10 亿海量元数据为基础，利用数据仓储、资源整合、知识挖掘、数据分析、文献计量学模型等相关技术，较好地解决了复杂异构数据库群的集成整合，能完成高效、精准、统一的学术资源搜索，进而通过分面聚类、引文分析、知识关联分析等实现高价值学术文献发现、纵横结合的深度知识挖掘、可视化的全方位知识关联。

（2）如何访问超星发现

“超星发现”系统界面如图 3-18 所示。

图 3-18 “超星发现”系统界面

（3）如何使用超星发现

① 检索服务

a．基本检索

检索框中输入查询词，单击“检索”按钮将开始在海量的资源中查找相关的各种类型文献（见图 3-18）。

在检索结果页浏览所查找关键词的数据，并且使用发现系统多种强大的功能，如多维度分面、高级检索、专业检索、可视化、智能期刊导航、趋势展示等，如图 3-19 所示。

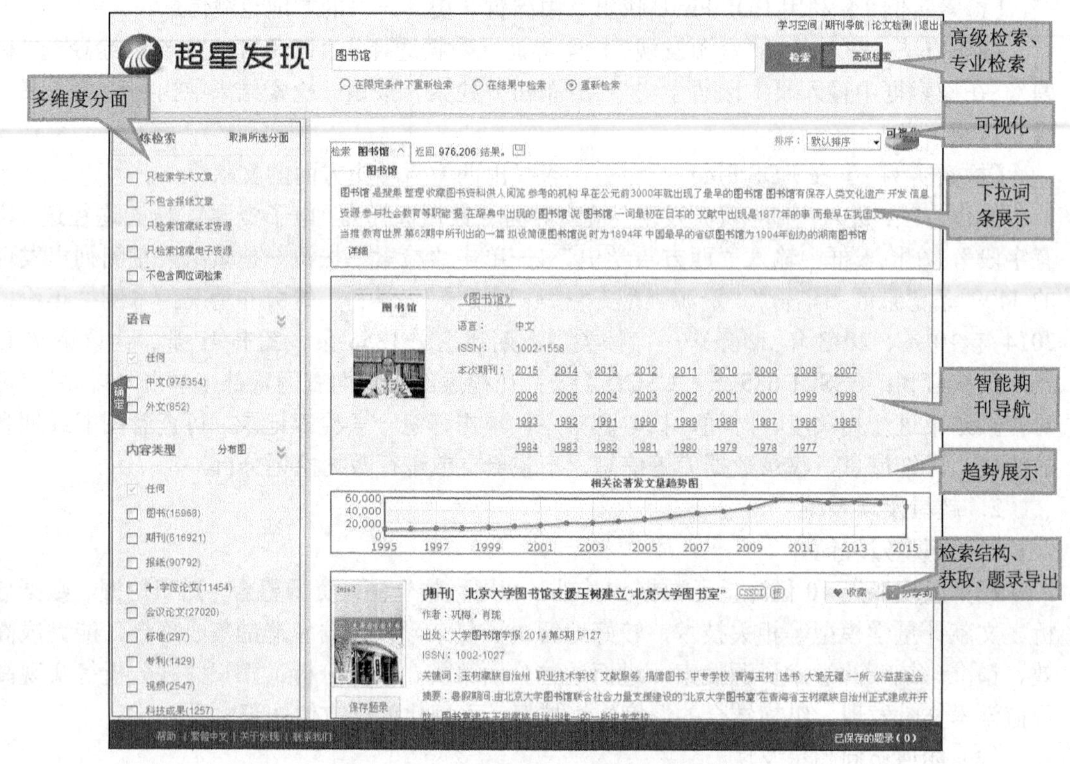

图 3-19 “超星发现”系统多维度分面

b．分面功能

通过采用分面分析法，可将搜索结果按各类文献的时间维度、文献类型维度、主题维度、学科维度、作者维度、机构维度（可展开二级机构组织）、权威工具收录维度以及全文来源维度等进行任意维度的聚类。

【检索实例 3】检索关于“图书馆”知识中公共图书馆在 2007—2013 年期间被核心期刊和 CSSCI 收录的报纸情况。

操作方法：检索“图书馆”关键词→选择精炼分面→选择关键词分面→选择重要期刊分面→单击“确定”→选择时间分面→单击“查找”。结果如图 3-20 所示。

c．高级检索

单击搜索框后面的“高级搜索”链接，进入高级搜索页面，通过高级搜索可更精确地定位需要的文献（见图 3-21）。

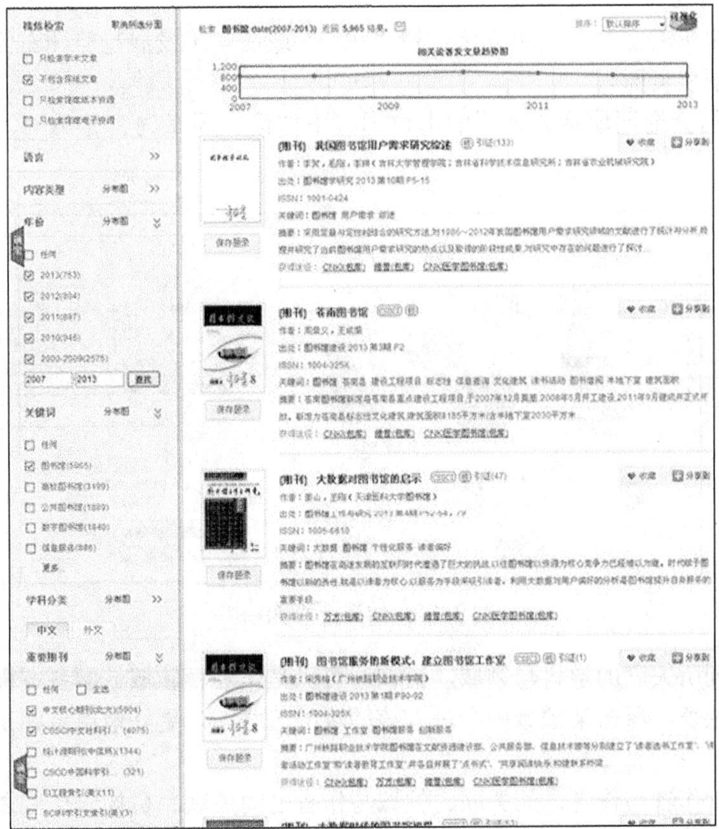

图 3-20　【检索实例 3】检索结果界面

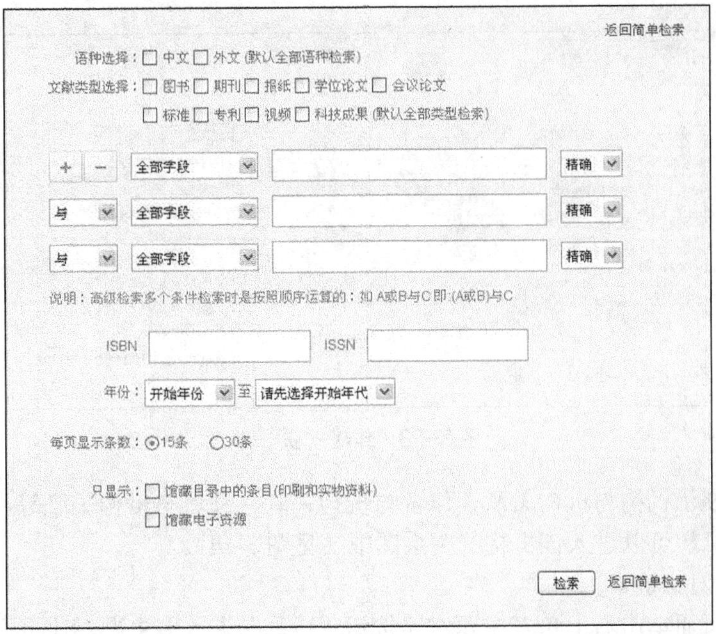

返回简单检索

语种选择：☐ 中文 ☐ 外文 (默认全部语种检索)

文献类型选择：☐ 图书 ☐ 期刊 ☐ 报纸 ☐ 学位论文 ☐ 会议论文

☐ 标准 ☐ 专利 ☐ 视频 ☐ 科技成果 (默认全部类型检索)

+　－　全部字段　精确

与　全部字段　精确

与　全部字段　精确

说明：高级检索多个条件检索时是按照顺序运算的：如 A或B与C 即:(A或B)与C

ISBN　ISSN

年份：开始年份　至　请先选择开始年代

每页显示条数：⦿15条　○30条

只显示：☐ 馆藏目录中的条目(印刷和实物资料)

☐ 馆藏电子资源

检索　返回简单检索

图 3-21　“超星发现”系统高级检索界面

② 可视化检索

在检索结果页右上角单击可视化按钮“ ”或在学术发展趋势图右侧单击“更多可视化”进入可视化页面。

用户可根据查询词展示该词语的上位词、下位词、同义词、兄弟词、相关词等，如图 3-22 所示。

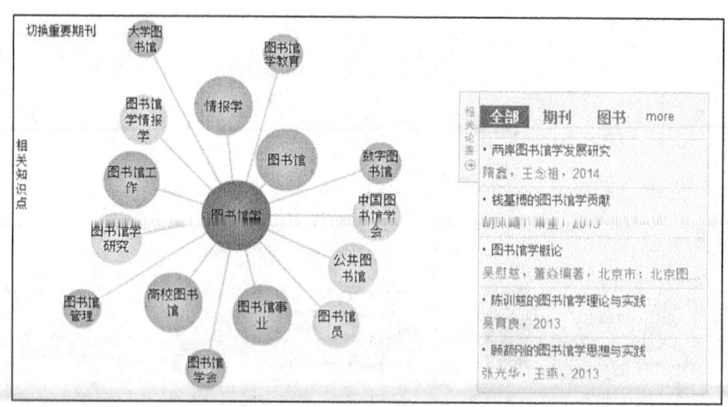

图 3-22 知识点关联图例

用户查询词所关联的学科与领域，查询词可以是作者、领域、学科、机构、词语，右侧展示相关的论著。单击某领域则会进入该领域的关联中，更好地展示知识与知识的直接关联。

用户可查看作者与作者之间关联、领域与作者之间关联、机构与作者之间关联等。单击其他作者名字可以进入到该作者关系图中，可以查看与上一位作者或者查询词直接的关联等（见图 3-23）。

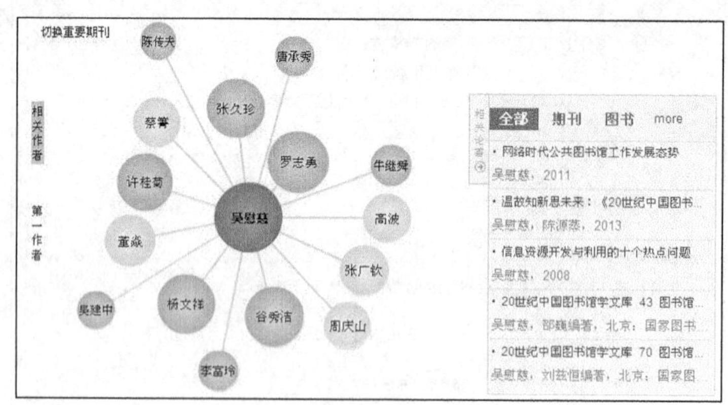

图 3-23 作者关联图例

检索还可展示机构与机构关联、作者与机构关联、领域与机构关联等，右侧展示相关论著。单击某机构可以进入该机构的关系图中（见图 3-24）。

③ 多主题对比检索

在可视化页面单击右上角多主题对比按钮“ ”进入多主题对比页面，可以展示作者影响力、相关领域对比等（见图 3-25）。

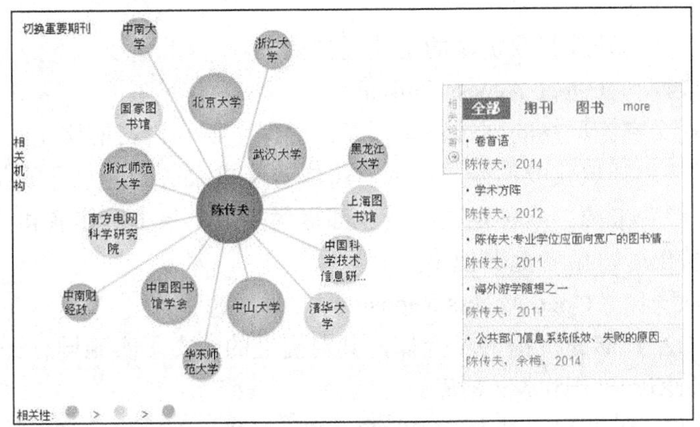

图 3-24　机构关联图例

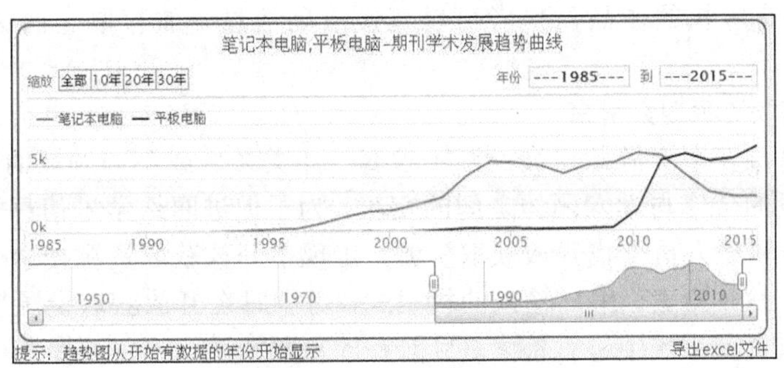

图 3-25　多主题对比图

3.4　实用检索

3.4.1　开放获取资源

开放获取（Open Access，OA）是以现有的互联网为依托发展起来的新型学术交流理念和机制。国内通常把它翻译为开放存取、开放获取、公开获取、开放使用、开放式出版（对应 Open Access Publishing）等多种形式，现在使用较多的是“开放获取”，因为它不仅提供免费获取，还鼓励大家存储贡献。开放获取是国际学术界、出版界、图书馆情报界为了推动科研成果利用互联网自由传播而采取的运动。其目的是促进科学及人文信息的广泛交流，促进利用互联网进行科学交流与出版，提升科学研究的公共利用程度，保障科学信息的长期保存。

1．OA 的定义

作者或版权所有者授权所有人免费、不可收回、全球、永久的获取权利，并有权公开地复制、使用、传播、传输及展示这些作品，使用户可以免费获得，而不需要考虑版权或注册的限制。开放获取数字资源是网络上重要的共享学术信息资源，提供期刊论文全文的免费阅读，是获取学术信息的一种新模式。

2．OA 资源的类型

目前学术界公认的开放获取资源的主要类型如下。

（1）开放获取期刊（Open Access Journal）

它对提交的论文实施严格的同行评审制度，确保了期刊论文的质量。

① 出版提供信息开放获取的杂志，或者将原有杂志改造为信息开放获取的杂志。

② 期刊运行经费来源：一种是主办者全部筹集资金，杂志对作者和读者都是免费的；另一种是作者付费出版，读者免费使用。

（2）开放获取仓储（Open Access Repository）

它分为学科 OA 仓储和机构 OA 仓储，其对提交的论文不实施同行评审制度，其中最具代表性的要数 arXiv 电子印本文档库。

① 对于有版权，但是出版社允许进行自存储（self-archiving）的作品，作者可以放到信息开放存取仓库中，例如论文、专著等。

② 对于没有版权的作品，作者可以直接放到信息开放存取仓储中，例如讲义、PPT 等。

（3）开放获取资源搜索引擎

因众多的开放获取资源站点彼此互不隶属，相关领域或不同领域的资料分散存储，限制了内容分发的效率与学术团体之间的交流。为了促进网络学术信息资源的开发、发布与共享，便于科研人员查找开放获取资源，出现了开放获取资源搜索引擎，实现了开放获取资源的一站式检索，用户输入的检索式，可同时在开放获取资源搜索门户所汇集的所有开放获取资源系统中进行检索。目前开放获取资源门户主要是基于 OA 元数据收获协议构建。

（4）个人网页、博客、机构网站

3．国外的 OA 资源

国外开放存取免费资源很多，以下列出比较常见的几种国外 OA 资源。

（1）DOAJ（Directory of Open Access Journals）

DOAJ 开放存取期刊列表是由瑞典 Lund 大学图书馆创建和维护的一个随时更新开放存取期刊列表的网站。该列表旨在覆盖所有学科、所有语种的高质量的开放存取同行评审刊。DOAJ 于 2003 年 5 月正式发布，可提供刊名、国际刊号、主题、出版商、语种等信息。目前 DOAJ 共收录 7300 多种期刊目录，涵盖农业和食物科学、生物和生命科学、化学、历史和考古学、法律和政治学、语言和文献等 16 学科主题领域，其中 3400 种期刊提供全文检索，包括 68 万多篇文章。该系统收录的均为学术性、研究性期刊，具有免费、全文、高质量的特点，对学术研究有很高的参考价值。

（2）Open J-Gate 电子期刊

Open J-Gate 是由 Informatics（India）公司于 2006 年创建的，提供基于开放获取期刊的免费检索和全文链接，其主要目的是保障读者免费和不受限制地获取学术及研究领域的期刊和相关文献。Open J-Gate 是世界最大的 Open Access 英文期刊入口网站之一，它索引有超过 4000 种的科研性 OA 期刊，其中超过 1500 种期刊是有同行审阅（peer-reviewed）的学术性期刊，可链接到全文百万余篇，且每年新增全文 30 万篇左右。

（3）e-Print arXiv 预印本文献库

arXiv 是属于 Cornell University 的非盈利教育机构，面向物理学、数学、非线性科学、计算机科学等学科提供 16 种免费电子期刊的访问。arXiv 是由美国国家科学基金会和美国能源部资助，在美国洛斯阿拉莫斯（Los Alamos）国家实验室建立的电子预印本文献库（目前由美国康乃尔大学管理），始建于 1991 年 8 月。该预印本资料库由 Dr. Ginsparg 发起，旨在促进科学研究成果的交流与共享。arXiv 是较早的预印本库，也是物理学及相关专业领域中较大的。该数据库目前已有数学、物理学和计算机科学方面的论文 23 万多篇。

arXiv 预印本文献库是基于学科的开放存取仓储，旨在促进科学研究成果的交流与共享，目前包含物理学、数学、非线性科学、计算机科学等学科共计 17 万篇预印本文献。研究者按照一定的格式将论文进行排版后，通过 E-mail、FTP 等方式，按学科类别上传至相应的库中。arXiv 电子印本文档库没有评审程序，不过同行可以对文档库的论文发表评论，与作者进行双向交流。论文作者在将论文提交 e-print arXiv 的同时，也可以将论文提交学术期刊正式发表，论文一旦在某种期刊上发表，在 e-print arXiv 中的该论文记录中将会加入文献正式发表期刊的卷期信息。

目前世界各地共有 17 个 arXiv 的镜像站点，方便世界各国研究人员随时调用其中的文献。在中国的站点位于中科院理论物理研究所。

（4）科学公共图书馆（The Public Library of Science，PLoS）

PLoS 成立于 2000 年 10 月，是一个致力于使世界科技和医学文献成为可免费存取的公共信息资源的非营利组织。在得到来自 Gordon and Betty Moore 基金会 900 万美元的捐助后，PLoS 分别于 2003 年 10 月和 2004 年 4 月创建了两份 OA 期刊：PLoS Biology（收取每篇论文 1500 美元的发表费）和 PLoS Medicine，并准备进一步增加 OA 期刊的份数。

PLoS 是一家由众多诺贝尔奖得主和慈善机构支持的非营利性学术组织，旨在推广世界各地的科学和医学领域的最新研究成果，使其成为一种公众资源，科学家、医生、病人和学生可以通过这样一个不受限制的平台来了解最新的科研动态。PLoS 出版了 8 种生命科学与医学领域的期刊，可以免费获取全文。

（5）公共医学中心（PubMed Centeral，PMC）

PMC 是 2000 年 1 月美国国家医学图书馆（NLM）的国家生物技术信息中心（NCBI）建立的生命科学期刊全文数据库，它旨在保存生命科学期刊中的原始研究论文的全文，并在全球范围内免费提供使用。目前加入 PMC 的期刊有 108 种，另有 8 种期刊即将加入，这些期刊免费全文访问的时间延迟是出版后 0～2 个月，所有文献的浏览、检索、下载均是无需注册的。

（6）海威出版社（HighWire Press）

HighWire Press 是 1995 年由美国斯坦福大学图书馆创立的，拥有较大的免费期刊数据库，是全球最大的提供免费全文的学术文献出版商之一，目前已收录电子期刊 710 多种，文章总数已达 230 多万篇，其中超过 77 万篇文章可免费获得全文，这些数据仍在不断增加。通过该界面还可以检索 Medline 收录的 4500 种期刊，可看到 1200 多万篇全文，其余的均可看到文摘题录。其涵盖的主要学科包括生命科学、医学、物理学、社会科学。

注：HighWire Press 虽然为免费全文的学术文献出版商，但 HighWire Press 数据库并非全部文献全文都可以免费获取。个人用户需要先注册后才可以使用。

4．国内的OA资源

（1）中国科技论文在线

“中国科技论文在线”是经教育部批准，由教育部科技发展中心主办的科技论文网站。该网站提供国内优秀学者论文、在线发表论文、各种科技期刊论文（各种大学学报与科技期刊）全文，此外还提供对国外免费数据库的链接，具有快速发表、版权保护、形式灵活、投稿快捷、查阅方便、名家精品、优秀期刊、学术监督等特点，给科研人员提供了一个可快速发表论文，方便交流创新思想的平台。中国科技论文在线可为在其网站发表论文的作者提供该论文发表时间的证明，并允许作者同时向其他专业学术刊物投稿，以使科研人员新颖的学术观点、创新思想和技术成果能够尽快对外发布，并保护原创作者的知识产权。

（2）奇迹文库

“奇迹文库”是中国第一个开放存取仓库，服务器位于公网上，为中文论文开放存取提供平台。奇迹文库预印本论文系统收录的学科范围主要包括自然科学（理学、数学、生命科学等），工程科学与技术（计算机科学、信息处理、材料科学等），人文与社会科学（艺术、法学、政治、经济、图书情报学等），其他分类（科学随想、毕业论文、热门资料等）。奇迹文库预印本论文专门收录中文原创研究文章、综述、讲义及专著（或其章节），同时也收录作者以英文或其他语言写作的资料。

（3）中国预印本服务系统

预印本（Preprint）是指科研人员的研究成果还未在正式出版物上发表，出于和同行交流的目的，而自愿先在学术会议上或通过互联网发布的科研论文、科技报告等文章。“中国预印本服务系统”是一个提供预印本文献资源服务的实时学术交流系统，是国家科学技术部科技条件基础平台面上项目的研究成果。该系统由国内预印本服务子系统和国外预印本门户子系统构成。

国内预印本服务子系统主要收藏的是国内科技工作者自由提交的预印本文章，可以实现二次文献检索、浏览全文、发表评论等功能。国外预印本门户子系统是由中国科学技术信息研究所与丹麦技术知识中心合作开发完成的，它实现了全球预印本文献资源的一站式检索。通过SINDAP子系统，用户只需输入检索式一次即可对全球知名的16个预印本系统进行检索，并可获得相应系统提供的预印本全文。目前，国外预印本子系统含有预印本二次文献记录约80万条。

（4）开放阅读期刊联盟

“开放阅读期刊联盟”是由中国高校自然科学学报研究会发起的，加入该联盟的中国高校自然科学学报会员承诺，期刊出版后，即在网站上提供全文免费供读者阅读，或者应读者要求，在3个工作日之内免费提供各自期刊发表过的论文全文（一般为PDF格式）。读者可以登录各会员期刊的网站，免费阅读或索取论文全文。现该联盟共有14种理工科类期刊、3种综合师范类期刊、2种医学类期刊和1种农林类期刊。

（5）中国学术会议在线

“中国学术会议在线”是经教育部批准，由教育部科技发展中心主办，面向广大科技人员的科学研究与学术交流信息服务平台，通过实现学术会议资源的网络共享，为高校广大师生创造良好的学术交流环境，以利于开阔视野，拓宽学术交流渠道，促进跨学科融合，为国家培养创新型、高层次专业学术人才，创建世界一流大学做出积极贡献。中国学术会议在线利用现代信息技术手段，为用户提供学术会议信息预报、会议分类搜索、会议在线报名、会议论文征集、会议资料发布、会议视频点播、会议同步直播等服务；还组织高校定期开办“名家大师学术系列讲座”，并利用网络及视频等条件，组织高校师生与知名学者进行在线交流。

3.4.2 免费读万卷书

在如今信息爆炸的时代，人们在一天中搜索到的信息量是 17 世纪的人一生的信息阅读量。所以，读书是我们能够立足于这个世界的资本。那么，我们要怎样才能够更好地读书呢？在网络时代，我们可以利用互联网技术，帮助我们做到“免费读万卷书”。

（1）综合搜索引擎的网页搜索功能能够帮我们进行很多方面的搜索。比如，百度、谷歌等知名的综合搜索引擎。例如百度搜索“乔布斯自传”，就能够搜索到关于这本书的各种信息，如图 3-26 所示。

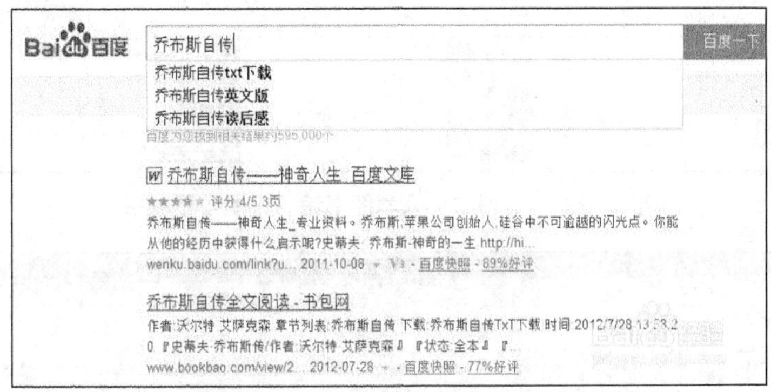

图 3-26　百度搜索“乔布斯自传”

（2）利用综合搜索引擎的图书搜索功能可以帮我们更加专业地搜索图书。比如，爱搜书、爱洋葱等各类图书搜索网站，它们又各有各的侧重点，如爱洋葱是外研社的网站，侧重于中英文对照的图书，可以帮助我们提高英语阅读能力。利用这些图书搜索功能，可以让我们更容易地搜索到喜爱的图书。爱洋葱的搜索主页如图 3-27 所示。

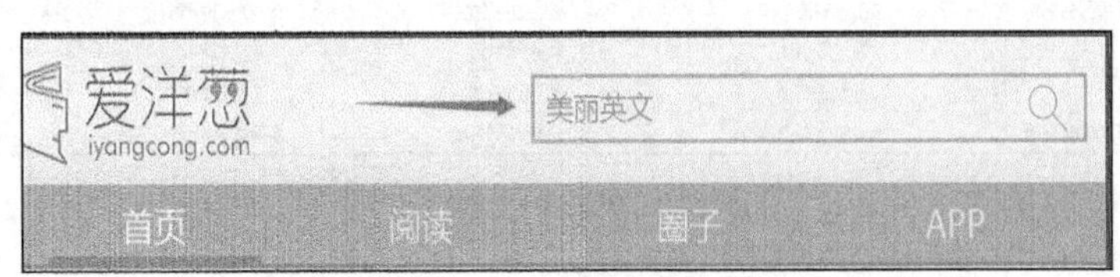

图 3-27　爱洋葱的搜索主页

（3）专门的图书馆内的搜索引擎可以帮我们找到所需的书。比如，各类大学的图书馆和各地的公共图书馆都有搜索引擎，其中的电子图书就是一个很适合我们的栏目，只要多利用就能找到自己需要的书。江西农业大学图书馆的超星电子图书，如图 3-28 所示。

（4）直接登录各种各样的免费电子图书网站。很多免费的电子图书网站都值得我们去浏览。比如，中国书网、通通 e 书网、爱书吧、雅思 eBook 等，如图 3-29 所示。

（5）登录各类图书分享与交流网站。比如豆丁、道客巴巴、百度文库等共享资料，均有很多值得借鉴的文献。

（6）电驴大全、豆瓣、kindle 电子书论坛、读远，这些论坛都能够让我们和其他人一起分享和交流读书体会，免费阅读各类书籍，如图 3-30 和图 3-31 所示。

图 3-28　江西农业大学图书馆的超星电子图书

最新加入的网站			
中国书网			
通通e书网	雅客电子书	易书城	中国N6网络书库
电子图书及公共图书馆			
爱书吧			
中国电子图书网	电子书下载--新浪网	e 书时空	喜满你-电子图书下载
创富指南电子图书网	电子图书下载--e书下载	华夏电子书局	阿帕比--数字图书馆
雅思e-book	中华电脑书库	ZCOM电子杂志网	超星数字图书网
中国数字图书馆	中国国家图书馆	中科院文献情报中心	图书信息网
首都图书馆	上海图书馆	上海数字图书馆	山西省图书馆
天津图书馆	重庆图书馆	河北省图书馆	长春图书馆
辽宁省图书馆	沈阳图书馆	吉林省图书馆	澳门中央图书馆
内蒙古图书馆	山东省图书馆	烟台图书馆	湖州图书馆
哈尔滨市图书馆	浙江图书馆	杭州图书馆	无锡市图书馆
南京图书馆	苏州图书馆	常州图书馆	江西省图书馆
江苏金陵图书馆	安徽省图书馆	合肥市图书馆	福建省泉州市图书馆

图 3-29　免费电子图书网站

图 3-30　豆瓣电子书

图 3-31　读远电子书

（7）在综合搜索引擎中搜索“书名 mp3”可以搜索到各类有声图书，有声图书 mp3 可以让我们轻松听书，在眼睛累了的时候也能够畅游浩瀚的书海。

3.4.3 如何下载音乐

歌曲存在于许多不同的载体中，例如，在音乐网站或博客上，在 CD、VCD、DVD 光盘里，在视频、动画或者幻灯片中，如何把喜欢的歌曲“抓”出来保存到自己的计算机中呢？方法如下所示。

1．网络上的歌曲

（1）直接下载

打开搜索引擎（如百度或搜狗）进行歌曲搜索，当歌曲出现并播放时，把光标停在歌曲地址上，单击鼠标右键，在弹出的快捷菜单中选择“目标另存为”或“使用迅雷下载”命令。这是最普通的歌曲下载方法。

（2）用音乐软件搜索下载

很多音乐软件是可以下载歌曲的。常用的如酷我、酷狗、千千静听、QQ 音乐盒等。这些音乐软件都带有搜索和下载功能。据对比发现，QQ 音乐盒的资源更多些。

（3）利用缓存文件夹下载

有的歌曲（如背景音乐）没有下载提示，这时你可以播放歌曲，只要缓冲完成后，歌曲就下载到了你的电脑中，查找这种歌曲的方法为：打开 Internet 属性，单击浏览历史记录的设置，查看文件，再按文件大小或者时间排序，就可以找到缓存的歌曲。

另外，可以借助一定的工具下载歌曲，如“百度工具栏”，有的浏览器也带有下载功能。

（4）录音

有时候，一首歌曲被加密，各种下载方法都无效。此时，最原始和有效的办法就是录音。

① 用计算机的“录音机”录音。

依次打开计算机桌面上的“开始”→“程序”→“附件”→“录音机”。

单击“录音机”，出现录音机的图形，其按键和真的录音机很相似，黑色圆点就是录音。当网上一首歌响起的时候，迅速单击圆点，声音就会被录下来。录完以后，单击“文件”→“另存为”保存声音文件。

② 其他软件。

GoldWave 是一款功能强大的音频处理软件，用它来录音很简单。还有吉辰录音机的录音效果也不错。

同软件录音是走内部线路，计算机周围环境的声响对录音没有影响。只要计算机发出声音，都可以如实录下，但录音前要设置好混音模式。

2．CD 歌曲

把 CD 中的歌曲转存入计算机硬盘，这个过程不能用复制，专有术语叫作“抓轨”。抓轨通常使用专用软件，也可以使用普通的音乐播放器 Windows Media Player（WMP）。WMP 是最常见的播放器之一，是 Windows 系统自带的，操作简单。

首先，打开 WMP，把通常出现的“外观模式”切换到“完整模式”。

然后打开 CD，开始播放。第一步单击“翻录”，勾选需要转存的歌曲；第二步单击“翻录音乐”，于是，被选中的歌曲就会逐一转换，并存入计算机中指定的文件夹。这个过程会显示进度，速度很快，录制一首歌只需十几秒。

3．视频中的歌曲

从视频中提取音频的方法很多，软件工具也不少，比较简单的方法如下。

首先，把视频下载到计算机。下载时可以直接用百度工具栏，或遨游浏览器，或专用软件，例如“硕鼠”，后者更方便些。

其次，就可以提取视频中的mp3了。提取方法很多，一般用专门软件，例如，使用软件“格式工厂”（FormatFactory），也可以使用常见的“千千静听”。

此外，可以利用制作视频的软件“会声会影”制作视频的逆过程来提取音乐。具体讲，就是把视频导入“会声会影”中，通过“分割音频”的命令，把音频和视频分开，形成独立的音频文件。然后再用“分享”→“创建声音文件”把音乐保存起来。

4．VCD和DVD的歌曲

首先，在计算机的光驱中插入VCD或DVD；接着，从“我的电脑”中找到“DVD/CD-RW驱动器”，打开文件，找到VCD或DVD光碟中的视频文件；然后，按照上面第3点“视频中的歌曲”的音乐提取方法，使用“格式工厂”“千千静听”或“会声会影”，就可以把音频分离出来。

5．动画中的歌曲

从Flash动画中提取背景音乐时，首先把动画转换为视频，然后从视频中提取音乐。之所以这样做，是因为从视频中提取音乐比较熟悉。把动画转换为视频常用的软件是“SWF to Video Converter Pro”，这个软件比较好用。

6．幻灯片中的歌曲

从幻灯片中提取音乐的方法很简单。首先，打开幻灯制作工具Power Point（PPT），单击菜单“文件”→“打开”，导入指定的幻灯片。接着，单击菜单“文件”→“另存为”，把幻灯保存为“Web页”的格式。保存下来的是和幻灯片同名的一个文件和一个文件夹，打开文件夹，里面最后一个文件就是这个幻灯片的背景音乐（后缀是.wav）。

7．把歌曲地址转换为歌曲文件

歌曲地址也可以转换为音乐文件，转换的方法有如下两种。

（1）用“Windows Media Player”播放器播放和保存歌曲

在播放器WMP上，单击“文件”→“打开URL”，把歌曲地址粘贴在“打开”右边的空白处，单击“确定”，歌曲开始播放。当播放歌曲的时候，单击“文件”→“另存为”，就将歌曲保存下来了。

（2）用“千千静听”播放和保存歌曲

具体操作和用Windows Media Player相似，都是在播放器中输入歌曲地址，然后再转换和保存。

3.4.4 网盘

随着网络技术的飞速发展，信息资源的存储也越来越受关注。在日常生活中，我们常常会用到U盘、移动硬盘等存储设备，也常常因为这些看得见摸得着的存储设备的损坏而十分伤心。近几年网上的存储平台也越来越多，大家都称之为网盘。

1．网盘的定义

网盘，又称网U盘或网络硬盘，是一些网络公司推出的在线存储服务。网盘主要是向用户提供文件的存储、访问、备份、共享等文件管理功能，使用起来十分方便。网盘被网友亲昵地称为不花钱的移动硬盘。用户可以把网盘看成一个放在网络上的硬盘或 U 盘。不管你是在家中、单位或其他任何地方，只要你连接到因特网，你就可以管理网盘里的文件，不需要随身携带，更不怕文件丢失，除非是网络服务商出问题，不过对于知名网盘服务商，这种概率极小。

2．网盘的作用

网盘主要是为了保存和备份文件，比如重要文件有时候会因计算机损坏或者计算机重装系统而丢失，那么就可以把文件上传到网盘中，这样可以有效保证重要文件的安全。另外，办公用户也经常将在家编辑好的文档上传到网盘中，回到公司再将文件从网盘上下载到公司计算机，从而方便办公，既省去了 U 盘也更加安全。网盘还有不少功能，比如有一些照片与视频要与朋友分享，我们就可以将这些资源上传到网盘，然后将分享地址告诉朋友，朋友就可以随时随地下载欣赏了，因此网盘也是一个非常好的资源分享平台。

3．网盘的类型

目前网盘提供商众多，而且大部分都是免费的，容量也多以 G 为单位。国内比较知名的网盘主要有：百度网盘、115 网盘、华为网盘、119 网盘、迅雷网盘、酷盘、金山快盘、金山 T 盘、QQ 网盘、腾讯微云、新浪微盘以及众多中小型网盘服务商等。

网盘的原理其实就是网络公司将其服务器的硬盘或硬盘阵列中的一部分容量分给注册用户使用。因此，网盘一般来说投资都比较大，所以免费网盘容量比较小，一般为 300MB～10GB。另外，为了防止用户滥用，网盘往往附加单个文件最大限制，因此免费网盘一般只用于存储较小的文件。而收费网盘则具有速度快、安全性能好、容量高、允许大文件存储等优点，适合有较高要求的用户。

3.4.5 大型开方放网络课程

1．MOOC 的由来

大型开放式网络课程（Massive Open Online Courses，MOOC），又称慕课，于 2008 年由 DaVeCormier 与 BryanAlexander 教授第一次提出。但其真正发展，并引起广泛关注是在 2011 年，美国斯坦福大学教授塞巴斯蒂安・史朗把他研究生水平的人工智能课程放在了互联网上，吸引了来自 190 多个不同国家的约 160 000 名学生注册学习。接下来的一年，几个资金实力雄厚的投资商与顶尖大学合作，推出了包括 Coursera、Udacity、edX 等在内的 MOOC 平台，它们不断改变着 MOOC 教育的面貌。现在，Coursera、Udacity、edX 三大 MOOC 平台获得了数千万的投资支持，推出了近百门课程，给更多学生提供了选择一流大学一流课程并系统学习的可能，吸引越来越多的大学加入到慕课的多种形式的实践中。由于 Mooc 具有现代普通高等教育所不具有的许多显著性优点，它对现代高等教育产生了革命性挑战，并引起了全世界人民的广泛关注。为此，TIME 杂志把 2012 年称为“MOOC 年”。

所谓“MOOC”，顾名思义，“M”代表 Massive（大规模）；第二个字母“O”代表 Open（开放），以兴趣导向，凡是想学习的，都可以进来学，不分国籍，只需一个邮箱，就可注册参与；第三个字母“O”代表 Online（在线）；第四个字母“C”代表 Course，就是课程的意思。

2．MOOC 的特点

MOOC 作为一种崭新的教、学模式，对现代高等教育产生了极大冲击，这是与其具有的特点和无与伦比的优势密切相关的。MOOC 主要具有以下特点。

（1）大规模：表现在学习人数上，MOOC没有学生人数限制，与传统课程只有几十个或几百个学生不同，一门MOOC课程动辄上万人。塞巴斯蒂安·史朗的人工智能课程就有160000多名学生学习。这是传统教学模式所不可想象的事情。

（2）在线：指学习是在网上完成的，学生可根据自己的情况，自行安排学习时间，学习不受时空限制。只需要一台计算机和网络连接即可。

（3）开放：指世界各地的学习者只要有上网条件就可以免费学习优质课程，这些课程资源是对所有人开放的。不管你是正在上学的学生、上班的工人，还是在家的家庭主妇或退休老人，都不需有学校的学籍，可以自由选择课程进行学习，进入学习“教室”无门槛，只有当你需要学分、证书时，才要求交纳一定费用。

3. 典型的MOOC平台

（1）Coursera

Coursera一般被称为C站。C站是MOOC巨头，坐落于美国加州硅谷。截至目前，Coursera已有896门课，1000多万小伙伴注册。Coursera创始人之一是华人，叫吴恩达，斯坦福大学计算机教授，现已是百度首席科学家。全世界100多所著名大学都在Coursera上开课，其中也包括北京大学。Coursera课程包罗万象，水准较高，讲课语言大部分是英语，还有少量小语种，现在正在努力把最好的课程译成中文，还启动了众包翻译，鼓励民间的字幕组为他们提供翻译字幕。

（2）edX

edX是麻省理工和哈佛共同创建的MOOC网站，比C站晚点，但水平一点不差，走精品路线，有自己的风格，合作的大学都是精英联盟，比如哈佛、麻省、加州伯克利、康奈尔、德国慕尼黑理工、北大、清华。主席是麻省理工的计算机教授阿加瓦尔，他自己还在edX上开了一门课叫“电路与电子学”。

（3）中国大学MOOC

中国大学MOOC由教育部、高等教育出版社、网易三方共同创办，具有官方背景。尽管网站对外没有明确宣称入选高校的范围，但大部分学校都是国内的名校。

中国大学MOOC的平台目前已有200多门课，部分课程已开始提供认证证书，证书为纸质版，要修完课程并考试合格后才能得到。发放的证书由中国大学MOOC平台、高等教育出版社、高等学校、老师四方确认成绩有效，关联实名信息，并支持二维码永久验证。

3.4.6 微课

1.“微课”的概念和组成

“微课”是指以视频为主要载体，记录教师在课堂教育教学过程中围绕某个知识点或教学环节而开展的教与学活动全过程。

“微课”的核心组成内容是课堂教学视频（课例片段），同时还包含与该教学主题相关的教学设计、素材课件、教学反思、练习测试及学生反馈、教师点评等辅助性教学资源，它们以一定的组织关系和呈现方式共同“营造”了一个半结构化、主题式的资源单元应用“小环境”。因此，“微课”既有别于传统单一资源类型的教学课例、教学课件、教学设计、教学反思等教学资源，又是在其基础上继承和发展起来的一种新型教学资源。

2.“微课”的主要特点

（1）教学时间较短：教学视频是微课的核心组成内容。根据学生的认知特点和学习规律，“微课”的时长一般为 5～8 分钟，最长不宜超过 10 分钟。因此，相对于传统的 40 分钟或 45 分钟的一节课的教学课例来说，“微课”可以称之为“课例片段”或“微课例”。

（2）教学内容较少：相对于较宽泛的传统课堂，“微课”的问题聚集、主题突出，更适合教师的需要：“微课”主要是为了突出课堂教学中某个学科知识点（如教学中重点、难点、疑点内容）的教学，或是反映课堂中某个教学环节、教学主题的教与学活动，相对于传统一节课要完成的复杂众多的教学内容，“微课”的内容更加精简，因此又可以称为“微课堂”。

（3）资源容量较小：从大小上来说，“微课”视频及配套辅助资源的总容量一般在几十兆左右，视频格式须是支持网络在线播放的流媒体格式（如.rm、.wmv、.flv 等），师生可流畅地在线观摩课例，查看教案、课件等辅助资源；也可灵活、方便地将其下载并保存到终端设备（如笔记本电脑、手机、mp4 等）上实现移动学习、“泛在学习”，非常适合于教师的观摩、评课、反思和研究。

（4）资源组成/结构/构成“情景化”：资源使用方便。“微课”选取的教学内容一般要求主题突出、指向明确、相对完整。它以教学视频片段为主线“统整”教学设计（包括教案或学案）、课堂教学时使用到的多媒体素材和课件、教师课后的教学反思、学生的反馈意见及学科专家的文字点评等相关教学资源，构成了一个主题鲜明、类型多样、结构紧凑的“主题单元资源包”，营造了一个真实的“微教学资源环境”。这使得“微课”资源具有视频教学案例的特征。广大教师和学生在这种真实的、具体的、典型案例化的教与学情景中可易于实现“隐性知识”“默会知识”等高阶思维能力的学习并实现教学观念、技能、风格的模仿、迁移和提升，从而迅速提升教师的课堂教学水平、促进教师的专业成长，同时提高学生的学业水平。就学校教育而言，微课不仅成为教师和学生的重要教育资源，而且也构成了学校教育教学模式改革的基础。

（5）主题突出、内容具体。一个课程就一个主题，或者说一个课程一件事；研究的问题来源于教育教学具体实践中的具体问题：或是生活思考，或是教学反思，或是难点突破，或是重点强调，或是学习策略、教学方法、教育教学观点等具体的、真实的、自己或与同伴可以解决的问题。

（6）草根研究、趣味创作。正因为微课课程内容的微小，所以，人人都可以成为课程的研发者；正因为微课课程的使用对象是教师和学生，微课课程研发的目的是将教学内容、教学目标、教学手段紧密地联系起来，是“为了教学、在教学中、通过教学”，而不是去验证理论、推演理论，所以，决定了微课的研发内容一定是教师自己熟悉的、感兴趣的、有能力解决的问题。

（7）成果简化、多样传播。因为内容具体、主题突出，所以，微课的研究内容容易表达、研究成果容易转化；因为课程容量微小、用时简短，所以，传播形式多样（网上视频、手机传播、微博讨论）。

（8）反馈及时、针对性强。由于微课在较短的时间内集中开展“无生上课”活动，参加者能及时听到他人对自己教学行为的评价，获得反馈信息。较之常态的听课、评课活动，微课“现炒现卖”，具有即时性。由于微课是课前的组内“预演”，人人参与，互相学习，互相帮助，共同提高，在一定程度上减轻了教师的心理压力，不会担心教学的“失败”，不会顾虑评价的“得罪人”，较之常态的评课就会更加客观。

3．微课的分类

（1）按照课堂教学方法来分类

根据李秉德教授对我国教学活动中常用的教学方法的分类总结，同时也为便于一线教师对微课分类的理解和实践开发的可操作性，可将微课初步划分为 11 类，分别为讲授类、问答类、启发类、讨论类、演示类、练习类、实验类、表演类、自主学习类、合作学习类、探究学习类。

（2）按课堂教学主要环节（进程）来分类

微课类型可分为课前复习类、新课导入类、知识理解类、练习巩固类、小结拓展类。其他与教育教学相关的微课类型有：说课类、班会课类、实践课类、活动类等。

第 4 章

信息研究

4.1 学 术 评 价

一般来说，学术评价有两种主要方法：量化评价和同行评议。从学理的角度来看，量化评价是评价科学化的一项重要成果，是质性评价的重要补充。在实际工作中，人们利用和使用这一成果都是需要大力倡导的，这正是科学的主要目的之一。同行评议是科学评价的重要方式，也是政府基础科学资助机构资源配置的主要方式之一，公正、高效的同行评议是保证科学质量的基础。

4.1.1 量化评价

所谓量化评价，是以定量的方式对学术研究成果进行评价。它是与定性评价相对应的一种评价方式，通过对刊载学术研究成果的学术期刊进行等级划分，并对每一等级的刊物赋予不同的分数或权重，进而乘以所发表的论著数量来计算学术研究得分，并根据得分进行各种奖励或惩罚。目前，最著名的评价指标莫过于 Garfield 提出的影响因子。

1. 影响因子

所谓影响因子（Impact Factor，IF），是代表该刊所发表的论文在国际上被引用的情况。如某一刊物在连续两年内所刊载论文总数为 a，在第三年对前两年内刊载论文的总引用数为 b，则它的影响因子为 b/a，意即该刊两年内所发表论文在第三年的平均被引用次数。影响因子越高，即该刊所载论文被引用次数越多，亦即该刊在世界范围内的影响越大。被《科学引文索引》（SCI）收录的 3500 多种刊物中，不同刊物的影响因子可以相差很大，高的可达 50，低的只有 0.001。未被 SCI 收录的刊物，其影响因子甚至低于 0.001。因此，不同刊物在国际上影响大小可以相差 5 万倍以上。下面是一些重要刊物的影响因子（2015 年资料）：Nature（38.138），Cell（28.188），Science（34.661），NewEnglandJ.Medicine（59.558）。虽然影响因子在科学界确实是衡量杂志的重要指标，但并不适合将其原封不动地用来评价每个单篇论文。影响因子是随着《期刊引用报告》（Journal Citation Reports，JCR）的出现而出现的。在 1995 年以前，JCR 以缩微胶片的形式出版，1995 年开始产生了 CD-ROM 版。其自然科学版收录 4500 种以上的自然科学领域的学术期刊，给出一系列期刊的评价数据。科学界将引文索引得出的各种指标作为重要的数据，广泛用于各个方面。《科学引文索引》

《社会科学引文索引》和《艺术与人文科学引文索引》这 3 个引文索引已被《科学网》（Web of Science）综合为一个巨大的数据库，每年收集的信息量是 8 000 种世界学术期刊的 140 万篇论文以及其他有关论文，合计 2 000 万篇的大型数据库。因为影响因子是从如此大量的引用数据中得出来的，人们应该对其有正确的理解和评价，进而达到更合理、有效的应用。

（1）影响因子大小主要由以下 4 个方面的因素决定

一是论文方面的因素，论文出版时滞、论文长度、论文类型、论文合作者数等都将会影响到影响因子的大小。一般意义上说，出版周期较短的期刊更易获得较高影响因子，论文平均作者数与论文被引频次也成显著正相关。二是期刊方面的因素，期刊刊期、类型、页码、期发论文数等都将会影响到影响因子的高低，在影响因子计算中，刊载的论文数一般仅收录论文、简讯和综述，但对评论、来信等却不进行统计，所以如果这方面文字所用版面较多的话必然会影响到影响因子的大小。多数情况下，论文数量少的期刊往往容易得到较高的影响因子。相对来说，论文数量多而办刊时间长的期刊往往容易得到较高的被引频次。三是学科方面的因素，每一种学科的期刊数目、平均参考文献数、引证半衰期等都会影响到影响因子的大小。每一种学科的引文数量及总体水平取决于两个主要因素：一个因素为学科自身发展的特点，另一个因素为该学科期刊在数据库来源期刊中所占比例。某种学科在当代科学中所处位置越重要，其影响因子也就越大；某种学科来源期刊越多，其影响因子也就越大。四是检索系统方面的因素，目前国内外有很多学术期刊方面的检索系统。国外的检索系统主要有：美国《科学引文索引》（SCI）、美国《工程索引》（E I）、美国《化学文摘》（CA）、美国《社会科学引文索引》（SSCI）、美国《剑桥科学文摘》（CSAI）、美国《数学评论》（MR）、美国《TU 学文献数据库》（INSPEC）、英国《动物学纪录》（ZR）、英国《科学文献》（SA）、德国《数学文摘》（Zbl）、俄罗斯《文摘杂志》（AJ）、日本《科学技术文献速报》（CBST）等；国内的检索系统主要有：《全国报刊索引》《中国数学文摘》《中国物理文摘》《中国化学化工文摘》《中国地理科学文摘》《中国生物学文摘》《中国无机分析化学文摘》《中国学术期刊（光盘版）》《万方数据——数字化期刊群》等。检索系统所收录的期刊群组成差异比较大，所计算的影响因子值就会有较大差异，因此，同一种刊物在不同检索系统中就会有明显不同的影响因子。

科学技术的高速发展导致了期刊文献数量的急剧增长，从而引发了必须对期刊进行评价的社会需求。众多研究证明，学科文献的诸多属性在期刊中的分布是有规律的，可以通过文献计量统计的方法对期刊进行定量评价。现在，影响因子在评价学术期刊质量上起重要作用，国内外许多学术期刊都非常重视刊物的影响因子，并把影响因子的排名作为期刊质量的重要评价标准。有的期刊还将影响因子与编辑的业绩考核、职称评聘挂钩，影响因子高则工作业绩突出，晋升职称时则优先考虑。学术期刊主管部门以及期刊协会等也将影响因子的大小作为评定期刊等级的重要指标，一般而言，影响因子和被引频次都高的期刊，基本上就会被评为优秀期刊。

（2）影响因子评价学术期刊的科学性

对论文和期刊学术水平的评价有各种各样的方法，美国科学信息研究所（ISI）的期刊引用报告（JCR）、中国科技信息研究所的“中国科技期刊综合评价指标体系”、中国科学院的“自然科学学术期刊综合评价指标体系”、中国学术期刊（光盘版）电子杂志社文献检索分析中心的《中国学术期刊综合引证年度报告》、北京大学图书馆的《中文核心期刊要目总览》等都选取了不同的指标和评价方法对学术期刊进行评价，尽管方法不同，但在评价体系上却是一致的。总体来看，这些机构都把期刊的影响因子、被引半衰期、他引率、检索系统收录率、论文的基金资助情况等作为评价学术期刊的重要指标体系。其中“被引频次”和“影响因子”的大小对论文和期刊的评价是所有评价系统都采用的重要指标。

对学术期刊的学术水平的评价有各种各样的方法，科学界对这些方法也褒贬不一。目前，比较常用的评价方法有以下三种：一是按照被引频次和影响因子的大小对期刊进行评价。期刊的影响因子越大表明它的“影响”就越大，这种基于文献计量学的方法在国际上受到了相当的重视。国内外著名检索系统对学术期刊的排序主要方法之一就是对同一学科的期刊依据影响因子的大小进行排队。二是按照一组专家的判断来对论文和期刊进行直接评价。国内外召开的各类学术会议在评审最佳论文时常采用这种方法，而国内对优秀学术期刊的评比也基本上采用这类方法。虽然可以通过确定一些指标来尽可能地进行客观评价，但是，在这种方法中人为的主观判断起着主导作用。三是在第一种方法的基础之上结合一组专家的意见进行评价。这种方法的主观人为因素仍占很大比重，不能算是一种科学的方法。相对而言，用影响因子这种基于文献计量学的方法评价期刊是比较客观的，是期刊评价的重要指标之一。

期刊的影响因子是某学科领域一种期刊客观上被重视程度的宏观量度，论文量、时间和被引次数是计算影响因子的三个基本要素，国际著名的科学计量学专家普赖斯经过大量的文献统计后得出结论认为，科学论文发表后的两年是论文被引用的高峰期。因此期刊的影响因子用期刊论文两年后的平均被引率揭示了学术思想传播的深度和广度，它使期刊学术质量的评价变得可以用量化的方法加以测试。由于期刊的影响因子能够从总量上把握某一期刊及其所刊载的论文客观被关注的程度，能够从总量上计算出某一期刊上发表文章被引用的次数，从而为人们提供了该刊发表的文章所代表的学术观点和学术思想被传播的深度和广度的定量测度，也使人们通过该评价指标值的大小找到当今世界某一学科领域的前沿和热点提供了可能，其科学性得到普遍认同，影响因子也正以其科学性服务于科技学术研究工作。期刊影响因子更多表征的是一个关于期刊影响力评价的概念，与期刊所刊载的论文之间似乎没有必然联系，但是国内外诸多学者的大量研究表明，经过同行严格评议后发表的论文是论文学术质量的重要保证，高质量的学术论文是期刊被引频次高的基础，被引频次高又是计算期刊影响因子时起决定作用的变量。因此，期刊影响因子与论文质量具有较强的相关性，影响因子也被视为评价论文学术性的重要指标。影响因子的客观性、系统性、科学性和实用性获得了社会的认可，在国际上受到了相当的重视，被认为是比较科学的评价方法，因而被广泛使用。用影响因子评价期刊与单纯靠专家进行定性评价的方法相比，评价结果更具客观性和公正性，这一点得到了社会各界的广泛认可，是科学发展到一定阶段的产物，是顺应社会需要而产生的一种科学研究方法。

（3）影响因子评价学术期刊的局限性

其一，不同检索系统所统计源期刊库的数量及侧重点有所不同，因而所计算的影响因子也有所差异。同一期刊在不同的检索系统中，其影响因子的排序有很大差异；不同的学科领域由于统计源期刊的数量和引文习惯的差异，使得期刊的影响因子有数倍的差异。其二，一些的确很不错的期刊并没有被检索系统收录等都是用影响因子评价学术期刊的不足。其三，学科设置的缺陷导致了期刊统计源的结构存在着严重的问题，使得一些学科的统计源期刊数量特别巨大，从而使期刊的影响因子较高，而有些学科则统计源期刊数量很少，致使这些学科期刊的影响因子非常低。其四，在学科分类方面存在问题。如果一种期刊涉及多个学科，这种期刊就会被分别列入多个学科的期刊排序表中。如果相关学科的整体影响因子高，就会出现相关学科期刊因影响因子大而排在本领域主要专业期刊之前的不合理现象，其实不同学科期刊的影响因子是不可比较的。

根据影响因子的计算公式，分子一定时，分母越大，影响因子越小。将页码相同、刊期不同的两种学术期刊进行比较，月刊、双月刊和季刊的影响因子不同。从影响因子的计算公式看，提高影响因子的方法有两种：一是减小分母，即该刊前两年发表的论文总数减少，分子不变，则影响因子增大。论文总数减少，意味着每期所刊论文篇数减少，即每篇论文较长，则期刊的载文率降低，这与提高期刊的信息密度要求矛盾。二是固定分母，分子增加而分母不变则影响因子提高。有些期刊为了提高影响因子，就采用了这种手段。

虚假引文影响影响因子的真实性。其一，有些期刊为了提高影响因子，采取不正当手段，让作者著录参考文献时将自己的期刊列入其中，但正文中并没有明确标注出论文在什么地方引用，试图通过增加被引频次，来达到提高影响因子的目的。可见，影响因子并不能公平、合理地对期刊做出评价。其二，有自引文献的不当引文现象。自引文献是指作者在发表论文时，在其文后著录自己曾发表过的论著的一种行为。自引文献在提高期刊的影响因子方面也起一定的作用，自引文献多，影响因子就大，但自引文献往往缺乏他人对该文献的关注程度，属于不正常的引文行为。不合理的自引文献会降低学术期刊评价的权威性，对学术期刊评价产生负面影响，对影响因子评价期刊的科学性产生不利影响。

（4）正确运用影响因子科学评价期刊质量

影响因子在评价学术期刊的质量上有其科学性，但也不可避免地存在局限性。因而，我们要采取科学的态度正确运用影响因子科学评价期刊质量。目前，很多人盲目地将期刊的影响因子视为评价学术期刊和学术论文的学术指标和重要依据，显然是不够科学、合理的。一般认为，当文献出版后能迅速被著作者引用，这些文献便成为热点文献。但由于影响因子是考虑某刊前两年论文的被引次数（而不是当年的）与前两年该刊所发表的论文之比，因此，即使年指标较高，也不能保证其当年的影响因子高，这是不难理解的，所以在用影响因子科学评价期刊质量时要注意这一点。另外，不同学科的学术期刊不具可比性，不能单一的用影响因子来比较。总之，我们在运用影响因子评价学术期刊时要注意发挥影响因子的客观性和科学性的作用，而规避其局限性和弱点，更好地运用影响因子这一评价指标科学地评价期刊。其实，期刊排名的目的是帮助读者鉴别对他们最有价值的期刊资料。只有当期刊的排名真实地反映出期刊重要性时，这样的排名才有意义。所以我们要在提高影响因子的科学性、可信度下功夫，以使影响因子的计算更客观、更公正、更能体现期刊的影响范围、学术水平，从而更好地评价期刊，使影响因子成为有利于作者、有利于读者、有利于编辑、有利于期刊的科学评价因素。

2．累计影响因子

影响因子在被应用于对期刊和科研活动的评价时，已表现出一定的局限性。为克服影响因子只能反映期刊近期影响力的问题，人们引入累计影响因子概念，同时对影响因子和累计影响因子进行标准化转换。通过对标准化影响因子和标准化累计影响因子进行综合，从而给出期刊的近期影响力和中期影响力。这样得出的综合指标对于各种科技期刊具有相同内涵，因此可以用来进行直接比较。Garfield 在 1998 年提出了累计影响因子的概念，即按照影响因子的计算方法，把时间稍做延长，以 7 年和 15 年的引用数据来计算期刊的中期和长期影响力。但是，我国期刊、数据库的建立较晚，1998 年以前数据不健全，因此可从 1998 年数据开始，统计期刊 1998 年发表以来一直到 2003 年的引用数来计算，这是一个典型例子。以 CSTPCD 为数据来源，根据 2001 年度《中国科技期刊引证报告》（CJCR）对期刊的学科分类，并从中选取了物理、化学、药学和外科学 4 个学科的期刊，统计其 1998—1999 年载文在 1998—2003 年累计被引频次，以计算 1998—2003 年累计影响因子。计算公式如下。

A=期刊 1998—1999 年发表论文数。

B=期刊 1998—1999 年发表的论文在 1998—2003 年累计被引频次。

CIF=1998—2003 年累计影响因子=*B*/*A*。

累计影响因子的提出，避免了影响因子在评价科技期刊学术水平的过程中只局限于两年的时间局限性，可以反映期刊的中长期影响力。对于那些偏理论性的期刊，它们的半衰期往往比较长，文献持续引用较好，影响因子对这类期刊评价缺乏合理性，而累计影响因子对这类期刊的评价会更加公平。影响因子和累计影响因子在一定程度上是互补的。累计影响因子的局限性则在于对那些偏应用性期刊的评价不公平。

3．*h* 系列指数

2005 年，美国加州大学圣迭哥分校的物理学家 J.E.Hirsch 教授提出了一项旨在评价科学家个人绩效的指标——*h* 指数，这项指标测量的结果在一定程度上能够解决传统的文献计量学指标在科学家个人绩效评价中的局限性。随后，有学者在 *h* 指数的基础上提出了一些修正和改进，得出的指数和 *h* 指数一起被称为 *h* 系列指数。

（1）*h* 指数

“*h* 指数”的定义为：引文数大于等于 *h* 的 *h* 篇论文数量。其含义是指一个科学家发表了 *h* 篇被引频次不少于 *h* 次的论文。举例来说，一个科研人员的“*h* 指数”是 15，则表示该科研人员至少发表了 15 篇被引频次在 15 次以上的论文。“*h* 指数”的计算方法：*h* 指数的计算要借助引文数据库，如美国 SCI、中国科学引文数据库、中国科技论文与引文数据库等。科研人员在检索到个人文献被引用数据后，应先对数据进行一次规范，排除同一篇文献因各种著录上的原因而被分散的情况，再将被引文献按被引频次降序排列，就能够找到自己的 *h* 指数。

（2）*g* 指数

2006 年，Egghe 在分析 *h* 指数评价效果时，提出了一种基于学者以往累积贡献的 *g* 指数：论文按被引次数降序排列，被引次数逐次累加，第 *g* 序次对应累计被引总次数大于或等于 g^2，而第（g+1）序次论文对应的累积引文数小于（g+1）^{2}。并认为当被引累计次数总是大于序号平方时，不论 *g* 值是否小于或等于文献总数，都将其加 1，若此时 *g* 指数已经大于总文献数，则将文献序号加 1，累计引文数不变，直至累计引文数小于文献序号平方。该指数打破了文献总数的限制，对文献产出少但被引频次高的学者和机构更为公正。*g* 指数的提出，为 *h* 型指数研究注入了活力。

（3）*hc* 指数

希腊亚里士多德大学 Antonis Sidiropoulos 于 2006 年提出 Contemporary h-index。对于期刊而言，其含义是一种期刊的分值为 *hc*，当且仅当它发表的 *Np* 篇论文中有 *hc* 篇论文每篇获得了不少于 *Sc* 次的引文数，剩下的（*Np*－*hc*）篇论文中每篇论文的引文数都小于 *Sc* 次。*hc* 用于评价期刊的当前影响力。

4.1.2 同行评议

同行评议，英文表述为“peerreview”。在英文中，“peer”指身份相同的人，“review”意为评审、审查、评价、评论，由此将二词联合起来。“peerreview”最简单、直接的理解是指由身份相同的人评审、审查、评价和评论。英国同行评议调查组在提交给英国研究理事会咨询委员会的一份调查报告中说：“同行评议可严格定义为由从事该领域或接近该领域的专家来评定一项研究工作的学术水平或重要性的一种方法。”我国一些从事同行评议研究的学者认为，同行评议是某一或若干领域的专家采用一种评价标准，共同对涉及相关领域的一项事物进行评价的活动。

1．同行评议作为一项制度和方法在学术领域中确立起来的合理性

其合理性如下。

（1）“学术”的专业性等本质特性和发展要求在根本上决定了对其评价必须采用同行评议的方法。

学术研究在现代社会早已成为一种非常重要的专业化程度极高的职业。即便是同一学科领域，也极有可能因研究的具体专业领域的不同而难以很有效地沟通，因而，对现代学术体制中学者及其学术成果的评价，必须依赖学术共同体中的同一或邻近学术专业领域的同行。这在根本上决定了必须采用同行评议的方法。

（2）同行评议是学术及学术共同体实现学术自治、学术自由的体现和保障。

学术研究不仅专业性很强，而且也是一项需要高度自由、自主性的活动，因而，学术研究和学术共同体历来强调自治、自由和自主。学术自主和自由的重要表现就是能够依据学术的标准对学者及其研究成果进行同行评议。不论知识和主张是谁提出来的，都必须接受检验，并经得起检验，唯有如此，才能保证学术的高标准和形成高的职业威望。

（3）同行评议体现了学术期刊和学术的消费者等方面的要求。

学术发展涉及三方面的因素，不仅有学术的生产者——学者，还有学术的中间承载者——学术期刊和学术的消费者。就学术的中间承载者而言，本身也会面临着两个方面的问题：组织较为充分的稿源和吸引较多的学术消费者，缺少了任何一方，学术期刊都难以为继。对学术的消费者而言，则切实关心学术期刊等载体上的学术成果是否可靠、真实，贯穿这一学术的生产、刊载和消费过程的，能够满足这一系列要求的要素即是有较高学术水准的学术研究成果。而要确定学术研究成果的水准和质量，唯一的方法即是同行评议。

2．同行评议中的评价人的评价行为的非公正性

其非公正性如下。

（1）因经济利益而导致的非公正性

评价人因为获得以各种方式给予的经济利益而对某些评价对象给予过高的评价或对另一些评价对象给予过低的评价。支付经济利益一方的目的是为了己方的项目申报、论文发表、荣誉评定等评价事宜得以通过，或者竞争方的相关事宜得以拒绝。

（2）因社会关系而导致的非公正性

评价人与被评价方可能存在各种直接或者间接的社会关系，亲近的关系往往导致评价结果偏高，而非亲近关系的一方往往被评价结果偏低。这些社会关系包括如亲属、子女等亲缘关系；同事、隶属等工作关系；朋友、仇怨等私交关系。

（3）因竞争关系而导致的非公正性

在评价活动中，如果评价人也同时在申报类似的项目、论文、荣誉或者职称，而评价对象与自身处于竞争关系，他可能倾向于给予竞争对手以较低的评价。这种现象不仅存在于竞争方与自己较为接近的情形，也可能存在于竞争方与自己不十分接近的情形，尤其在总体经费或者名额不充裕的时候。

（4）因个人好恶而导致的非公正性

评价人可能因为个人好恶而对一些评价对象给予偏高或偏低的评价，这种好恶的原因可能包括：研究内容合乎自己胃口或者为自己所忌讳；对被评价人的身份（国家、民族、种族、籍贯、隶属机构、职务、社会兼职等）的偏好或厌恶；对被评价人的历史背景（荣誉、政治倾向、经历或事件等）的好感或者恶感。

（5）因各种压力而导致的非公正性

评价人在评价活动中可能遭受来自各种社会关系所施加的压力，使得其不得不做出不公正的评价结果。

3．同行评议制度的完善机制

建议如下。

（1）评价人署名制

即对获得通过的科研项目或者公开发表的论文，公开评价人的有关信息，将其名署于科研项目立项文件或者学术论文之上。

（2）学术论文的争议出版制度

即对未获得通过的学术论文，经论文作者申请，在征得评价人同意后，将其出版于特别设立的专刊（如增刊、争议版或网络版）中，并署上评价人的名字及主要意见。该论文将不能再发表于其他刊物，也不视为正式发表。

（3）评价人的限制参评制度

即依据历史记录，依据一定准则，对多次不愿意（不适合除外）担任评价人的自然人，取消或限制其申报同类项目或者论文发表的权利；反之，对积极参与科研事业的评价人或未担任过评价人的则不予限制。

（4）评价人激励和支持机制

即对评价人的工作给予激励与充分支持，措施包括：定期公布优秀评价人名单并给予精神激励、物质奖励；给予评价人一定时期内电子文献的查阅权，并完善文献搜索功能，提供给评价人最合适的参考文献，或将甲专家提供的参考文献与乙专家共享，以减轻其工作难度等。

（5）完善评价标准

可采取以下措施：建立评价标准分类机制，对不同类型的评价对象（如基础研究、应用研究等）提供不同的评价标准；创新思维保护机制，要求评价人在做出创新不足的评价结论时提供有关证据（如有关文献的索引）。

4.2 信息分析

信息分析的定义：对于所检索到的大量文献信息，必须进行研究，加以分析、鉴别，才能对所选课题的研究状况有清晰的认识，才能选择正确的材料。

4.2.1 信息分析的原则

对文献信息进行分析，是通过对众多信息的整理、辨析、评价，提取出共性的、特征性的或方向性的内容，达到去粗取精、去伪存真的目的。因此，信息分析应遵循可靠性、科学性、新颖性、适用性的原则。

1．可靠性

信息真实、可靠是第一要素。信息的可靠性包含 3 个方面的含义：第一，真实性，信息报道是否失真，信息是否是实践所得，有没有言过其实、夸大或缩小；第二，完整性，信息所反映的问题是否全面，是否抓住了事物的本质；第三，典型性，所报道的信息是否具有典型性、代表性。鉴别文献信息是否可靠，可从以下几个方面入手。

（1）信息来源：文献是否由严肃的出版机构正式出版，严肃的媒体正式发布。通常由较高声誉的出版社出版的文献相对要可靠、准确一些。网上信息良莠不齐，常有虚假的甚至有害的信息，引用时务必注意其真实性。例如，统计数据应以官方或专门机构正式公布的为准。信息是第一手资料还是经过多次转引，如是转引必须核对原始文献。文献的引用资料是否有确切的出处，参考文献著录是否规范。

（2）编纂目的：文献的编纂目的是用于学术研究、政府决策，还是用于商业目的，是否因商业目的而夸大、带偏见，是否客观、公正。

（3）文献著者：专业文献的著者是否为该专业的学者、研究人员。一般情况下，专业人员撰写的本学科研究文献其可靠性要高于非专业人员。应该优先选择学科领域知名专家学者、知名团队所撰写的文献。

（4）被引用情况：文献的引用和被引用情况可以反映论文在学科内和学科之间的影响，也可反映论文相互之间的关系。论文被引用次数多，说明受关注程度高、影响大、参考价值高。查论文的被引用情况可利用引文索引和综合性检索系统，如中国知网（CNKI）。

鉴别实物信息是否可靠，可以从实物的设计（研发）者、生产机构、关键技术内容等几个方面加以分析判断。一般来说，具有较高专业技术职称的研发人员研制的产品可靠性高；国家大型企业、驰名企业研发的产品可靠性高；拥有专利技术的产品可靠性高。实践也是检验实物信息的重要依据，性能稳定、维修率低的产品可靠性高。

口头信息的可靠性可以从发言人水平、发布口头信息的场合以及听众的反应进行评价。

2．科学性

科学性的主要标准是文献的学术水准。例如，对问题研究深入，在学科研究中处于领先位置，或是代表性著作；文献内容真实，记述准确，无虚假信息，没有或极少学术性错误；经过精心校对，极少有印刷错误；调查报告的调查对象具有代表性，选取的样本有足够的覆盖面。

3．新颖性

新颖性是分析文献中是否包含新问题、新材料、新方法、新思想、新方向等新信息。新颖性是一个相对的概念，是指对于原有的信息而言，是否在内容、观点、方法等方面具有新颖性。新颖性具体表现在 3 个方面：第一，时间上的新颖性，即是否是新近发表的；第二，空间上的新颖性，在各个层次上是否是较新，层次可以分为世界级、国家级、地区级、行业级别等；第三，内容上的新颖性，这是对时间和空间的一个具体体现，是指信息所反映的内容是否较新。

文献信息的新颖性可以从文献发表时间、文献所反映的内容等方面进行分析评价。一般文献发表时间越新，文献的新颖性越强。同样，从文献的内容特征看，文献所反映的内容是否观点新颖、方法独特，需要运用逻辑思维方法进行判断。

通过实物产品的生产日期和生产手段等方面可以对事物信息的新颖性进行评价。通过言论发表的时间以及内容的分析可以对口头信息的新颖性进行评价。

4．适用性

适用性是指信息对于用户可利用的程度。信息适用性是决定其价值的一个重要因素。以农业科技信息为例，从信息发生源看，地理、气候、资源等自然条件处于相似状态，生产力和科学技术发展处于相同发展阶段的国家和地区，其信息可以互相借鉴，具有适用性。从信息的利用角度看，通常从两个方面考虑信息的适用性：一是考虑自己需要解决什么具体问题；二是根据自身条件来考虑适合吸引哪种类型的技术。在判断信息适用性时，不仅要考虑当前的需要，还要兼顾未来发展的需要。

对于电子文献信息源，其适用性主要体现在检索系统的功能、界面、文献的可获取性等方面。检索系统的功能，包括检索系统所提供的各种检索项、逻辑组配、各种限定的选取以及是否提供了分类浏览检索等。系统提供的功能模块越多，越能满足更多检索者的使用需要，也就证明信息源的适用性越高。界面友好性是指能否让检索者易学、易用、易检索，界面越友好，使用越方便，适用性越强。文献的可获取性同样是适用性的重要因素，如信息源提供全文获取链接或直接提供全文下载功能，是高适用性的表现。

4.2.2 信息分析的方法

信息分析是图书馆文献信息咨询服务的重要组成部分，与图书馆文献信息提供服务工作相比，它是以文献信息资源为工作对象，结合特定用户的需求，综合相关分析，以定性、定量等方法为手段对文献信息进行分析、综合、浓缩、转换与创新。

1．定性分析法

定性分析法是指获得关于研究对象的质的规定性方法，包括定性的比较、分类、类比、分析和综合、归纳和演绎等方法，主要是分析与综合、相关与对比、归纳与演绎等各种逻辑学方法。定性分析法适用于那些不需要或不可能应用定量方法进行分析研究的课题。常用的文献信息定性分析法主要有分类法、比较法、综合归纳法、相关法、因果法等。

（1）分类法：是指按属性异同将事物区分为不同种类的逻辑方法。依据不同的标准可以将事物分成不同的类别，注意，一次分类只能使用一个划分标准。文献信息的分类分析最常用的方法是根据学科分类或主题分析。

（2）比较法：是确定事物之间差异点和共同点的逻辑方法，是信息分析中最常用、最基本的方法之一。信息可比较的方面不可胜数，例如，对同一事件的不同记载、对同一作者不同作品的比较、同时代不同作者作品的比较、不同时代作者作品之间的比较、不同国家作者作品之间的比较、不同文化环境的作者作品之间的比较等。对这些信息进行分析、研究，找出其中的共性以及差异之处。

（3）综合归纳法：是将事物加以总体考虑的方法。根据有关材料、数据，将事物的各个部分、各个方面、各种因素联系起来，通观全貌，以认识整体状况。

（4）相关法：是利用事物之间内在的或现象上的联系，从一种或几种已知事物的有关信息判断未知事物的方法。

（5）因果法：是根据事物之间固有的因果关系利用已占有的情报，由原因推导出结果或由结果探究其原因的方法。

2．定量分析法

定量分析法是对一定时间段内与所选课题相关的研究论文论著从数量上进行研究。做定量分析首先要全面检索，一种检索工具不可能收录到所有文献，因此要用各种工具检索。检索时要用系统提供的各种检索途径（字段）查询，并注意利用文后的参考文献，做到无重大遗漏，这样得到的数据才比较准确。

定量分析可从多方面了解课题的研究进展状况。如通过对作者的统计，了解本学科撰文最多的核心作者以及他们的研究领域，作者分布的机构和地区，通过对文献类型的统计，了解本学科研究成果的形式和成熟程度；通过对相关主题的论文数量的统计，了解热点主题；通过对引文的分析，了解作者之间、学科之间的相互影响等。

大型检索系统如CNKI、万方、Springer等都有一些统计功能，可以提供部分统计数据，这些数据可以用于优化检索结果，有些数据也有一定的参考作用。但是，各检索系统的统计数据是对每次检索的结果所做的分析，检索表达式、检索时间段不同，得出的结果也不同。由于各系统收录的文献范围不同，统计数据也必然不同。例如，同一篇文献的被引用情况，用中国知网查到的数据与用中文社会科学引文索引（CSSCI）查到的数据有很大区别，后者的来源文献只是精选出来的核心期刊。因此，要获得比较可靠的统计结果，应将所有检索结果汇总，去掉重复记录，重新做出统计。

3．定性与定量结合法

信息分析常常需要综合使用上述各种方法，通过定性研究与定量研究相结合，使得分析结果更准确、可靠。如同一个问题，会有不同角度的研究文献，因此需要对各种调查数据做统计分析，对不同个案的研究做分析，对不同主题的论文做分析，综合归纳出该问题研究的总体状况。

4.3 信息综合利用

在信息化社会环境中，信息无处不在，信息利用紧紧伴随着我们，成为了我们日常生活的一部分。学术论文是用来表述科学研究成果和阐述学术观点的论说性文章，是对自然科学、社会科学和工程技术领域中某一课题研究成果的书面反映和描述。没有论文的撰写和发表，科研成果就无法为社会所知，科研的社会价值便无从实现。尽管科研成果的反映形式是多样的，但论文是记录研究成果、传播学术信息最为简便、实用的工具。无论是教师、科研工作者的研究论文，还是本科生的学位论文，都离不开对文献的综合研究和利用。

4.3.1 学士论文的定义

学士论文是表明作者从事科学研究取得创造性的结果或有了新的见解，并以此为内容撰写而成的、作为提出申请相应的学位时评审用的学术论文。顾名思义，学士论文是为了取得学位而撰写的论文。学士论文是论文答辩委员会用来决定是否通过并建议是否授予学位的重要依据。

学士论文是合格的本科毕业生撰写的论文。学士论文应能表达作者确已较好地掌握了本门学科的基础理论、专门知识和基本技能，并具有从事科学研究工作或担负专门技术工作的初步能力。作者运用自己在大学里所学到的基础理论和知识，去分析、解决某一不太复杂的科研课题，然后加以总结，写成申请学士学位的论文。

4.3.2 学士论文的要求

学士论文不同于一般的学术论文，它的要求更多、更为严谨；而且学士论文的写作已经形成一套完整的、规范化的操作程序。写作中应注意结构、观点、措辞等诸多方面。学士论文一般不涉及太复杂的课题，论述的范围较窄，深度较浅，其研究成果或水平一般达不到发表的水平。学士论文的写作要求可概括为以下几点。

1. 具备一定的规模与学术性

学士论文属于学术论文的范畴。它是以学术问题为论题，把学术成果作为描述对象，以学术见解为内容核心，具有系统性和鲜明的专业特色。论文内容与本专业无关的，必须退回重写。文章篇幅一般在 1 万字左右，时间一般为半年左右，是首次在教师指导下进行的科学研究的实践活动。

2. 具有创新性

创新性是学士论文的灵魂所在。创造性是指发现或发明前所未有的事物，其中包括观点、论点和理论。新颖性是指有新意，如建立新的理论，提出新的见解。为了提高创新性，就应阅读与选题有关的一定数量的参考文献（中文不低于 15 篇，外文不低于 5 篇），但不能是别人研究成果的简单归纳，应该在论点和论据上有一些自己的见解。

3. 具有科学性

科学性表现在内容的真实、可靠、具有可重复性；分析和论证实事求是，观点明确、符合逻辑；科研设计科学合理，方法严谨，数据、资料充分、确凿。要求作者的论述系统而完整，不能零碎和片面，做到首尾一贯而不能前后矛盾，要实事求是而不能主观臆造。

4. 具有规范性

规范性主要包括论文结构的规范化、论文语言的规范化和论文符号的规范化三部分。可参考 GB7713—87《科学技术报告、学位论文和学术论文的编写格式》。

5. 独立完成，严禁抄袭他人文章

一旦发现抄袭或内容雷同（30%以上），学士论文会被取消资格。如果认错态度良好（书面检讨）可给予重写的机会。重写的论文若能通过，成绩也只能打及格。学士论文成绩按优、良、中、及格、不及格五级评定。抄袭他人文章，一律按不及格论处。论文成绩不及格者，不予毕业。论文成绩在及格以下（含及格）者，不得申请学士学位。

4.3.3 学士论文的类型

根据学生学士论文选题类型的不同，学士论文可分为如下几种。

1. 理论性问题研究论文

本科生在校期间，学习了多门公共基础课、专业基础课和专业课，涉及大量的基础理论和原理性问题。本科生可在指导教师的指导下，选择自己比较熟悉并有较深理解的某一理论问题，进行探讨和研究。撰写这类论文，要求学生有较好的理论基础，对某一理论掌握比较扎实，逻辑思维及分析问题能力强，同时能够做到理论联系实际，用所掌握的理论原理分析、解决实践问题。本科生应当围绕所选定的理论问题，在广泛收集资料、大量阅读有关文献的基础上，总结前人的成就，分析前人的观点，找出以往研究的薄弱之处，提出自己的见解，也可对基本理论原理的应用进行更深层次的研究和探讨，寻求更合理的成果和结论。

2．应用性问题研究论文

无论哪一类专业，都有大量的应用性课程和专题，甚至专业本身就属于应用性很强的专业。特别是管理学科的各类专业，本科生可就不同管理领域的实际问题，运用在校期间所学的各种原理、方法和技术研究并解决实际问题。这是对学生素质能力的考核和锻炼。撰写应用性问题的研究论文，要求本科生具有较扎实的理论和原理基础，较熟练地掌握所学技术和方法，熟悉所掌握原理、技术和方法的应用环境和问题，能够把握该应用领域的发展和变化趋势，并能提出该原理、技术和方法的应用难点、问题和措施保证。

3．实践问题研究论文

本科生可就自己熟悉并能运用所学原理和方法提出合理解决方案的实践问题进行研究和探讨。对这类问题的研究实践性强，实用性高，要求学生对所研究的问题有透彻的了解和深刻的认识，能够清楚问题的症结所在，并能在自己所学习和掌握的原理和方法中找到解决的方法和答案。实践性问题研究论文与应用性问题研究论文的最大区别在于从实践中寻找问题并以此撰写论文。有些本科生的学士论文选题就直接来源于自身的社会实践和毕业实习。

4．指定性问题研究论文

有些本科生的学士论文选题来源于某些部门或企业对学校的委托项目或调研任务，有的来源于指导教师的科研课题和咨询策划项目。围绕这些问题撰写学士论文，对学生来讲属于指定性问题，有些问题并不一定是学生最有基础和研究兴趣的问题。但对这些问题的研究，老师的专项研究能力强，对学生的指导性强，也更有针对性。选择参与这些问题研究并以此为题撰写学士论文的本科生，也要具备一定的知识和能力基础，再加上老师的言传身教和悉心指导，对问题的研究深度较深，实践性强，有助于学生分析、解决问题能力的培养。

4.3.4 学士论文写作程序

学士论文的写作程序包括选题、资料的收集与整理、确立主题、拟定写作提纲、撰写初稿、修改与定稿等步骤。

1．选题

选题是学士论文写作的起点。所谓选题是指选定学术研究中所要研究或讨论的主要问题。选题不等于论文的题目，也不等于论文的论点。一般来说，选题的外延要比论文的题目或论点内涵宽广。

写论文不外乎有两个问题：一是写什么，二是怎么写。选题就是解决写什么的问题。人们常说，“好的开头是成功的一半”。选题的好坏决定了论文成功与否。一个人能否独立地进行学术研究，重要的标志就是能否选择一个合适的、经过一定努力能解决的课题。选题时，应该遵循以下原则。

（1）题目小、范围窄，具有专业优势

学士论文的题目不宜过大，否则可能因涉及的范围太大，时间有限，难以进行详细的研究而失败。如果能抓住一个重要的小题目，找出其难点和症结所在，经过研究给予圆满解决，从中学会分析问题和解决问题的科学方法，培养科研能力，目的就基本达到了；如果能具有一定的理论或应用价值，其意义将更大。具体的选题方向有：亟待解决的课题；科学上的新发现、新创造；学科上短缺或空白的填补；通行说法的纠正；前人理论的补充等。

同时，专业知识和专业语言是正确选题和写好论文的重要前提条件。大学生多年积累的知识和形成的能力带有较强的专业倾向性，抛开自己的专业优势，选择与自己所学专业没有关系、跨度很大的其他领域的问题来研究，虽然有可能写出好的论文，但由于论文写作时间有限，其困难是相当大的。学士论文的专业性也表现在论文选题的要求上。相对来讲，有关自然科学类专业学士论文选题及内容，要遵循自然规律，符合事物的内在运动规律；而社会科学论文选题及内容，必须符合人类社会活动的客观规律要求，反映人类生产力和生产关系的特殊要求，无疑其政策性也比较强。

（2）熟悉并能胜任

任何研究都必须建立在一定的主观和客观条件基础上，主观条件包括个人知识、技能、特长、兴趣、爱好等，客观条件包括人员、资金、设备、材料、期限等。大学生的学士论文选题时间短，又属于初步科研训练，更要考虑可能性问题。所选课题应尽可能与所学知识结合起来，符合个人兴趣、爱好。另外，所选课题应在指导老师所从事的科研范围内，否则可能半途而废。选题要体现、发挥自己的综合能力。综合能力受自己的知识储备、理论水平、实践经验、信息资料搜集处理能力等多方面因素的影响。选题不能体现自己的综合能力，会极大地影响写作过程及论文的质量。而积极发挥自己的综合能力，就能敏锐地捕捉到问题，从而确定有价值的论文选题。

（3）具有创造性

学士论文应把继承性和创造性结合起来，力求突出新见解，即突出新思想、新观点、新方法和新结果。如果在选题上没有创新，那么整个学士论文的后续写作可能就是重复前人的劳动，或是简单的知识和信息堆砌，论文的实际价值就会大打折扣。论文选题的创新，要求在前人的基础上有所突破，有独立见解。如选择前人没有探索过的新领域、前人没有做过的新题目；对旧主题独辟蹊径，选择新角度探索新问题；在前人成果的基础上进行深入研究，得出自己新的观点或发现等。

（4）社会客观需要

在满足教学要求的前提下，学士论文应根据专业实际情况，尽可能结合当前的生产实际、科研实际进行。学士论文的价值就在于通过科学探讨，推进人类对自然和社会发展规律的认识，正确指导人类的实践活动。科学技术活动和国家经济建设的实践是学士论文的选题基础，科学探讨是学士论文选题的精神要求。有些学生论文选题的指导思想是，哪个资料最多就选哪个，哪个最容易写就写哪个。这样的选题以及最后写就的论文就可能是拾人牙慧，充其量只能是一个“文献集”。

在以上原则的指导下，学士论文选题的方法基本可以分为以下 3 种。

（1）浏览捕捉选题法

该方法是指通过对占有的文献资料快速、大量地阅读，在比较中来确定题目。浏览，一般是在资料占有达到一定数量时集中一段时间进行，这样便于对资料做集中的比较和鉴别。浏览的目的是在咀嚼、消化已有资料的过程中提出问题，寻找自己的研究课题。这就需要对收集到的材料做全面的阅读研究，主要的、次要的、不同角度的、不同观点的都应了解，不能看了一些资料，有了一点看法，就到此为止，急于动笔；也不能“先入为主”，以自己头脑中原有的观点或看了第一篇资料后得到的看法去决定取舍。而应冷静、客观地对所有资料做认真的分析、思考，从浩如烟海、内容丰富的资料中吸取营养，反复思考、琢磨之后，必然会有所发现。这是搞科学研究的人时常会碰到的情形。浏览捕捉选题法一般可按以下步骤进行。

① 广泛地浏览资料。在浏览中要注意勤做笔录，随时记下资料的纲目，记下资料中对自己影响最深刻的观点、论据、论证方法等，记下脑海中涌现的点滴体会。当然，手抄笔录并不等于有言必录、有文必录，而是要进行细心的选择，有目的、有重点地摘录，当详则详，当略则略，一些相同的或类似的观点和材料则不必重复摘录，只需记下资料来源及页码就行，以避免浪费时间和精力。

② 将阅读所得到的方方面面的内容，进行分类、排列、组合，从中寻找问题、发现问题。材料可按纲目分类，如分成系统介绍有关问题研究发展概况的资料、某一个问题研究情况的资料、对同一问题几种不同观点的资料、某一问题研究最新的资料和成果等。

③ 将自己在研究中的体会与资料分别加以比较。找出哪些体会在资料中没有或部分没有；哪些体会虽然资料已有，但自己对此有不同看法；哪些体会和资料是基本一致的；哪些体会是在资料基础上的深化和发挥等。经过几番深思熟虑的思考过程，就容易萌生自己的想法。把这种想法及时捕捉住，再做进一步的思考，选题的目标就会渐渐明确起来。

（2）追溯验证选题法

它是一种先有某种拟想，而后再阅读相关资料加以验证来确定论文选题的方法。这种选题方法必须先有一定的想法，即根据自己平时的积累，初步确定准备研究的方向、题目或选题范围，但这种想法是否真正可行，心中没有太大的把握，故还需按照拟想的研究方向跟踪、追溯。

① 看自己的“拟想”是否对别人的观点有补充作用，自己的“拟想”是否已有人论及或者论及得较少。如果得到肯定的答复，再具体分析一下主客观条件，只要通过努力，能够对这一题目做出比较圆满的回答，则可以把“拟想”确定下来，作为学士论文的题目。如果自己的“拟想”虽然别人还没有谈到、但自己尚缺乏足够的理论依据来加以论证，那就应该中止，再重新构思。

② 看“拟想”是否与别人重复。如自己的想法与别人完全一致，应立即改变“拟想”，再做考虑；如想法只是部分与别人的研究成果重复，应再缩小范围，在非重复方面深入研究。

要善于捕捉一闪之念，抓住不放、深入研究。在阅读文献资料或调查研究中，有时会突然产生一些思想火花。尽管这种想法很简单、很朦胧，也未成型，但千万不可轻易放弃。因为这种思想火花往往是在对某一问题进行了大量研究之后的理性升华，如果能及时捕捉，并顺势追溯下去，最终形成自己的观点，是很有价值的。

追溯验证的选题方法，是以主观的“拟想”为出发点，沿着一定方向对已有研究成果步步紧跟，一追到底，从中获得“一己之见”的方法。但这种主观的“拟想”绝不是“凭空想象”，必须以客观事实、客观需要作为依据。

（3）教学启发选题法

学生一般要学习许多基础课和专业课，要听许多的专题报告。教师在授课和报告中，往往会提出许多问题，有些就是亟待解决的问题。这些问题就是可以作为学士论文选题的重要焦点。这种选题法的优点是：问题明确，与之相关的理论和实践有了老师的阐述，运用起来也比较准确、流畅、充分，对推动学科发展和指导实践有一定的参考价值。

教学启发选题法应用的关键是，同学们在学习过程中要做有心人，关心教师就某一问题进行的论证、提出的观点、采用的依据、运用的方法等。将课堂所关心的问题与课外阅读结合起来，开拓思路，由此及彼，提炼出自己论文的选题。

2．资料的收集与整理

达尔文认为：“科学就是整理事实，以便从中得出普遍规律或结论。”资料是构成学士论文的一个重要因素，论文的质量如何，取决于资料是否充实、准确、可靠。写作前，资料是形成学术论文观点和提炼主题的基础；写作中，资料是支撑观点、表现主题的依托。所以，资料在学士论文的写作中有着十分重要的作用。资料的搜集十分重要，要写出高质量的学士论文，就必须广泛搜集与课题相关的文献资料，做到“兼收并蓄”。

（1）资料的收集

学士论文的资料按不同获取方式可以分成直接资料、间接资料和发展资料 3 种。

① 直接资料

直接资料是作者在科学研究中获得的第一手资料。直接资料来源于科学观察、实地调查和科学试验，是作者亲自进行科学研究或考察，把观察到的现象与测量到的数据详细记录下来而得到的资料。

② 间接资料

间接资料是指从文献信息资料（包括机读数据库）中搜集到并转录下来的他人实践和研究成果的资料。其主要方法是通过信息检索去查找所需的各种载体类型的文献信息资料。

③ 发展资料

发展资料是指作者在收集到的直接资料和间接资料的基础上，经过认真分析、综合、研究后获得的新资料。

另外，按照资料的内容来划分，论文资料还可分为以下 4 个方面。

① 理论准备和知识准备资料

要进行一项研究工作，必须有必要的专业理论和专业知识。理论是工具和武器，知识和资料都是观点，结论是赖以成立的基础。缺少了它们，科学研究就无法进行。

② 别人已有的论述资料

这方面的资料要尽量收集，因为别人已经解决的问题，就不必做劳而无功的事。充分吸收别人已有的经验，了解别人未解决的问题、疑难的焦点等，才能进行比较鉴别，使研究少走弯路，使自己在科研方面获得更高、更新的成果。

③ 对立的和有关的资料

一个事物的特点，往往总是在它近似事物的相互影响以及对立事物的相互斗争中形成并发展起来的。如果缺乏这些映照、比较的资料，那么，我们所要研究对象本身的面貌特点及作用、意义可能模糊不清或难以把握、开掘、延伸。

④ 背景和条件资料。这是指一切能够影响研究对象的生成和发展变化的社会背景、历史条件以及主客体方面的精神、物质因素。只有尽可能全面地掌握这些资料，才能更好地把握研究对象的特殊性和普遍性。

（2）资料的整理

学士论文写作中一项不可缺少的重要工作，就是对收集来的文献资料进行比较、鉴别、整理、归类，认清资料的性质、判明资料的真伪、估价资料的意义、掂量资料的作用。要善于独立思考，深入分析研究，舍弃那些非本质的、虚假的、无用的资料，保留那些本质的、真实的、有用的资料。要紧密结合课题研究和论文写作的需要，对资料按性质和用途分别归类，有次序地加以排列，以备写作时使用。对选好的资料，则要认真思考，反复斟酌，挖掘其内在的意蕴，促使在认识上不断深化，并在撰写论文时灵活地加以应用。资料的整理分 3 步进行。

① 阅读资料

资料的整理从阅读开始。阅读资料首先可以快速略读检索到的文献资料，大致了解一下每篇文献的内容，然后选读部分内容重要、资料新颖的文献；最后研读少数重要文献，直至充分理解文献内容，并将文献的主要论点、论据或对学士论文写作有用的内容予以摘录。

② 鉴别资料

鉴别资料就是分析研究资料，寻找研究和写作所需要的具有科学性、创新性、典型性的资料，即对作者的论点、论据、事实资料、推理方法、语言的准确性等进行分析研究，看其是否正确。其主要目的是去伪存真。

鉴别资料的主要方法是比较法，即把内容相关的文献资料进行比较，把资料本身的论点和论据进行比较，区分哪些资料是真实可靠的，哪些是含有水分或虚假的。对于一时不能判定的资料，最好的办法是继续收集同类资料，待资料充足时再做判断，或通过实验进行验证。

③ 占有资料

经过鉴别的资料，我们可以利用各种技术手段，如复印、缩微、摄像、摘录等，将所需的资料“占为己有”，以供写作之用。在这里要提醒大家特别注意的是，对于在研究有关资料的过程中产生的某些想法要及时记录下来，尤其是一些瞬间思维和想法，因为它们往往具有极大的创造性，对于学士论文的写作和以后的科学研究都有很高的价值。

总之，要博采、严鉴、精选、活用，每个环节紧密相连、环环紧扣，使所占有的资料更好地为表现论文的主题服务。

3．确立主题

一般来说，组成一篇学士论文有两大要素，即主题和资料，两者缺一不可。若无主题，文中资料只能是机械性的、凌乱的堆砌，让读者不知所云；若无资料，显露主题的话只能是空洞之言。

主题是作者在一篇论文中提出的基本观点或中心论点。在一篇学士论文中只能有一个主题，并要求不论其长短，该主题必须贯穿始终。

主题不等于题目（论文的标题）。题目是在研究课题选定之后，在对课题进行研究的基础上，以整个科研成果或其中的某一部分作为论文的题目。一项科研课题可以写成一篇论文，也可以写成若干篇论文。论文题目的内涵和外延均不可能超过课题的内涵和外延。

主题需要经过提炼后才能确立。提炼主题的一般方法如下。

（1）通过资料的研究所得出的结论，证实了与原来确立选题时的设想一致，这个被证实的设想就是主题。

（2）在整理、研究资料时得出的结论，全部或部分否定了原来确立选题时的设想，从而得出新的结论，这个新的结论就是主题。

（3）通过资料的分析、概括、比较、提炼之后，形成了一种观点，这种观点就是主题。

主题一经形成便起到统率全篇的作用。资料的取舍、论证方法的选择、层次段落的安排，都要根据主题的需要加以考虑。因此，主题的确立是论文写作中的一个重要环节。

4．拟定写作提纲

古人说“意在笔先”，意思是写文章之前先立意，在此即指拟定写作提纲。写作学士论文首先要有一个清晰的提纲，即用简洁明了的语言安排论文的篇章结构，把文章的逻辑关系视觉化。写作提纲是文章整体布局和层次安排的设计图，是全篇论文的框架。它起到疏通思路、安排资料、形成结构的作用。写作提纲使论文骨架、轮廓视觉化，便于研究全篇文章的论点与资料的组合关系、局部与整体的逻辑构成是否均衡、严谨。如不重视，容易“下笔千言，离题万里”。写作提纲一般包括题目、基本论点或中心论点、内容纲要、大项目（上位论点，大段段旨）、中项目（下位论点，段旨）、小项目（段中的一个资料）。

根据 GB7713—87，论文中项目的表示应采用国际上惯用的点系统，如图 4-1 所示。

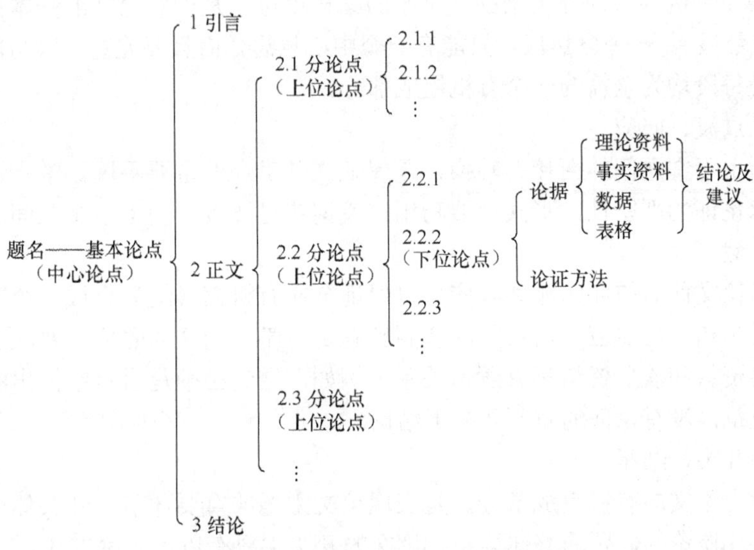

图 4-1　论文中项目表示的点系统

图 4-1 中的 1、2、3 对应的是学士论文的引言、正文、结论三大部分；2.1、2.2、2.3 对应论文的一级标题，表示上位论点，反映了大段段旨；2.2.1、2.2.2、2.2.3 对应论文的二级标题，是 2.2 的下位论点，即从属论点，反映了段旨；以此类推。

论文的提纲可分为简单提纲和详细提纲两种。简单提纲是高度概括性的，只提示论文的要点，不涉及如何展开。

提纲的具体编写步骤大致如下。

（1）拟定题目，以最简洁、最鲜明的语言概括论文内容。

（2）写出主题句，确定全文中心论点。

（3）考虑全文分成几个部分，以什么顺序安排基本论点。

（4）大的部分安排妥当后，再考虑每个部分的下位观点，最好考虑到段一级，写出段的论点句。

（5）全面检查写作提纲，做必要的增、删、改。

从学士论文写作提纲的内容和编写步骤中不难看出，在编写学士论文的写作提纲时，作者就必须着手对论文的结构进行安排。

从总体上讲，学士论文的结构要围绕中心，富于逻辑，准确表达。不论是简单列举还是按类归纳，不论是遵循时空、经纬发展顺序还是夹叙夹议去安排，都要注意逻辑上的循序渐进，使读者易于接受；都要注意反映事物本身的发展规律，使文中各部分的相互关系协调。具体而言，合理安排论文结构要做到以下几点。

（1）划分好层次段落

根据反映的客观事物的内部联系，把有关内容分为若干层，再围绕中心思想，按照部分与整体、部分与部分之间的逻辑关系，确定每个层次的地位和次序，把它们组成一个有机的篇章。

论文一般按其结构的基本形式来划分层次，如以时间的推移为顺序安排层次，以作者认识的推进（认识过程）显示层次，以逐步深入的论证展开层次，按资料性质的分类划分层次，按演绎或归纳推理的原则，或并列、或递进、或总分式、或分总式来安排层次和等级。

段落是按照表达层次划分出来的一个小的结构单位，是构成论文的基本单元，人们习惯称之为“自然段”。一个自然段，只能有一个中心意思，而且要完整。段与段之间要注意内在联系，使每段均为全篇的一个有机组成部分。

（2）注意过渡、照应

过渡是指上下文之间的衔接、转换，是保证文脉贯通的重要手段。学士论文的过渡，内容上要注意论证的严密性，形式上要巧用过渡词或过渡段，使上下文之间的关系，合乎逻辑，过渡自然。

照应是指论文前后彼此照顾和呼应，以保证全文有机缩（组）合成一个整体。学士论文的照应主要是指首尾照应、前后照应和照应题目。学士论文的照应，要注意基本论点和分论点、主要资料和次要资料都有逻辑关系。例如，结论必须是引言中提出的、正文中论证的，顺理成章，没有论证的就不要妄下结论。

（3）斟酌开头、结尾

开头是学士论文的有机组成部分，是表现论文主题的重要环节。开头体现了作者对所要描写的事件或谈论的问题的整体认识。论文的开头主要有以下 6 种方式。

① 开门见山，即一开篇就表明观点，然后再逐步阐述。

② 陈述目的，首先交代写作动机和目的，使读者更好地理解论文的内容和观点。

③ 全文提要，用极简练的文字概括介绍全文，使读者对全篇有扼要的认识。

④ 因题设问，首先提出问题，然后阐述和回答所提问题，引起读者的兴趣和思索。

⑤ 援引常例，先介绍相关的事例或现象，然后引入本题，吸引读者的联想和回味。

⑥ 历史回顾，简要介绍历史状况再转入本题，加深读者的认识。

结尾是学士论文的结论和终结。它是文章内容发展的必然结果，是结论或表达的中心。结尾内容可以是一组结论、一份总结、一组建议或结束语。

5．撰写初稿

按照写作提纲，围绕主题写出论文的初稿的过程，是整个写作过程中的核心环节，起草前的各项准备工作都是为这一阶段服务的。起草论文是进行再创造的复杂思维过程，表达方式的选择与使用、段落的组织和衔接以及语言形式的运用，都是这一阶段要妥善处理的问题。

起草初稿时，最好是在总体轮廓的基础上打好腹稿。所谓腹稿，就是按照提纲的先后顺序，将论文的内容在头脑里一段一段地思考清楚了，然后执笔来写。

（1）初稿起笔的两种方式

① 从引言（结论）起笔：就是按照提纲排列的自然顺序来写，首先提出问题，明确全文的基本论点，然后再展开，做充分论述和论证；最后归纳、总结，得出结论。这样写容易抓住提纲，也与研究的逻辑思维相一致，比较自然、顺畅，写起来较顺手、习惯，易于把握。

② 从正文（本论）起笔：即先写正文、结论部分后，再写引言。这样写有两点好处：一是正文所涉及的内容是作者研究中思考、耗神最多的问题，是作者研究成果的集中反映，从这里入手容易起笔；二是从引言动笔，往往难于开篇，从正文入手，是先易后难的有效措施。当写好了正文、结论后，论文大局已定，就可悉心写引言和完成全文了。

（2）起草论文的方法

① 一气呵成法：无论是从引言起笔，还是从正文入手，均按拟定的提纲，一路写下去，不使思路中断，尽可能快地把头脑中涌现出来的句子用文字表示出来。如果一口气写不完，可选择一个恰当的地方停笔，再动笔时，思路还会衔接、连贯。待初稿完成后，再仔细推敲、加工修改。

② 分段写成法：即把全文分成若干部分，分段撰写，逐段推进，各个击破。每个部分以写一个分论点或几个小论点为单元，并注意保持各章节内容的相对完整性。每一部分写好后，稍事梳理，就可转入下一段。

（3）撰写初稿注意事项

① 主题的表现

论文写作中如何运用资料来表现主题，即表述自己的观点，是关系论文成败的重要问题。运用资料来表现主题必须注意以下 3 个问题。

a．资料要真实。学士论文是一项严肃的科学研究活动，来不得半点含糊和虚假。真实是科学研究的生命。一篇学士论文只要有个别资料“失真”，就会导致读者对整个资料的真实性和论文的观点产生怀疑，有时甚至产生严重的后果。为了保证资料的真实性，作者必须对引用的直接资料进行反复核实，对间接资料要准确查明其出处。

b. 资料要典型。典型资料是指那些能够深刻揭示事物本质并有代表性的资料。典型资料不是偶然的、个别的现象，而是能反映事物发展客观规律的事例。典型资料可以一当十。

c. 资料要集中。资料集中就是在运用资料来表现主题时要紧扣主题，一切资料都要围绕论文的主题来选取。要选取那些能突出和说明主题的资料，并让其在论文中占据主要地位。对那些与论文主题无关或关系不大的资料要坚决舍弃，以免造成主题不突出或不鲜明。所以，在执笔撰写学士论文的初稿时要围绕主题来选择和安排资料。

② 修改写作提纲

在按照拟定的写作提纲撰写初稿的过程中，有时会由于各种原因写不下去。例如，论述的对象不够明确，或者引用的资料不够恰当，或者段与段之间的衔接和过渡没有考虑好，或者句子与句子之间的连接没有考虑好等。这时就需要重新考虑写作提纲。有的可能局部调整，有的可能有较大的变动，有的甚至要重新考虑整个写作提纲。

6. 修改与定稿

论文的初稿写成之后，还要再三推敲，反复修改，这是提高论文质量和写作能力的重要环节。一篇未经修改的论文，总有不成熟、不完善的地方。“文章不厌百回改”，甚至有人说：“文章不是写出来的，而是改出来的。”修改不仅是写作的一个必要环节，也是对读者负责的表现，是作者在一个新的水平上的创作活动。因此，必须重视论文的修改。修改的主要任务是：斟酌论点，检查论证，调整结构，推敲文字。这期间要耐心，有精益求精的精神，应该明白：修改不只是字词句的问题，说到底是对客观事物的认识问题。对事物认识不清楚，表述自然也就不会准确、恰当。客观事物纷繁复杂，且有曲折变化，人们对客观事物的认识也是有一个过程的，只有反复研究、不断修正，才能认识得更清楚，表述得更恰当。

（1）论文修改的范围

学术论文需要修改的地方很多，修改的范围也很广泛，大到主题思想，小到一个标点符号，发现什么问题，就修改什么问题，在什么地方发现，就在什么地方修改。具体地说，可以从论文的主题、结构、资料、表达、标题等方面考虑对论文进行修改。

（2）论文修改的方法

① 先主后次法

修改涉及论文写作的所有方面，如果不分巨细一路改来，必然要做许多无用功，因此应该分清主次，从大到小。对一篇文章来说，观点、结构是主要的、影响全局的，因此应该先从观点、结构修改起，再逐步修改资料、语言。

② 请教求助法

在初稿完成后，请本学科领域科研能力、写作能力较强的人帮助修改，以便提出更为客观的修改意见，可使论文更全面、更客观。

③“冷处理”法

论文的修改可以在初稿完成后立即进行，凭着作者对存在的问题还有深刻的印象，尽快对论文进行补充修改；也可以在初稿完成后，放上一段时间，然后广泛地浏览有关资料，让头脑冷静下来，再行修改。在作者平心静气更趋理性时进行修改，比较容易改正初稿中的不完善、不妥当之处。这样修改，往往容易突破原来的框框，发现问题，产生新的看法，就可以使论文质量得到明显的提高。

④ 诵读促思法

写作时运用无声语言，修改时运用无声语言，这仿佛是天经地义的。其实不然，如果修改时试着诵读几遍，一边读一边思考，有声语言能激活大脑的积极思维，一定会发现论文中许多文气不接、语意不顺、缺字少词的地方，这样修改起来会很通畅。

这 4 种方法，在实际的论文修改过程中，常常结合使用。

（3）论文的打印定稿

论文经过认真修改后，就可以打印定稿了。打印稿的排版格式可以视具体情况而定，一般使用 Word 排版，但论文的格式必须遵守 GB7713—87 规定。很多高校要求毕业生同时提交学士论文的电子文本。

4.3.5 学士论文的规范格式

GB7713—87 中对学位论文的规范形式做出了明确的规定，即规范的学位论文由以下 4 部分及其相应内容构成：前置部分；主体部分；附录部分；结尾部分。但学士论文实际上包括题名、作者、摘要、关键词、引言、正文、结论、参考文献及引文和注释 8 个必备部分。其中题名、作者、摘要、关键词属于正文前部分，引言、正文、结论属于正文部分，参考文献属于正文后部分。

1．题名（Title）

题名又称题目或标题，是以最恰当、最简明的词语反映论文中最重要的特定内容的逻辑组合。论文题名是一篇论文给出的涉及论文范围与水平的第一个重要信息。

论文题名的要求是：准确，简明，规范，醒目。准确是要求论文题名能准确表达论文内容，恰当反映所研究的范围和深度，做到题文紧扣。简明是要求论文题名要简洁、明快，字数要少，用词要精，一般不超过 20 字。外文题名一般不超过 10 个实词。醒目是要求题名所用字句及所表现的内容要醒目，能激发读者的阅读兴趣。题名应有特异性（先进性），尽量不与前人的论文题名重复。尽量应用专业主题词规范词语，尽量不用副标题，尽量不用标点符号和缩略语（已被公认习用的除外）。对于一些较大题目的学士论文，题名前面可以加上“刍议”“略论”“浅议”等字样。

论文题名的主要作用：揭示主题或事物的实质，表明作者的观点、立场。论文题目的类型有以下几种：①直截了当地点明论文的主题；②用比喻和象征性的词句来提示主题；③点明论文所说明的问题是什么；④有副标题和小标题。副标题是用来对标题加以补充，一般说明论文写作的原因、内容和范围等。论文的小标题用在篇幅较长、内容较丰富的论文中。

2．作者（Author）

作者表明对研究成果的所有权和所承担的相应责任者。作者是重要的检索入口，作者署名包括作者机构。学士论文如果要发表，一般应将论文指导老师列为通信作者。

3．摘要（Abstract）

学士论文一般应有摘要。摘要是论文内容不加注释和评论的简短陈述，突出本论文的创造性成果或新见解，具有相对独立性。摘要使读者不用阅读全文就能获得必要的信息。摘要应有数据、结论，是一篇完整的短文，可以独立使用，可以引用，应说明研究目的、实验方法、结果和结论等，重点是结果和结论。

一篇完整的摘要一般应包含以下内容：说明研究工作的内容、目的及其重要性；描述所使用的实验与研究方法；列出获得的基本结论和研究成果，突出论文的新见解；阐明研究结论及其意义。

根据 GB6447—86《文摘编写规则》，文摘的编写有以下几点要求。

（1）内容浓缩：文摘的内容主要为研究目的、研究方法、研究结果和结论等。研究目的指研究和调查的前提、目的和任务，所涉及的主题范围；研究方法指所应用的原理、理论、条件、对象、材料、工艺、设备、程序等；研究结果指实验、研究的结果、数据，得到的效果、性能等；结论指结果的分析、研究、比较、评价、应用，以及提出的问题、今后的建议和预测等。文摘内容做到不评论、不解释、不引申。

（2）短小精悍：一般报道性文摘要求不超过 300 字，指示性文摘不超过 100 字。

（3）文字为主：一般不列入文中的图、表、公式、化学结构式、非公知公用的符号等。

（4）独立成段：文摘为论文的高度概括浓缩，故不再分段。

（5）第三人称：为增强客观效果，排除主观因素，一般采用第三人称方式。

为方便国际交流，有的学士论文还应有外文（多为英文）摘要。与中文摘要一样，外文摘要的内容也是包括目的、方法、结果、结论和建议等。在实际编写时，应注意以下几点。

（1）题目：除虚词外，每个单词的首字母均采用大写。

（2）作者姓名：将汉语拼音译成英文时，应遵照国家语言文字工作委员会于 1974 年公布的《中国人名汉语拼音字母拼写法》的规定书写。

（3）人称：编写英文摘要时，一般采用第三人称，以使其内容更加令人信服。

（4）语态：一般情况下，谓语动词使用被动语态。

（5）时态：应使用一般现在时、现在完成时、一般过去时、过去完成时、一般将来时撰写。

4．关键词（KeyWord）

关键词是以一组词汇的形式来揭示研究成果的实质性内容。它是从正文内容、题目和摘要中提炼出来的、具有实在意义的名词或名词性词组。学士论文可选取 3～8 个词作为关键词。关键词以显著的字符起一行，排在摘要的左下方。中、英文关键词必须对应。

5．引言(Introduction)

引言又称前言，属于整篇论文的绪论部分。其主要目的是对所研究的方向的问题和有关的背景以及需要提醒读者注意的事项做个交代。引言是研究还未进入整体之前的准备，通常要求言简意赅，不要与摘要雷同或成为摘要的注解。引言主要包括 4 个方面的内容。

（1）本文研究的目的和意义：这一部分要写得简洁，一定要避免像作文那样，用很长的篇幅写自己的心情与感受，不厌其烦地讲选定这个课题的思考过程。

（2）前人研究结果的分析并提出问题：这是引言的核心部分，问题的提出要明确、具体。要做一些历史的回顾，关于这个课题，谁进行了哪些研究。作者本人将有哪些补充、纠正或发展。

（3）采用的研究方法和途径：说明作者论证这一问题将要使用的方法。

（4）如果是一篇较长的论文，在绪论中还有必要对本论部分进行简明、概括的介绍，或提示论述问题的结论。这便于读者阅读、理解本论。

总之，引言只能简要地交代上述各项内容，引言可长可短，因题而异，其篇幅在整篇论文中所占的比例要小。

6. 正文（Text）

正文是学士论文的主体和核心部分，不同的专业和不同的选题可以有不同的写作方式。正文是一篇论文的本论，属于论文的主体，这是展开论题，表达作者个人研究成果的部分。它占论文的主要篇幅。论文所体现的创造性成果或新的研究结果，都将在这一部分得到充分的反映。有些学士论文，引言中提出的问题很新颖、有见地，但是正文部分写得很单薄，论证不够充分，勉强引出的结论也难以站住脚。这样的学士论文是缺乏科学价值的，所以一定要全力把正文部分写好。

对于文科性质的学士论文，在这一部分，作者必须根据课题的性质，或正面立论，或批驳不同的看法，或解决别人的疑难问题，来详细地论证论文中的全部思想和新的见解。对于理科性质的学士论文，正文部分表述的主要内容包括：调查对象、实验和观测方法、仪器设备、材料原料、实验和观测结果、计算方法和编程原理、数据资料、经加工整理的图表、形成的论点和导出的结论等。理科性质的学士论文可以按“材料与方法”“试验与结果”“分析与讨论”这三个部分的格式来书写，这也是目前很多理科性质论文所采用较多的一种文体结构。

论文正文的写作必须做到实事求是、客观真切、合乎逻辑、层次分明、简练可读。

由于研究工作涉及的学科很多，在选题、研究方法、工作进程、结果表达方式等方面有很大的差异，对正文内容不能做统一规定，但正文的结构安排却有一定的形式。

学士论文的结构可以概括为四类：纵贯式、并列式、递进式、综合式。纵贯式是以时间先后为顺序，或以事物发展变化的前后为顺序，或以人们认识事物的发展规律为顺序来安排结构；并列式以不同事例的不同侧面论证中心意图，即把从属于基本论点的下面几个论点并列起来，一个一个分别加以论述；递进式就是以层层递进的关系，或以因果关系来安排结构，逐步深入地表现事理之间的分析综合的逻辑关系，逐层深入、环环相扣，即提出一个论点之后，一步步深入，一层层展开论述，论点由一点到另一点，循着一个逻辑线索直线移动；综合式就是以综合需要为顺序，把纵贯式、并列式、递进式结合运用。如果学士论文论述的是比较复杂的理论问题，一般篇幅又较长，所以常常使用递进式与并列式两者相结合的方法，而且往往是递进式中包含并列式，而并列式下又有递进式，有时还有更下位的并列式。

科学研究中一般要做试验，记录试验数据，反应在论文中会有大量的图表。图表根据在论文中出现的先后顺序编号，图的名称在图的下面，表的名称在表的上面，表的格式要求用三线表，即 Word 中，表格自动套用格式，简明型 1。论文中要求采用国际制度量衡单位，长度用厘米、米、千米，不用公分、尺等单位，面积用平方米，不用亩。重量用克、千克，不能用斤。

7. 结论（Conclusion）

结论是论文的结束部分，论文的结论部分是最终的、总体的结论，不是正文中各段小结的简单重复。结论是理论分析和实验结果的逻辑发展，是整篇论文的归宿。结论是在理念分析、实验结果的基础上经过分析、推理、判断、归纳而形成的总观点。结论应该准确、完整、明确、精练，使人一看结论就能全面了解论文的意义、目的和工作内容，要突出与前人不同的新见解，认真阐述自己的创新性工作在本领域中的地位、作用和意义。结论部分的写作内容一般应包括以下几个方面。

（1）论证得到的结果

这一部分要对正文分析、论证的问题加以综合和概括，引出基本论点，这是课题解决的答案。这部分要写得简要、具体，使读者能明确了解作者独到见解之所在。提醒注意的是：结论必须是绪论中提出的、本论中论证的、自然得出的结果。学士论文最忌论证不充分而妄下结论，要首尾贯一，形成一个严谨、完善的逻辑体系。在结论中具体要写明：本文研究结果说明了什么问题，得出了什么规律，解决了什么理论或实际问题，对前人有关的看法做了哪些修正、补充、发展、证实或否定。

（2）对课题研究的展望

个人的精力是有限的，尤其是作为本科生对某项课题的研究所能取得的成果也只能达到一定程度，而不可能是顶点。所以，在结论中最好还能提出本课题研究工作中的不足之处或尚未解决的问题，以及解决这些问题的可能关键点和方向等。

写结论部分时，应措词严谨、逻辑严密、文字具体，常像法律条文一样，按顺序1、2、3……列成条文，用语斩钉截铁，且只能做一种解释，不能模棱两可，含糊其辞。文字上也不应夸大，对尚不能完全肯定的内容注意留有余地。

8．参考文献（Reference）

在学士论文后一般应列出参考文献，其目的是：一是反映真实的科学依据；二是为了体现严肃的科学态度，分清是自己的观点或成果还是别人的观点或成果；三是尊重别人的学术成果，同时也是为了指明引用资料的出处以便于检索利用。学士论文的撰写应本着严谨、求实的科学态度，凡有引用他人成果之处，均应按论文中所引用的顺序列于文末。参考文献应另页开始，并注明序号。参考文献的水平某种程度上反映了你的论文的水平，所以在列参考文献时，尽量列被引率高的核心文献、核心期刊论文，有的还要列外文文献。另外，还要有最新的文献。

参考文献的著录格式均按照GB7714—2005《文后参考文献著录规则》进行著录。参考文献的作者不超过三位时，全部列出；超过三位时，只列前三位，后面加等，作者姓名一律采用姓前名后著录法，外国人的名字部分可以缩写，并省略缩写点“·”。对前述国家标准未列入的但又为论文引用的其他类型文献可参照社会通用的格式著录。不同出版形式的文献的著录格式简单介绍如下。

（1）专（译）著、论文集、学位论文、报告

著录格式为：[序号]主要责任者.文献题名[文献类型标识].版本（第一版不标注）.译者.出版地:出版者，出版年:起止页码（任选）..其中，文献类型标识为：专著[M]，论文集[C]，学位论文[D]，报告[R]。

例如：

[1] 王知津．工程信息检索教程[M]．北京：机械工业出版社，2008.316-320.

[2] 许华琴．江南大学学生体育生活方式现状研究[D]．苏州：苏州大学，2011.

（2）期刊

著录格式为：[序号] 主要责任者．文献题名[J]．刊名（外文可缩写），年，卷（期）：起止页码。

例如：

[3] 何绍华．软件产业标准化与质量管理初探[J]．现代图书情报技术，2002（5）：93-95.

（3）会议录、论文集中的析出文献

著录格式为：[序号]析出文献主要责任者．析出文献题名[A]．论文集主要责任者（任选）．论文集名[C]．出版地：出版者，出版年．析出文献起止页码

例如：

[4] 彭韶兵．国家财务经营公司构建的思考[A]．2002 中国会计教授年会论文集[C]．成都：西南财经大学出版社，2002.252-256

（4）报纸

著录格式为：[序号] 主要责任者．文献题名[N]．报纸名，出版日期（版次）。

例如：

[5] 竺延风．应对市场竞争的新特点[N]．人民日报，2004-03-31(7).

（5）国际、国家标准

著录格式为：[序号]标准起草者.标准编号，标准名称[S]．出版地:出版者,出版年.

例如：

[6] 全国量和单位标准化技术委员会．GB3100—3102—93，量和单位[S]．北京：中国标准出版社，1997.

（6）专利

著录格式为：[序号]申请（专利权）人．专利名：国别．申请（专利）号[P]．公开日期。

例如：

[7] 江南大学．一种超高压嫩化鹿肉的方法：中国，201210268756.5[P]．2012-10-31.

（7）电子文献

著录格式为:[序号] 主要责任者.题名[电子文献类型标识/载体类型标识].(发布日期)，[检索日期]．网址（出版或可获得地址）.

其中，电子文献类型标识：数据库[DB]，计算机程序[CP]，电子公告[EB]；电子文献载体类型标识：磁带[MT]，磁盘[DK]，光盘[CD]，互联网络[OL]

（8）各种未定义类型的文献。

著录格式为：[序号] 主要责任者．文献题名[Z]．出版地：出版者，出版年.

在有的论文中，还有引文和注释。如果引用的别人的原话，就要加引号；如果引的别人的原意，则不加引号而用冒号。但是，要特别注意不要将“原意”同自己的话说在一起。特别重要的引文要提行自成一段，叫提行引文。提行引文书写时要比正文缩两格，第一行开头比正文缩四格。注释可作为脚注在页下分散著录，但切忌在文中注释（从 2008 年开始执行）。

4.4　信息与决策

4.4.1　信息

信息是一切活动的基础，也是决策的基础，决策是处理信息的过程。信息时代，要想提高竞争实力，在一定意义上讲，就是要提高掌握、传播和利用信息的能力。“信息就是效

益，决策就是生命”，提高效率的最佳方式是驾驭信息并正确决策。时代赋予了信息特殊的意义，同时也对决策者提出了更高的要求。在激烈的国际竞争和市场竞争中，人们对信息的开发和利用已日益重视。如今，“信息即财富”已成为共识。然而，要使信息转变为财富，还需要科学的决策作保证。

我们说“信息即财富”，并不是说信息简单地等于财富。信息要转化为财富是有条件的，这就是要善于运用信息去分析、判断，并及时做出果断的决策；否则，信息的“含金量”再高，价值还是等于零。而且，分析、判断还要准确，决策要科学，否则不仅达不到预想的效果，还会带来巨大的损失。所以说，占有信息是重要的，而运用信息进行科学的决策就更重要。信息是科学决策的基础和依据。及时、准确、全面掌握信息，深入、系统开展信息工作，是决策成功的重要保障。

4.4.2 决策

著名管理学家、诺贝尔经济学奖得主西蒙教授认为管理就是决策，管理的一切活动都可归结为决策活动。任何活动在开始之前都要先进行决策，决策是否科学、合理在很大程度上决定了活动的成败与效果，但决策绝不是高层管理人员的专利。事实上，在日常生活、工作和学习中，任何人、机构、组织都时时刻刻面临着各种问题的决策。决策就是根据已知信息做出判断。然而，决策往往是一个非常复杂和艰难的思维过程，面对问题进行选择、做出判断绝非易事。决策的过程从实质上来讲是一个信息的管理过程，准确、及时、有效、系统、完整的信息是科学决策的基础，高质量的信息是成功决策的前提和保证。一般认为，科学决策的秘诀是“百分之九十的信息加百分之十的直觉”。因此，进行决策时必须广泛收集与决策问题有关的全面、系统的信息，然后进行归纳、整理、分析、加工，经过去伪存真、去粗取精、由表及里、由此及彼地分析和验证，使决策所需要的信息符合真实性、时效性、系统性、可靠性，以便为科学决策提供必要的信息准备。只有尽可能多地掌握了决策所需的信息，并加以有效利用，才能使决策建立在科学可靠的基础上。因此，遵循信息原则可增强决策对环境的适应性。

4.4.3 信息与决策的辩证关系

信息是决策的基础和依据，信息与决策是共生共存的关系。在实际生活中，无论何种类型的决策，都离不开信息的获取和分析。离开了信息，决策就成了无源之水、无本之木。图4-2说明了信息与决策的关系。

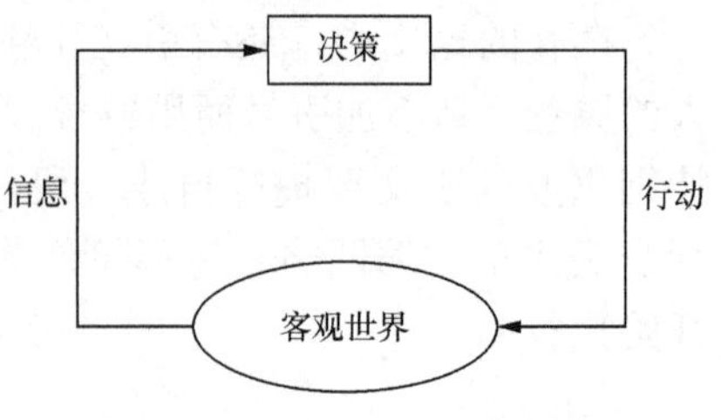

图4−2 信息与决策的关系

1. 决策对信息的依赖

任何一项决策，都离不开信息，信息是决策的灵魂。信息在决策中的作用体现在：①信息是领导决策活动的基础。决策活动是一个由信息系统、智囊系统、决策系统和监督系统组成的科学决策组织体系，而要完成一项科学决策，每个子系统都不同程度地渗透着信息工作。②决策的过程就是信息利用的过程，信息工作贯穿决策的始终。③信息是领导科学决策的桥梁。采用科学思维和科学计算方法，通过对大量前瞻性信息的占有和分析以辅助决策，是决策科学化的手段。④信息是领导决策成功的重要依据。谁对信息掌握得多、掌握得快、掌握得准，谁就能赢得工作的主动权。

决策本身是信息转换的过程，而信息的转换又严格地依赖于环境和系统内的信息资源与能力。信息与决策是一种辩证关系：①信息是决策过程的原料和灵魂。没有大量的信息，决策将成为无源之水、无本之木。②获取有效信息是决策成功的保障。由于信息泛滥与有效信息不足的矛盾日益突出，决策者必须对大量信息进行认真分析，在此基础上形成有效、合理的信息，并利用这些有效信息为决策提供重要依据。③信息使用不当是造成决策失误的一个重要因素。信息不全面、信息不真实、信息不及时以及信息渠道不畅、信息筛选没有遵循一定的原则等，都会造成决策的重大失误。作为决策者，既不要轻视信息，也不要过分夸大信息的作用。决策者必须具备信息环境辨识能力、信息领悟能力及较强的风险意识。

决策过程就是在全面掌握准确信息的基础上，依据决策对象的发展规律及其内外条件，在变动的环境中，做出最有利于决策对象发展的决断，并有效地监督实施的过程。因此，就其本质而言，决策活动就是一个对大量相关信息进行收集、筛选、判断、分析，进而创造性地对方案进行拟订、评价、选择和执行的过程。①信息是提出问题的前提。只有在收集、掌握大量信息的前提下，才会发现问题，才会要求人们做决策。②信息是确定决策目标的依据。决策目标的确定离不开预测、分析，而预测和分析离不开信息。③信息是制订方案的基础。决策者只有根据所掌握的信息进行科学、合理的预测，才能制订各种可能的行动方案。④信息是决策方案抉择的依据。决策者要根据信息对各方案进行可行性、收益性、风险性等的研究和分析，最终确定一个最佳行动方案。⑤信息是控制决策实施的条件。在决策实施的整个过程中，离不开信息的控制和协调，同时，信息也是检验决策效果的标准。

在决策的每一阶段，都需要信息作为支持，信息工作贯穿决策的基本程序中。①确定目标与信息获取活动。开展深入、全面的调查研究，系统、准确、及时地搜集、整理有关信息，预测未来事态的发展趋势，这样才能有效地发现和提出问题，才能准确地确定决策目标。②拟定方案与信息设计活动。对搜集的信息进行充分的分析、比较、鉴别、筛选，提出正确的、符合客观实际的方案。③方案优选与信息决策活动。在掌握充分信息的基础上，对各种信息进行对比、鉴别和判断，优选出最佳方案。④普遍实施与信息评价活动。建立信息反馈与追踪系统，一旦发现决策目标偏差，立即进行修正。

2．信息对决策的支持

“知己知彼，百战不殆”，说明信息在现实决策中的重要地位。信息对决策的支持表现在：决策信息的状况对决策者、决策方法、决策结果等都有显著的影响。例如，在决策过程中，信息的占有情况影响决策方法的选取，信息充分、准确、可靠时可以考虑采用定量决策的方法，反之就只能更多地依靠经验做定性决策。信息对决策的支持主要表现在以下方面。

（1）信息对决策者的影响与支持。进行决策除了需要相关的技术方法外，很大程度上还是依靠决策者的知识、经验、技能和能力等因素，决策者在这些方面的素质是在不断地学习和实践过程中积累起来的，在决策者学习和实践过程中无时无刻不渗透着信息的影响和支持。正是这些长期积累的信息和知识为决策者进行有效决策提供了前提和基础。

（2）决策过程的每一个环节都离不开信息的支持。决策的全过程包括一系列环节和步骤，每一个环节和步骤都与信息息息相关。决策是从发现问题开始的，而决策者要想发现问题，必须通过各种渠道，采取不同的方式方法获取尽可能多的信息，并通过分析、研究从中发现问题，发现问题的过程就是获取信息、处理信息的过程。为了解决问题，决策者需要确定目标，而目标的确定也需要建立在掌握分析和处理大量信息的基础之上。并且决策方案的制订、优选直至实施、修正、调整和完善等更是离不开信息的支持。同样，决策效果如何，一方面取决于前述环节和步骤中信息的保证，另一方面对决策效果的评价也需要足够的信息予以检查和总结。正是由于信息在决策的过程中不断地输入和输出，并有效加以处理，才使得决策活动得以顺利进行。可以说，信息贯穿于决策的全过程，进行有效的决策和获得决策的成功，在很大程度上取决于获得数量足够充分和质量足够可靠的信息，并及时加以分析、处理和利用。因此，从本质上讲，决策过程就是一个信息处理过程。

（3）决策过程既是一个信息输入与处理过程，也是一个信息输出和积累过程。决策实施后不仅得到大量的反馈信息，使决策方案不断得以调整、修正和完善，而且任何一项决策活动的完成，都会积累大量的知识、信息和经验（既有成功的经验，也有失败的教训），使决策者对客观世界有更进一步的认识和了解，从而使下一次决策建立在更加科学、合理的基础上。

3．决策对信息的要求

信息一方面为决策提供决策支持，对决策影响巨大。另一方面，决策也对信息的质量提出了越来越高的要求，只有及时、有效、准确、可靠、直观、实用的信息才是决策的前提和基础；否则，只会给决策带来负面影响。

决策对信息的要求可以从信息的三个维度来分析，即时间维度、内容维度和形式维度。

（1）信息的时间维度

信息的时间维度即决策对信息时间性的要求，表现为信息的及时性和新颖性。及时性是指在决策需要时能够迅速、及时地提供正确的信息。由于信息本身具有很强的时效性，而且随着信息技术的发展，信息的时效性越来越强。因此，必须抓住时机，及时地对有价值的信息加以利用。新颖性是指信息应该是决策最新情况或进展的反映，过时的信息对决策者来说是毫无意义的。

（2）信息的内容维度

信息的内容维度即决策对信息内容的要求，被认为是信息中最重要的方面。它表现为信息的准确性、相关性和完整性。准确性是指信息真实、可靠，具有参考价值、实用价值，能反映问题的本质，决策成功与否是以准确、可靠的信息为基础的，错误的信息会导致错误的决策。相关性是指信息要与决策问题高度相关，无关信息会浪费决策时间，延误决策时机，影响决策质量和效率。不同的决策类型，决策的不同阶段需要不同的信息。因此，从海量信息中找出决策需要的相关信息是决策对信息的基本要求。完整性是指提供给决策者的信息应该全面、系统、完整、详尽。片面、零星、分散、紊乱的信息不仅无助于决策，还会影响决策的质量和效率。

（3）信息的形式维度

信息的形式维度即信息是以什么样的形式表现出来的，信息的形式特征包括实用性、详尽性和呈现性。实用性是指要将信息转化成决策者所需要的形式，简洁、明了，便于利用，过于复杂、晦涩的信息不利于决策。详尽性是将信息细化，只有细化才能更有针对性。呈现性是指信息以适当的形式（如叙述、图形、色彩、文本、表格、图像、声音等）表现出来，易于使决策者根据需要加以利用。

从某种意义上讲，信息对决策支持的理想价值模式是：在决策者需要信息的时候（时间维度），以决策者和决策活动希望的形式（形式维度）获得正确的信息（内容维度）。

第二部分
实践部分

第 5 章　常用中文数据库

第 6 章　常用外文数据库

第 7 章　其他数据检索

第 5 章

常用中文数据库

5.1 中国知识基础设施工程

5.1.1 简介

中国知识基础设施工程（China National Knowledge Infrastructure，CNKI）是以实现全社会知识资源传播共享与增值利用为目标的信息化建设项目，是“国家级重点新产品重中之重”项目，由清华大学、清华同方发起，始建于 1999 年 6 月。中国知识资源总库——国家“十一五”重大出版工程，是具有完备知识体系和规范知识管理功能的、由海量知识信息资源构成的学习系统和知识挖掘系统。由清华大学主办、中国学术期刊（光盘版）电子杂志社出版、同方知网（北京）技术有限公司发行。目前，中国知识资源总库拥有国内 8 200 多种期刊、700 多种报纸、600 多家博士培养单位优秀博硕士学位论文、数百家出版社已出版图书、全国各学会/协会重要会议论文、百科全书、中小学多媒体教学软件、专利、年鉴、标准、科技成果、政府文件、互联网信息汇总以及国内外上千个各类加盟数据库等知识资源，是出版文献量超过 1 亿多篇的中文知识资源服务体系。

中国知识资源总库传播共享平台以开放式资源网格系统的形式，将分布在全球互联网上的知识资源整合为内容关联的知识网络，通过中国知识门户网站——“中国知网”进行实时网络传播，为用户提供在资源高度共享基础上的网上学习、研究、情报和知识管理等综合性知识增值应用服务，如图 5-1 所示。

5.1.2 检索方法

进入 CNKI 平台的中国学术文献网络出版总库，勾选所需检索的子数据库，也可以单击进入单个数据库进行检索。检索方法分为出版物检索、高级检索、专业检索、作者发文检索、科研基金检索、句子检索、文献来源。

1．出版物检索

出版物检索界面如图 5-2 所示。

2．高级检索

高级检索界面如图 5-3 所示。

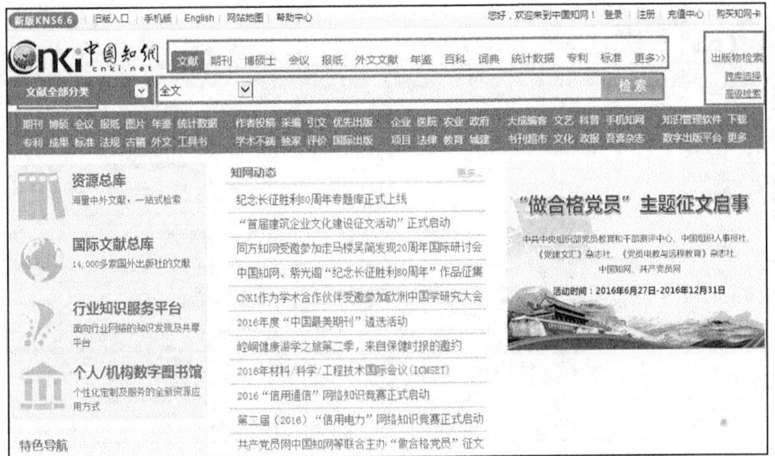

图 5-1　中国知网首页

图 5-2　出版物检索界面

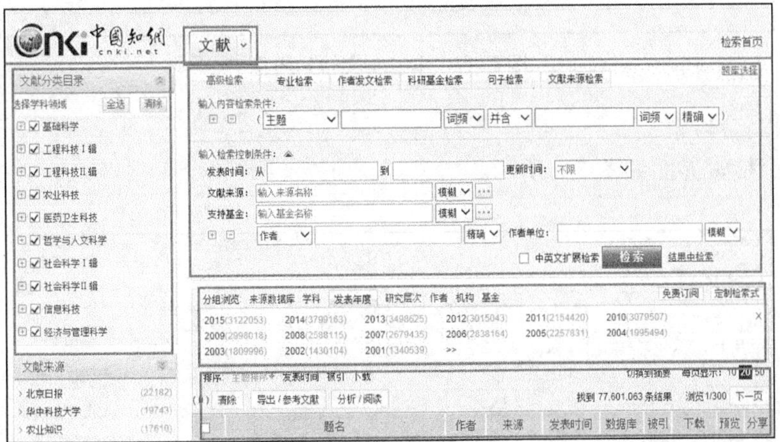

图 5-3　高级检索界面

3．专业检索

专业检索界面如图 5-4 所示。

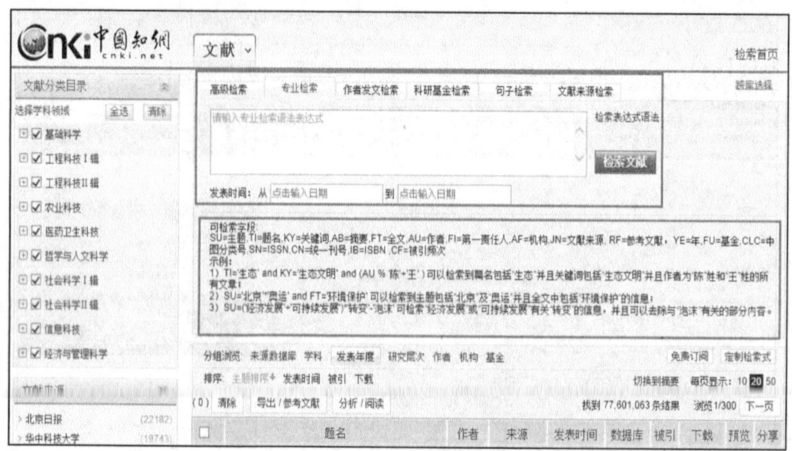

图 5-4 专业检索界面

4．作者发文检索

作者发文检索界面如图 5-5 所示。

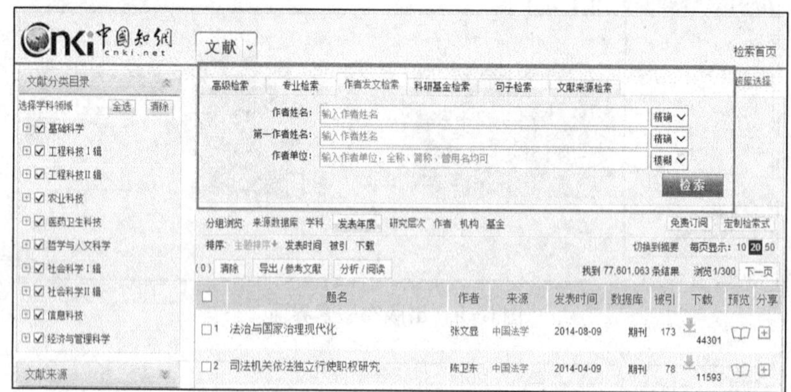

图 5-5 作者发文检索界面

5．科研基金检索

科研基金检索界面如图 5-6 所示。

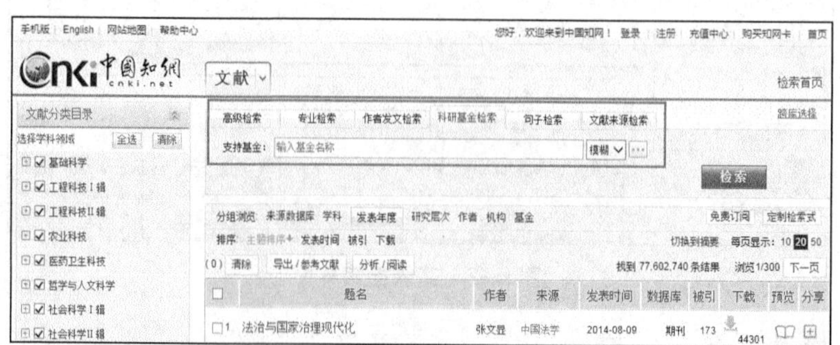

图 5-6 科研基金检索界面

6．句子检索

句子检索界面如图 5-7 所示。

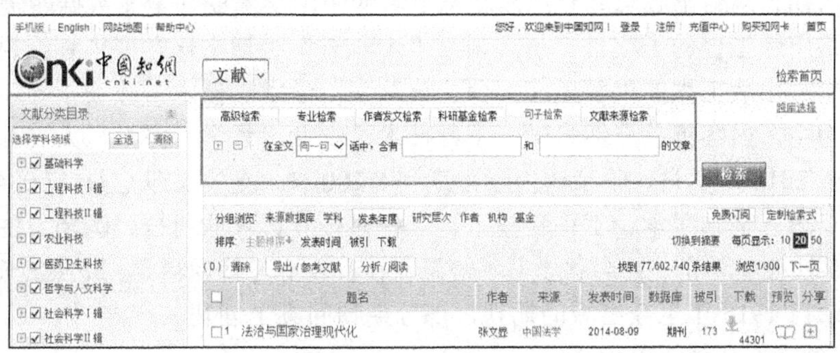

图 5-7　句子检索界面

7．文献来源检索

文献来源检索界面如图 5-8 所示。

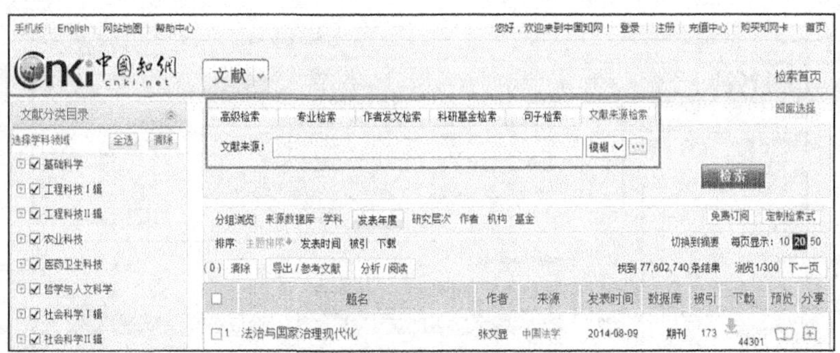

图 5-8　文献来源检索界面

8．检索结果

检索结果界面如图 5-9 所示。

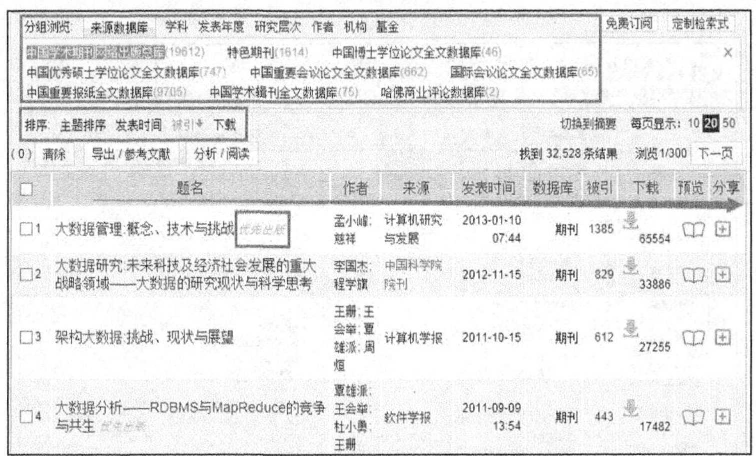

图 5-9　检索结果界面

5.1.3 中国学术期刊网络出版总库

中国学术期刊网络出版总库是连续动态更新的中国学术期刊全文数据库,是国家“十一五”重大网络出版工程的子项目，是《国家“十一五”时期文化发展规划纲要》中《中国知识资源总库》出版工程的重要组成部分。该总库以学术、技术、政策指导、高等科普及教育类期刊为主，内容覆盖自然科学、工程技术、农业、哲学、医学、人文社会科学等各个领域。截至 2016 年 9 月，收录国内学术期刊 8 200 种，全文文献总量 47 084 477 篇。产品分为十大专辑：基础科学、工程科技Ⅰ、工程科技Ⅱ、农业科技、医药卫生科技、哲学与人文科学、社会科学Ⅰ、社会科学Ⅱ、信息科技、经济与管理科学。十大专辑下分为 168 个专题。收录自 1915 年至今出版的期刊，部分期刊回溯至创刊。

1．中国学术期刊网络出版总库

中国学术期刊网络出版总库的检索界面如图 5-10 所示。

2．期刊导航

中国学术期刊网络出版总库的导航界面如图 5-11 所示。

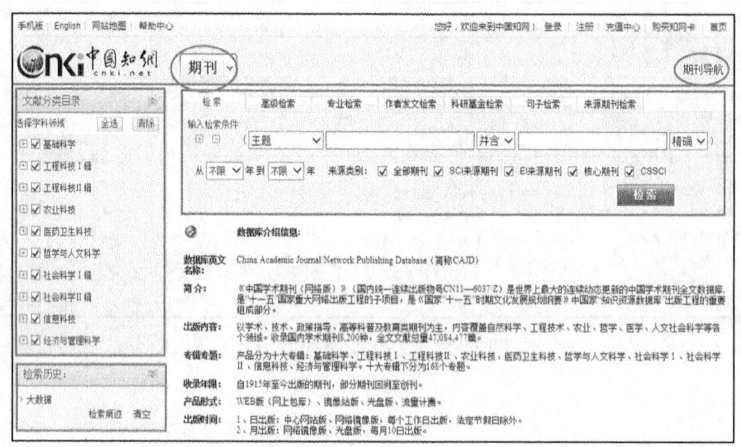

图 5-10 中国学术期刊网络出版总库的检索界面

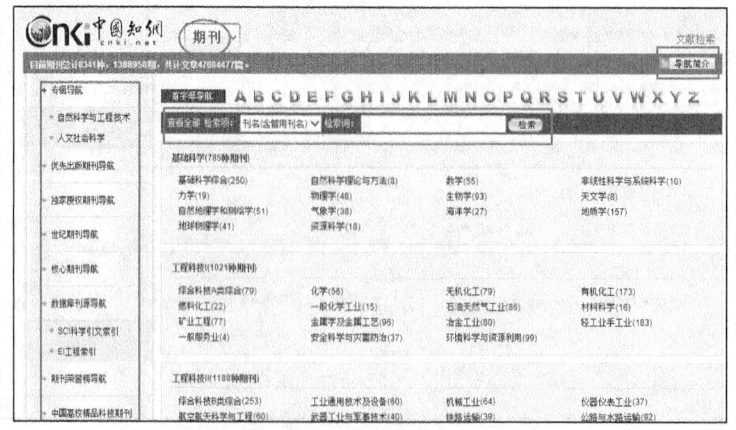

图 5-11 中国学术期刊网络出版总库的导航界面

5.1.4　其他子数据库

1．中国博硕士学位论文全文数据库

中国博硕士学位论文全文数据库如图 5-12 所示。

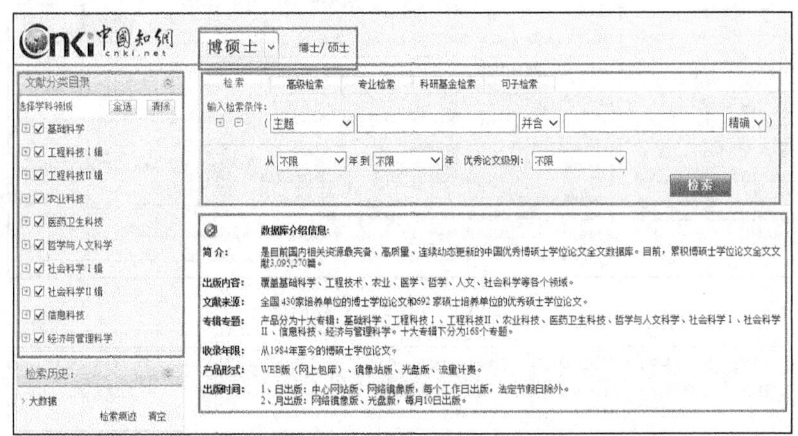

图 5-12　中国博硕士学位论文全文数据库

2．国内外重要会议论文全文数据库

国内外重要会议论文全文数据库如图 5-13 所示。

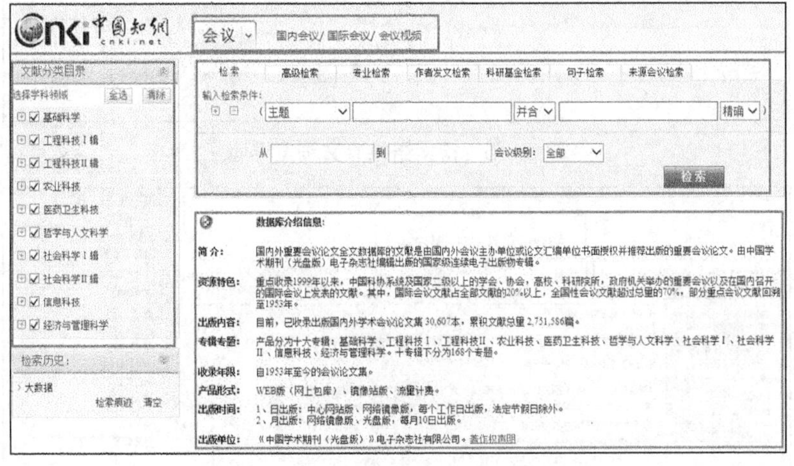

图 5-13　国内外重要会议论文全文数据库

3．报纸全文数据库

报纸全文数据库如图 5-14 所示。

5.1.5　检索结果原文浏览、下载

检索结果原文浏览、下载和打印，需预先下载 CNKI 提供的专用全文浏览器软件（CAJViewer）或 Adobe Acrobat（pdf）阅读器。系统将全文浏览器软件以压缩文件格式存放在 CNKI 主页中，用户可单击全文浏览器图标下载、安装。一般可通过检索结果显示的篇名、作者、中文摘要、刊名等信息，对检索结果进行筛选，如图 5-15 和图 5-16 所示。

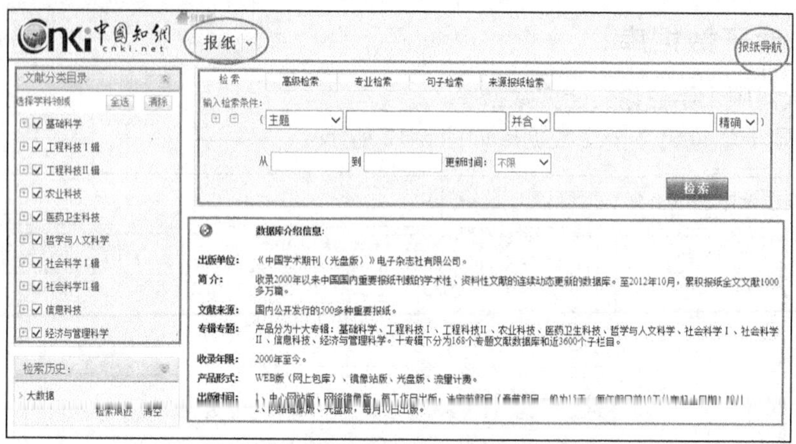

图 5-14　报纸全文数据库

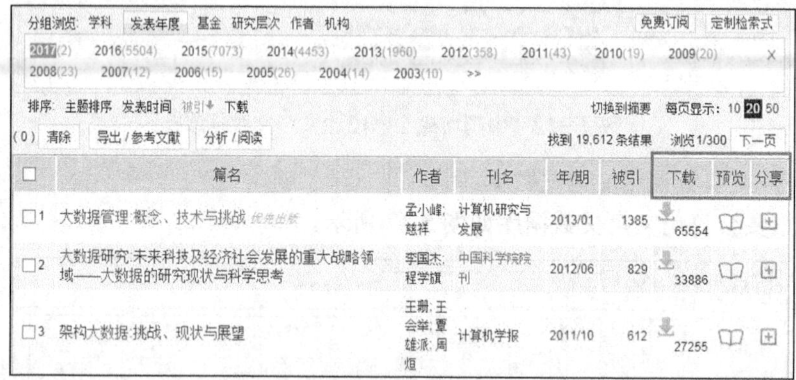

图 5-15　检索结果原文浏览界面

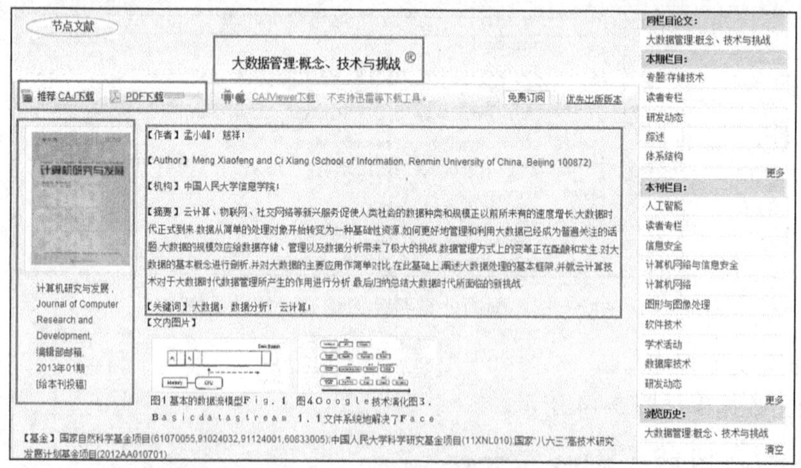

图 5-16　检索保存原文下载界面

5.1.6　CNKI 常用软件

在中国知网主页最下方，有常用软件下载，包括 CAJViewer（见图 5-17 和图 5-18）、CNKI 数字化学习平台、工具书桌面检索软件。

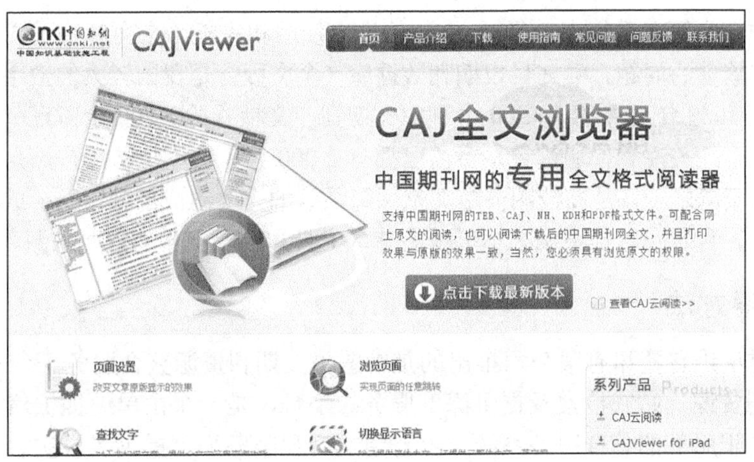

图 5-17　CAJViewer 介绍界面

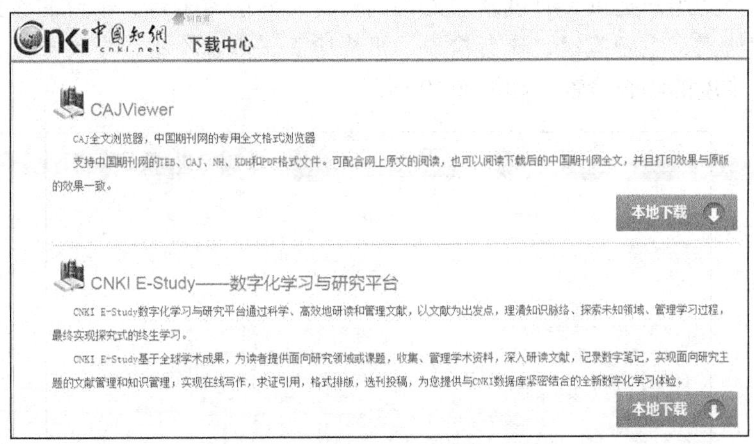

图 5-18　CAJViewer 下载界面

5.2　中文期刊服务平台

5.2.1　简介

重庆维普资讯有限公司是国内著名的科技资讯类软件企业、全文数据库提供商，隶属于中国科学技术部西南信息中心。其前身是中国科学技术情报所重庆分所数据库研究中心，1995 年，在数据库研究中心基础上成立了重庆维普资讯有限公司，并成为中文科技期刊数据库产品的运营机构。公司自 1989 年以来一直致力于电子与网络信息资源的研究、开发和应用，作为我国数据库产业的开拓者，它是我国第一家进行中文期刊数据库研究的机构。2001 年，经国家新闻出版总署批准，中文科技期刊数据库以正式的连续电子出版物出版发行。目前已拥有中文科技期刊数据库、外文科技期刊数据库、中国科学指标数据库、中国科技经济新闻数据库、医药信息资源系统和航空航天信息资源系统等十几个数据库产品。

中文科技期刊数据库是国家新闻出版总署批准的大型连续电子出版物，分 3 个版本（全文版、文摘版、引文版）和 8 个专辑定期出版。其前身是重庆维普资讯有限公司 1989 年创建的中文科技期刊篇名数据库，经近 30 年的推广使用和完善，全面解决了文摘版收录量巨大但索取原文繁琐的问题。中文科技期刊数据库（全文版）是我国较大的数字期刊数据库之一，收录了从 1989 年至今的 14 500 余种中文期刊，文献总量 5 700 余万篇。该库受到国内图书情报界的广泛关注和普遍赞誉，目前已拥有 2 000 余家大型机构用户，是我国数字图书馆建设的核心资源之一，是高校图书馆文献保障系统的重要组成部分，已经成为我国图书情报、教育机构、科研院所等系统必不可少的基本工具和获取资料的重要来源。

5.2.2 检索方法

目前，重庆维普资讯有限公司推出的是维普中文期刊资源整合服务平台（7.0 版），是中文科技期刊资源一站式检索及提供深度服务的平台，是一个由单纯提供信息服务延伸到提供深层次知识服务的整合服务系统。维普中文期刊服务平台提供多层次、纵深度的集成期刊文献服务：从一次文献保障到二次文献分析，再到三次文献情报加工，深入整理期刊文献服务价值，为用户提供具有创新力的期刊资源研究学习平台。平台的检索方式包括文章检索、期刊检索、主题检索、作者检索、机构检索、基金检索、学科检索、地区检索以及基于这 8 个维度的综合检索，如图 5-19 所示。

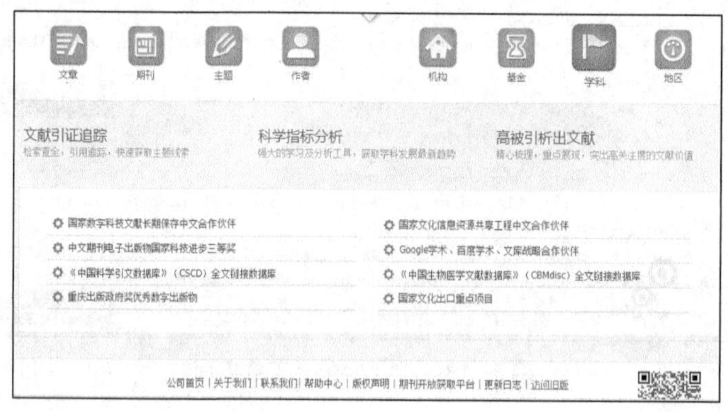

图 5-19　中文期刊服务平台

（1）默认检索：在搜索栏中输入检索词，通过检索词智能提示及主题词扩展功能，反复修正检索策略，从而获得较好的检索结果，如图 5-20 和图 5-21 所示。

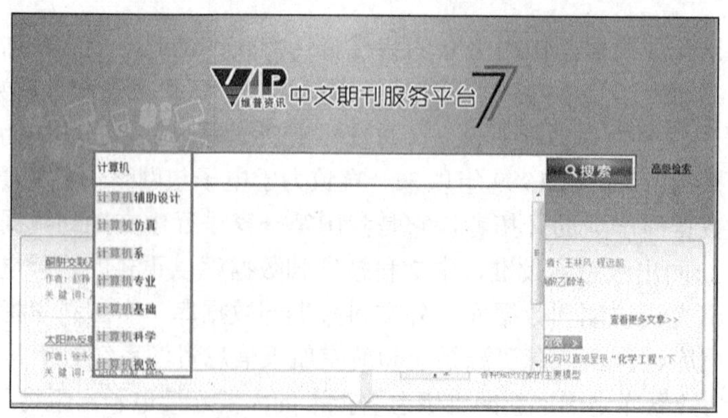

图 5-20　默认检索（一）

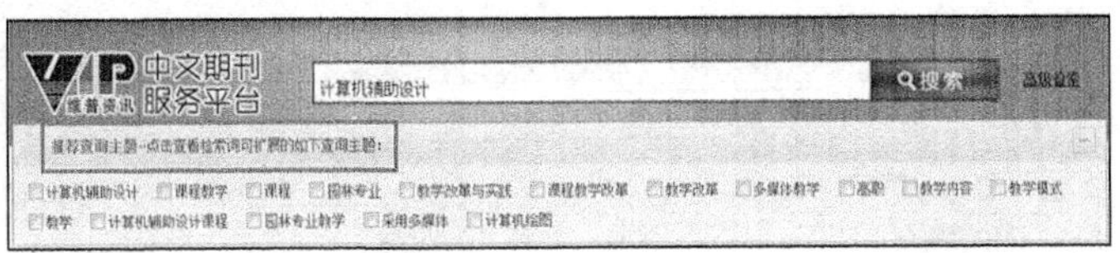

图 5-21　默认检索（二）

（2）高级检索：向导式检索与检索式检索，分别如图 5-22 和图 5-23 所示。

（3）检索结果筛选：分面聚类与多种排序方式。页面左侧聚类面板支持“期刊收录”“学科”“主题”“机构”“作者”“传媒”“年份”“被引范围”的多类别层叠筛选，如图 5-24 所示。

（4）五大全文保障模式：在线阅读、下载全文、文献传递、OA 期刊链接、网络资源链接，如图 5-25 所示。

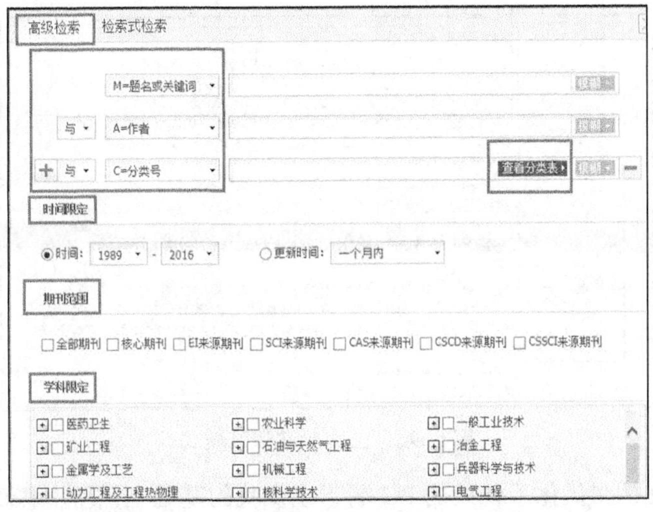

图 5-22　向导式检索

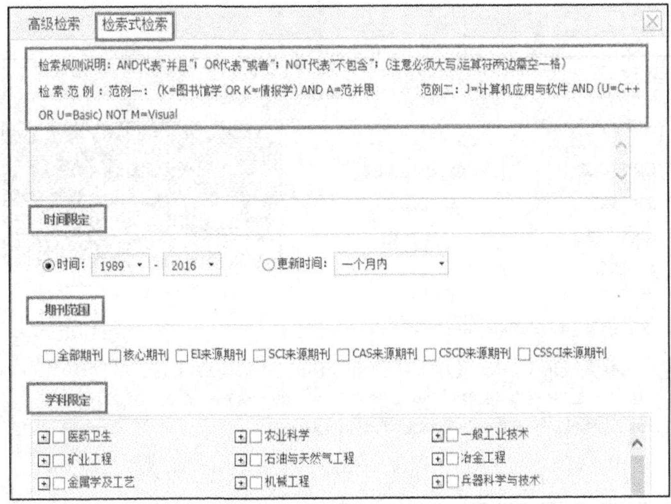

图 5-23　检索式检索

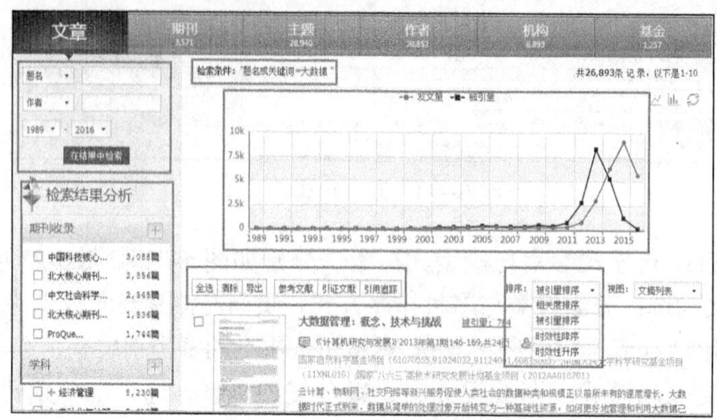

图 5-24　检索结果筛选

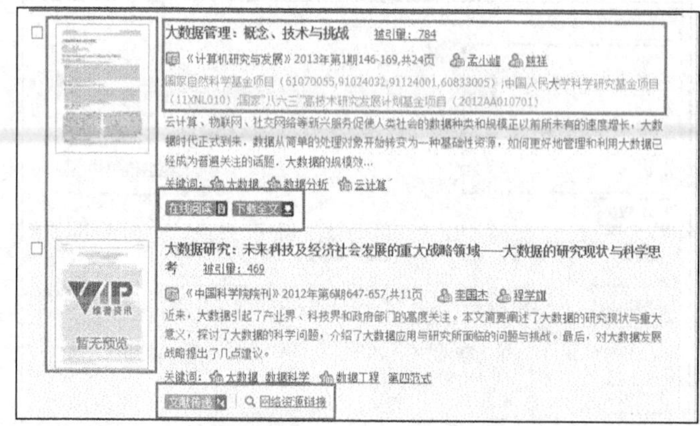

图 5-25　五大全文保障模式

（5）下载全文：在优化了传统的 PC 端下载体验的基础上，新增移动端下载功能。安装了“中文期刊手机助手”的移动端设备，可扫描二维码，通过移动设备下载全文，如图 5-26 所示。

图 5-26　通过移动设备下载

（6）文献传递：部分不能直接通过在线阅读或下载的方式获取全文的文献，可通过“文献传递”方式，使用邮箱索取文献全文。只需输入邮箱及验证码，系统会自动处理请求，并将文章的下载链接发送到邮箱，单击即可获取，如图 5-27 所示。

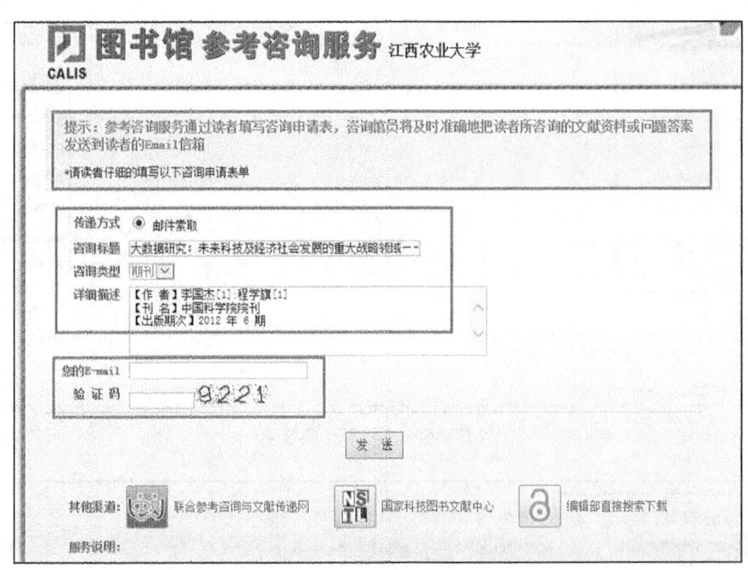

图 5-27 文献传递

（7）OA 期刊链接：对于部分 OA（开放存取）期刊或文献，提供 OA 平台下载指引，如图 5-28 所示。

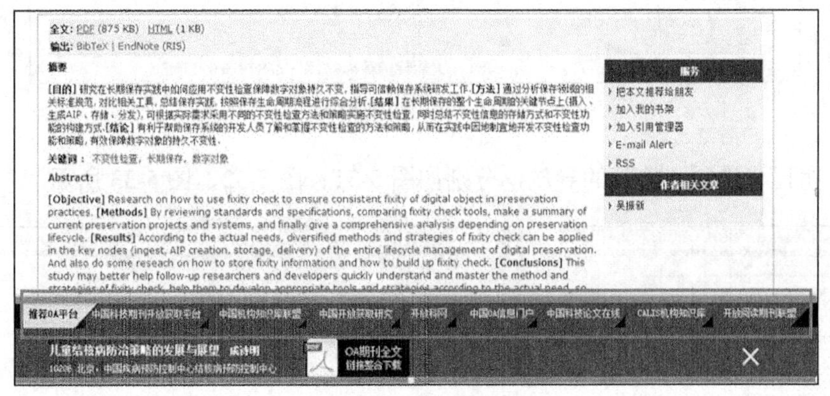

图 5-28 OA 期刊链接

（8）网络资源链接：部分文献可通过解析取得网络下载地址，根据链接热度排行选择下载，直接跳转至相应网站获取全文，如图 5-29 所示。

（9）检索报告：以中文科技期刊数据库为数据原型，可自动生成检索分析报告，并对结果中涉及的作者、机构、传媒和主题做相应的统计，方便用户快速掌握相关领域内的前沿学术成果，了解相关学术信息，如图 5-30 所示。

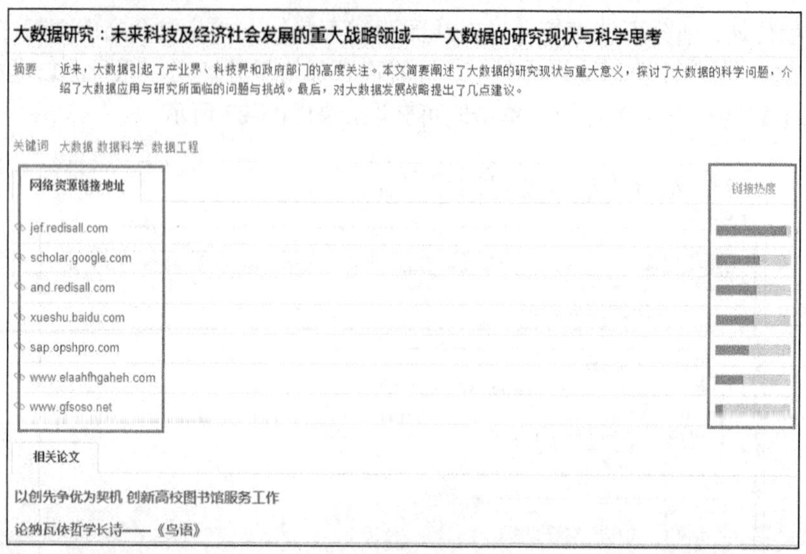

图 5-29 网络资源链接

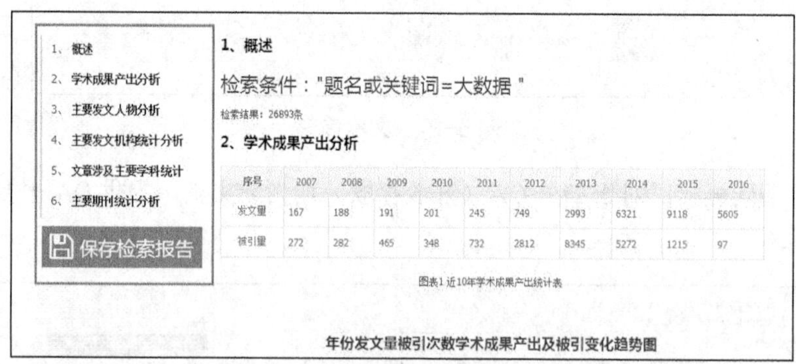

序号	2007	2008	2009	2010	2011	2012	2013	2014	2015	2016
发文量	167	188	191	201	245	749	2993	6321	9118	5605
被引量	272	282	465	348	732	2812	8345	5272	1215	97

图 5-30 检索报告

（10）期刊、学科、地区的导航，分别如图 5-31、图 5-32、图 5-33 所示。

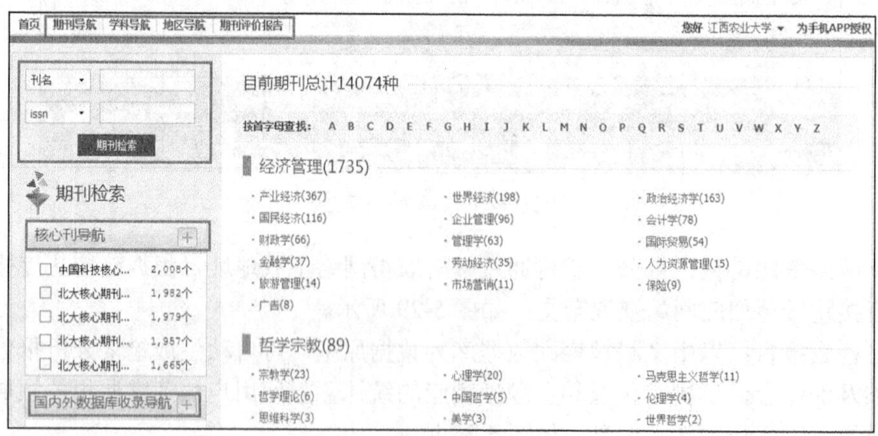

图 5-31 期刊导航

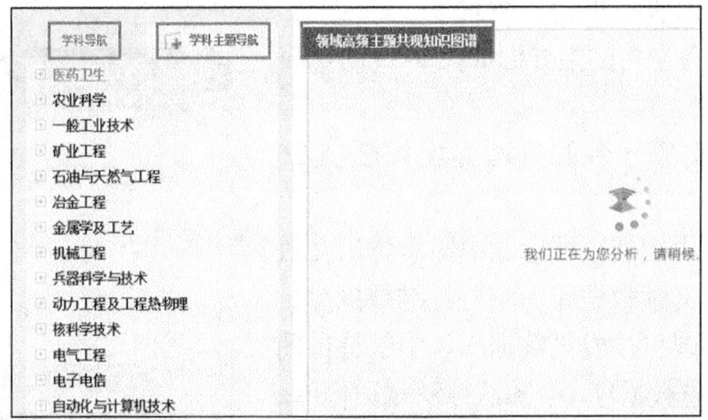

图 5-32　学科导航

地区导航

安徽省	山东省	北京市	山西省	江西省	辽宁省	陕西省	福建省	上海市	甘肃省	四川省	广东省	天津市
广西	西藏	贵州省	新疆	海南省	河南省	云南省	河北省	黑龙江省	湖北省	浙江省	湖南省	重庆市
吉林省	江苏省	内蒙古	宁夏	青海省								

图 5-33　地区导航

（11）期刊评价报告，如图 5-34 所示。

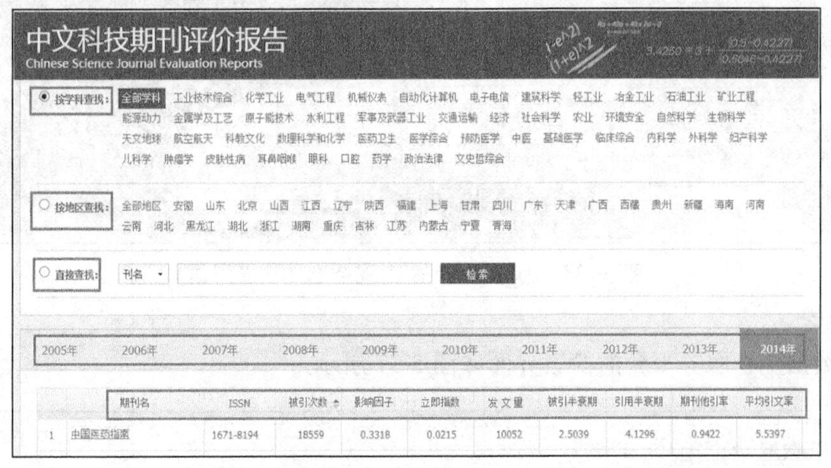

图 5-34　期刊评价报告

5.3　万方数据知识服务平台

5.3.1　简介

万方数据知识服务平台是在原万方数据资源系统的基础上，经过不断改进、创新，集高品质信息资源、先进检索算法技术、多元化增值服务、人性化设计等特色于一身，国内一流品质的信息资源出版、增值服务平台。

1．万方数据知识服务平台主界面

万方数据知识服务平台的主界面如图 5-35 所示。

2．资源内容

万方数据知识服务平台的资源界面如图 5-36 所示。

平台包含中国学术期刊数据库、中国学位论文数据库、中国学术会议文献数据库、中外标准数据库、中外专利数据库、中国科技成果数据库、中国特种图书数据库、中国地方志数据库、中国法律法规数据库、中国机构数据库、中国专家数据库、外文文献数据库、中外科技报告数据库、中国学者博文索引库、OA 论文索引库等 15 个数据库。

图 5-35　万方数据知识服务平台的主界面

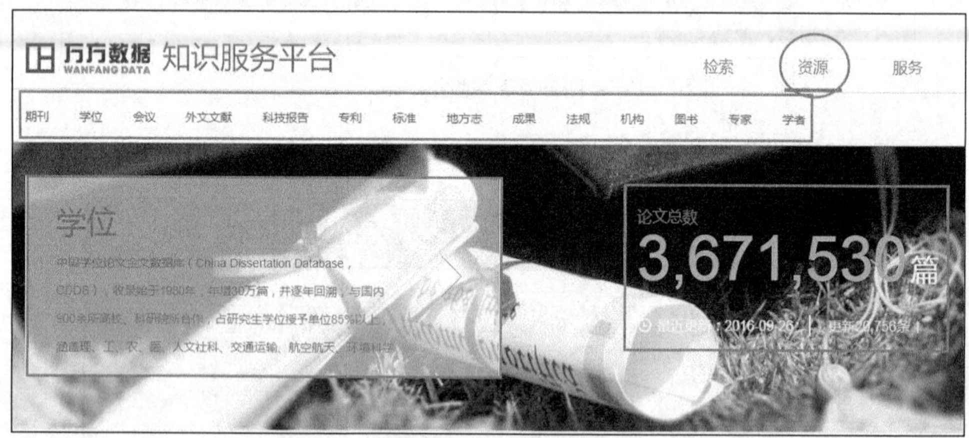

图 5-36　万方数据知识服务平台的资源界面

3．检索

万方数据知识服务平台的检索界面如图 5-37 所示。

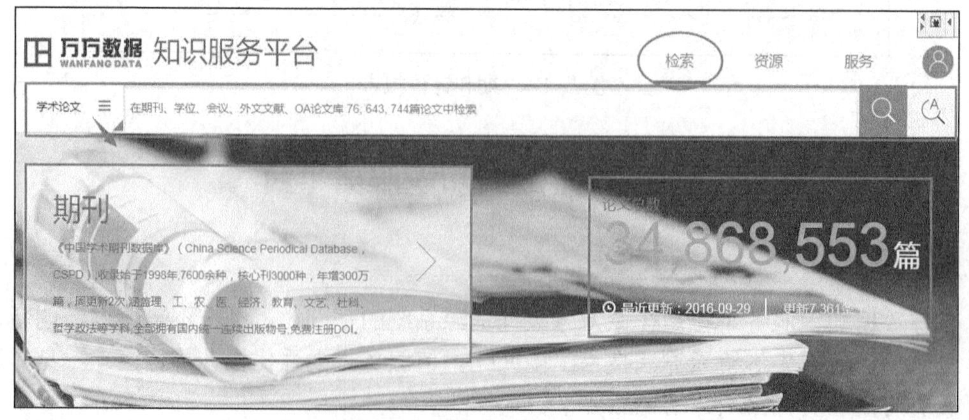

图 5-37　万方数据知识服务平台的检索界面

4．服务

万方数据知识服务平台的服务界面如图 5-38 所示。

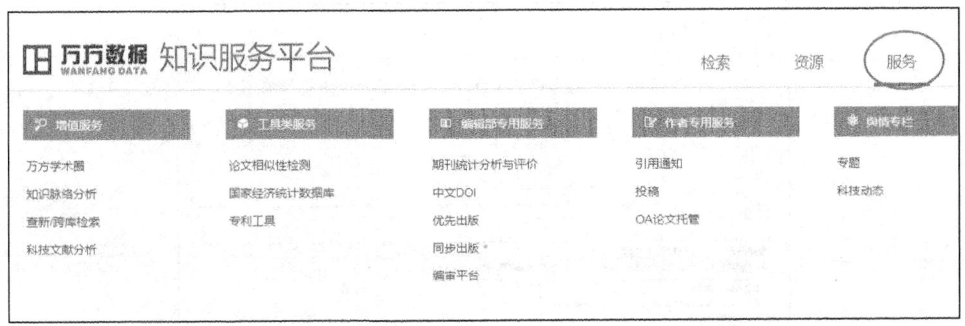

图 5-38　万方数据知识服务平台的服务界面

5.3.2　检索方法

1．一框式检索

一框式检索如图 5-39 和图 5-40 所示。

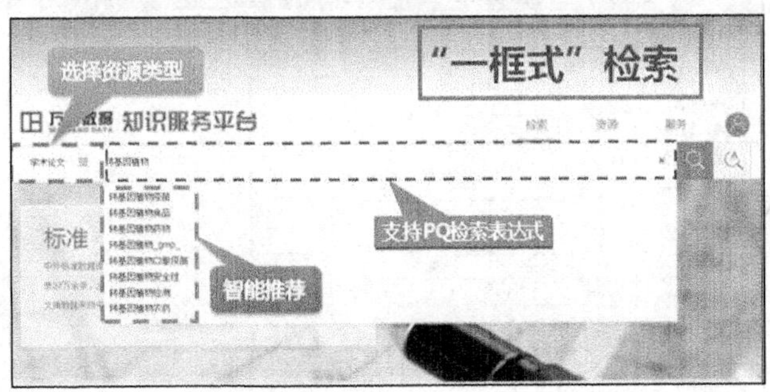

图 5-39　一框式检索（一）

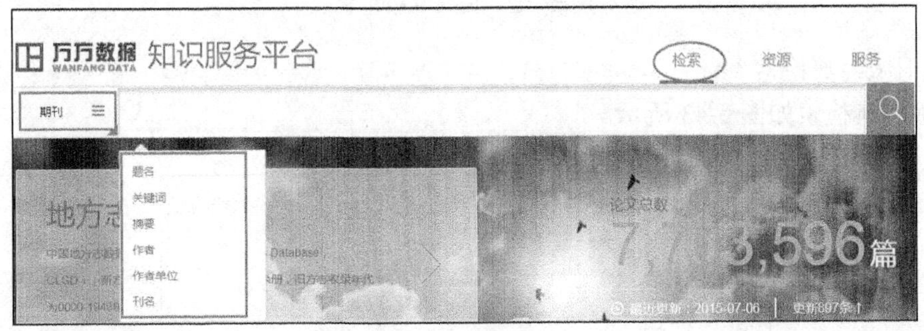

图 5-40　一框式检索（二）

2．跨库检索

跨库检索如图 5-41 所示。

3．旧版高级检索

旧版高级检索如图 5-42 所示。

万方数据
WANFANG DATA
知识服务平台
查新/跨库检索
Novelty Search
高级检索
检索
欢迎使用万方数据查新咨询服务中心！

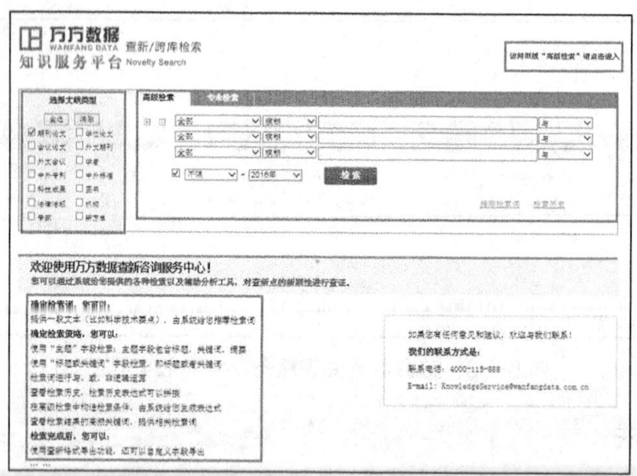

图 5-41　跨库检索

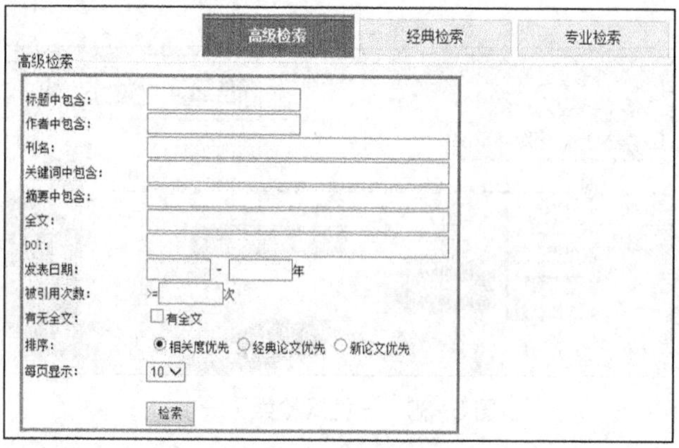

高级检索
经典检索
专业检索
高级检索
标题中包含：
作者中包含：
刊名：
关键词中包含：
摘要中包含：
全文：
DOI：
发表日期：
年
被引用次数：
>=
次
有无全文：
有全文
排序：
相关度优先
经典论文优先
新论文优先
每页显示：
10
检索

图 5-42　旧版高级检索

4．旧版经典检索

旧版经典检索如图 5-43 所示。

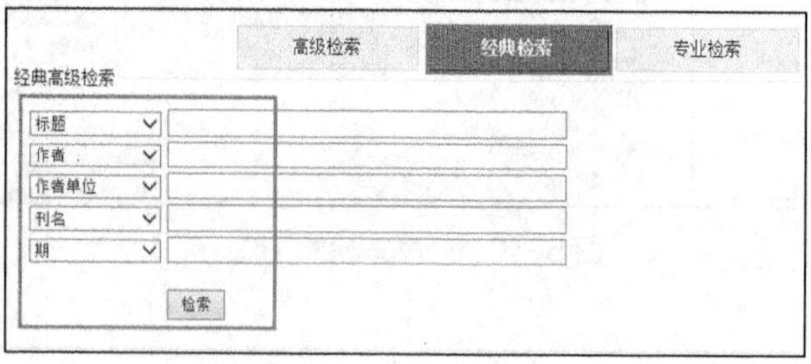

高级检索
经典检索
专业检索
经典高级检索
标题
作者
作者单位
刊名
期
检索

图 5-43　旧版经典检索

5．旧版专业检索

旧版专业检索如图 5-44 所示。

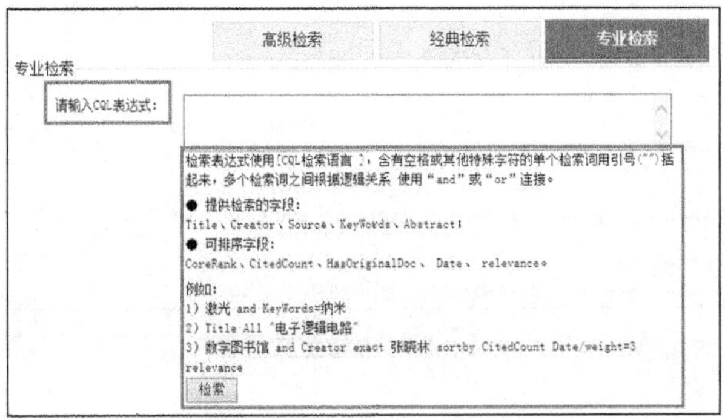

图 5-44　旧版专业检索

5.3.3　检索结果

万方数据知识服务平台的检索结果界面如图 5-45 所示。

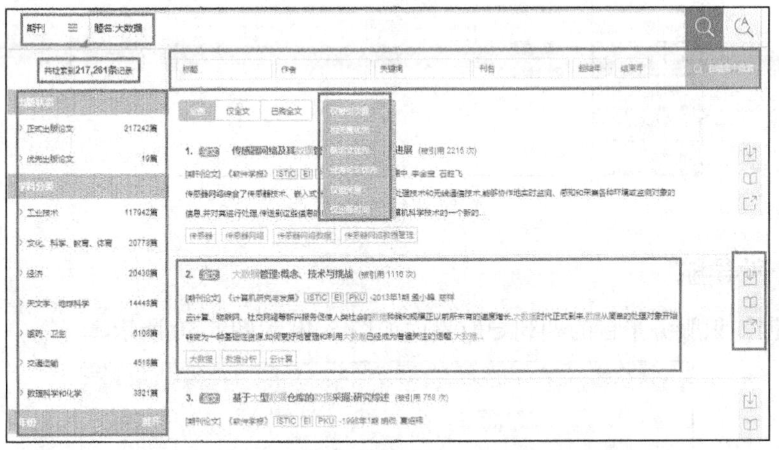

图 5-45　万方数据知识服务平台的检索结果界面

1．下载全文

下载全文界面如图 5-46 所示。

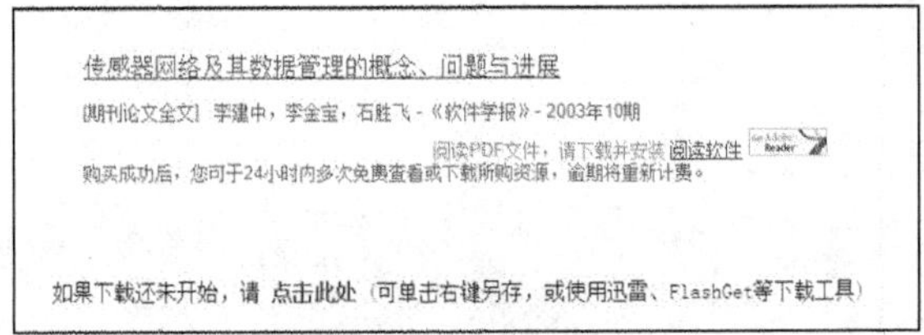

图 5-46　下载全文界面

2．查看全文

查看全文界面如图 5-47 所示。

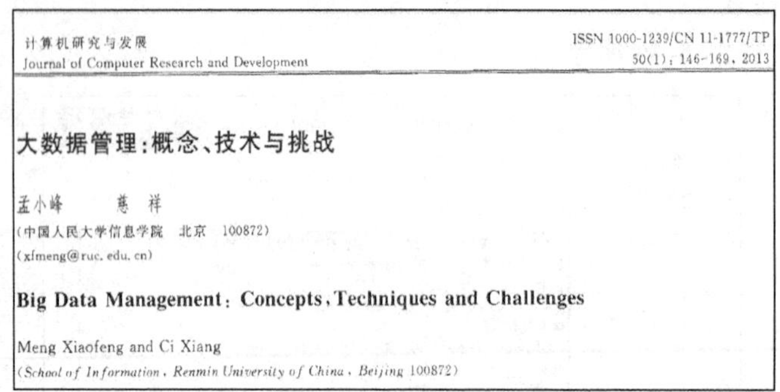
计算机研究与发展
Journal of Computer Research and Development

ISSN 1000-1239/CN 11-1777/TP
50(1)：146-169，2013

大数据管理：概念、技术与挑战

孟小峰　慈　祥
（中国人民大学信息学院　北京　100872）
（xfmeng@ruc.edu.cn）

Big Data Management: Concepts, Techniques and Challenges

Meng Xiaofeng and Ci Xiang
(*School of Information, Renmin University of China, Beijing 100872*)

图 5-47　查看全文界面

3．导出

导出界面如图 5-48 所示。

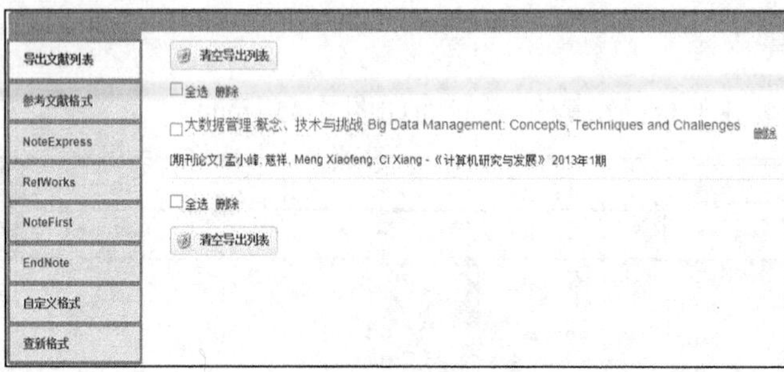

图 5-48　导出界面

5.3.4　期刊导航

万方数据知识服务平台的期刊导航界面如图 5-49 和图 5-50 所示。

图 5-49　期刊导航界面（一）

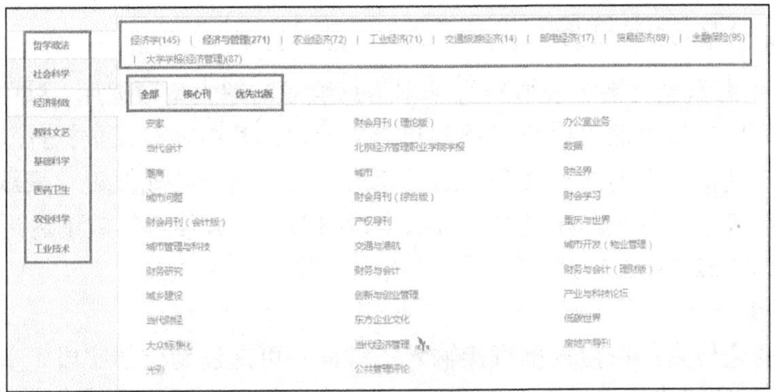

图 5-50　期刊导航界面（二）

5.3.5　国家科技图书文献中心原文传递服务

在万方数据知识服务平台中，对于外文期刊和外文会议论文，可实现快速国家科技图书文献中心（National Science and Technology Library，NSTL）原文传递服务，如图 5-51 所示。这样结合万方本身的海量中文数据，就能够为用户提供便捷的“一站式”中西文综合信息服务。

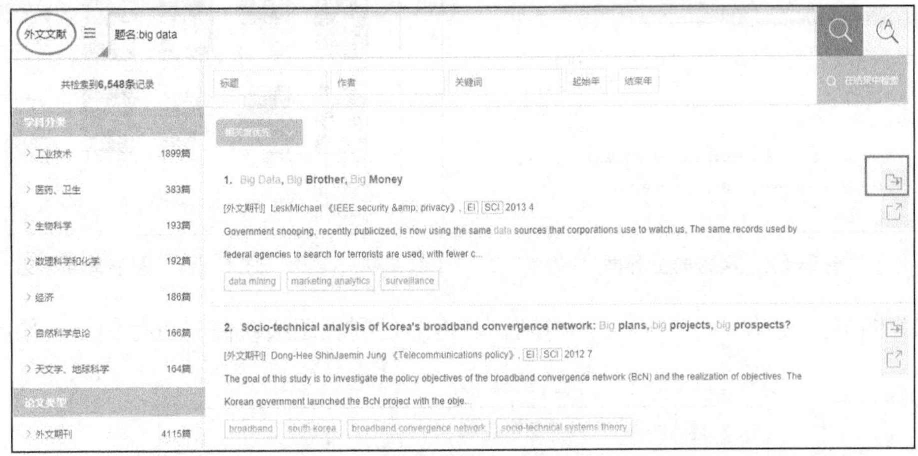

图 5-51　原文传递服务

5.4　超星资源检索系统

5.4.1　简介

北京超星公司（北京世纪超星信息技术发展有限责任公司）成立于 1993 年，拥有全国较大的图书数字化加工中心。超星公司是国内较早从事纸质资料的数字化以及制作电子出版物的公司之一，于 2000 年建成世界较大的中文数字图书馆。2000 年 5 月，超星数字图书馆被列为国家“863”计划中国数字图书馆示范工程。超星数字图书馆目前藏书量达到 260 万种，此外还有学术视频等资源。

5.4.2 读秀中文学术搜索

“读秀”是由海量全文数据及资料等基本信息组成的超大型数据库，以中文图书和全文资料为基础，为用户提供深入内容的章节和全文检索，其中期刊元数据打破空间限制的获取方式，为用户提供全面的期刊文章。通过读秀，读者能一站式搜索馆藏纸质图书、电子图书、随书光盘等学术资源。在读秀，可以申请图书馆文献传递的数量达到 310 万册，读秀的主界面如图 5-52 所示。

1．图书搜索

（1）图书普通检索：在搜索框直接输入关键词（可定位到全部字段、书名、作者或主题词中），然后单击“中文搜索”，即可在海量的图书数据资源中进行查找。如果希望获得外文资源，可单击“外文搜索”，如图 5-53 所示。

图 5-52 读秀的主界面

图 5-53 图书普通检索

（2）图书分类导航：单击“分类导航”，将通过列表逐级对图书进行浏览，如图 5-54 所示。

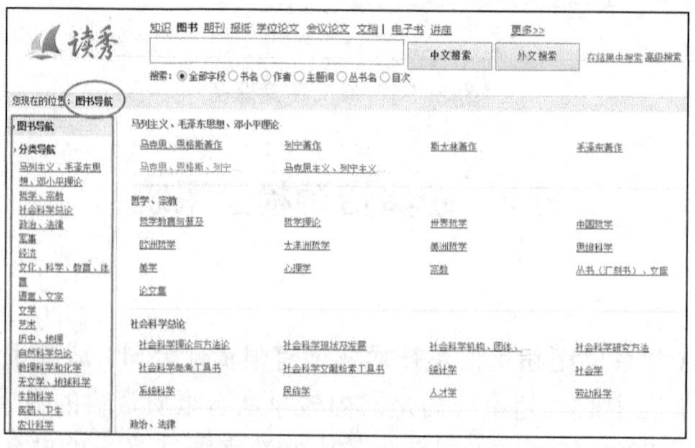

图 5-54 图书分类导航

（3）图书高级检索：在文本框中输入图书的任一信息，然后单击“高级搜索”可更准确地定位到图书，如图 5-55 所示。

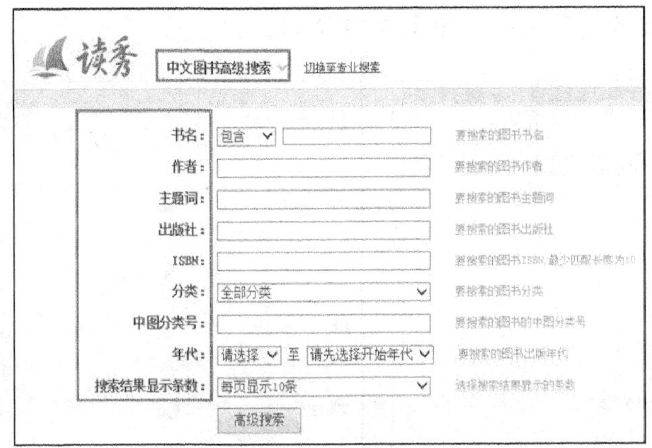

图 5-55　图书高级检索

（4）图书专业检索：在文本框中输入要查找的任意词的任意组合，然后单击“搜索”。这样搜索到的图书更精确，如图 5-56 所示。

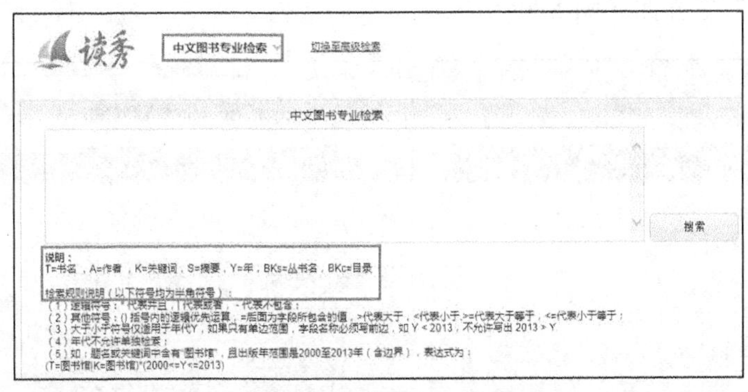

图 5-56　图书专业检索

（5）搜索结果：搜索结果页面中，左侧一般都有聚类，比如类型聚类、年代聚类、学科聚类，单击特定聚类，可精准定位。针对用户输入的关键词，系统同时检索了所有的文献类型。页面右侧一站式检索可以扩大搜索范围。

如在检索结果页图书标题后有“馆藏纸本”按钮，或在图书的详细信息页面中有“本馆馆藏纸书”链接的，可单击该链接直接进入本单位图书馆系统。如在检索结果标题后有“电子全文”按钮，或者信息页面中有“电子全文”标记的，可单击该链接直接在线阅读全文或下载。

单击“图书馆文献传递”按钮，进入图书馆文献咨询服务中心。在这里填写想要获取的本书正文页码范围，并正确填写邮箱地址和验证码，然后单击“确认提交”即可。登录预留邮箱，就可以看到申请的图书信息，如图 5-57 所示。

2．读秀更多频道

除上面介绍的图书频道、知识频道之外，读秀还拥有期刊、报纸、论文、文档、视频、课程课件等频道。单击“更多”按钮，可了解读秀更多频道。这些频道中都有丰富的资源，可以在感兴趣的频道中进行检索、获取。所有频道的检索结果页面都采用 3 栏显示，右侧一栏显示其他频道的相关信息，单击相关频道连接即可进入该频道的检索结果页面，避免反复输入关键词查找的繁琐过程，如图 5-58 所示。

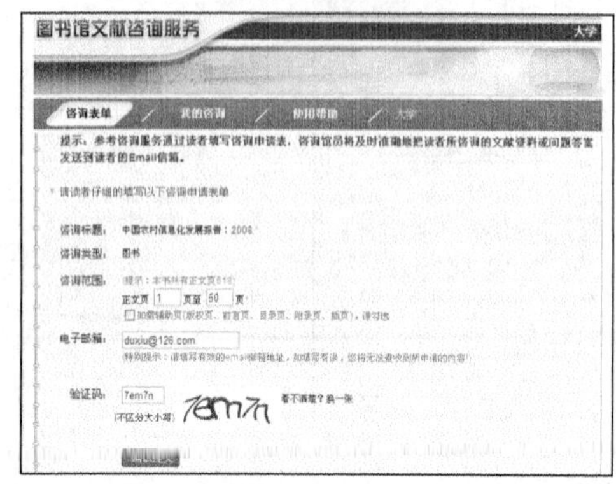

图 5-57　搜索结果

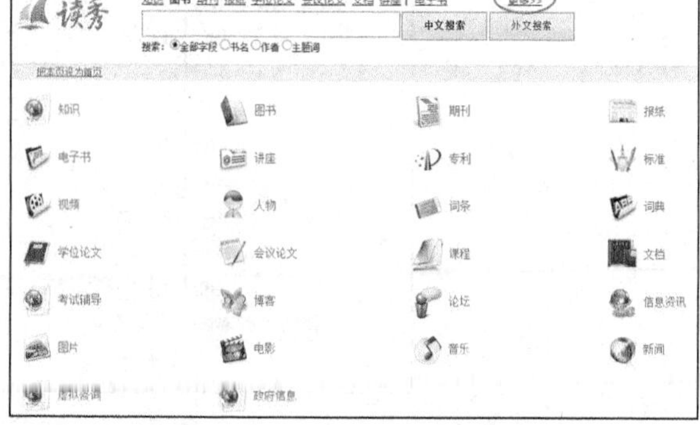

图 5-58　读秀更多频道

5.4.3　超星电子图书

超星电子图书主界面如图 5-59 所示。

图 5-59　超星电子图书主界面

1．图书普通检索

在搜索框直接输入检索词（可定位到书名、作者、目录或全文中），然后单击“检索”，即可在海量的图书数据资源中进行查找，如图 5-60 所示。

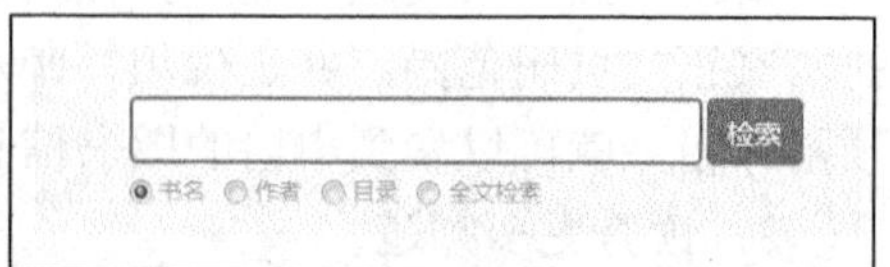

图 5-60　图书普通检索

2．图书分类查找

单击“图书分类”，可通过列表逐级对图书进行浏览，如图 5-61 所示。

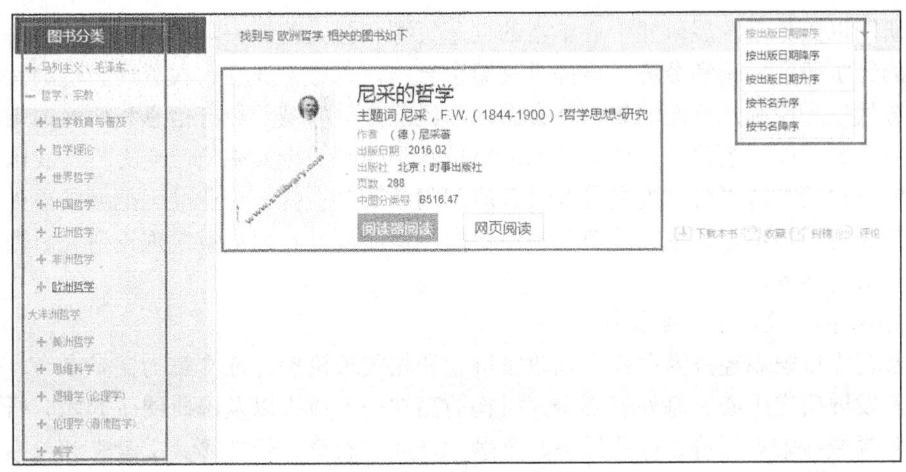

图 5-61　图书分类查找

3．图书高级检索

单击“高级检索”，在文本框中输入图书的任一信息，即可精准定位到需要的图书，如图 5-62 所示。

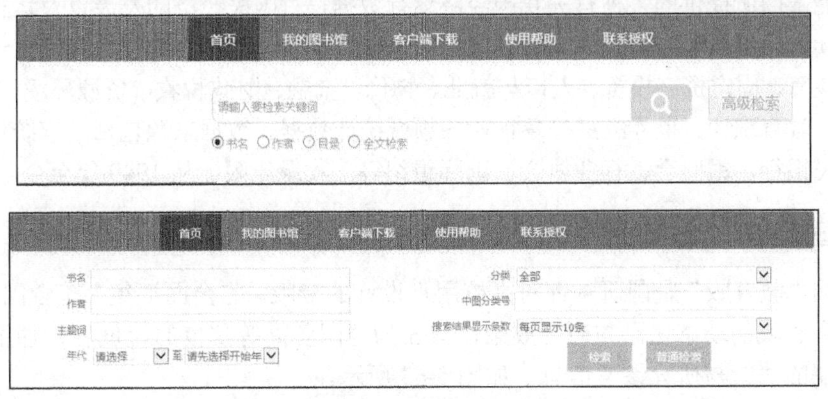

图 5-62　图书高级检索

4．阅读和下载

本站图书资源提供超星阅读器阅读、网页阅读、PDF 阅读 3 种在线阅读方式，可供用户自由选择。通过“下载本书”或打开超星阅读器即可进行图书下载。

5.5　国务院发展研究中心信息网“教育版”

5.5.1 简介

国务院发展研究中心信息网（以下简称“国研网”）由国务院发展研究中心主管，国务院发展研究中心信息中心主办，于 1998 年正式运营。国研网是国务院发展研究中心窗口网站，是国务院发展研究中心研究成果的发布渠道，是我国各级政府部门、研究机构和企业等获取我国经济政策和经济运行数据的重要信息源。

国研网以国务院发展研究中心丰富的信息资源和强大的专家阵容为依托，与海内外众多著名的经济研究机构和经济资讯提供商紧密合作，以“专业性、权威性、前瞻性、指导性和包容性”为原则，全面汇集、整合国内外经济金融领域的经济信息和研究成果，本着建设“精品数据库”的理念，以先进的网络技术和独到的专业视角，全力打造我国权威的经济研究、决策支持平台，为我国各级政府部门、研究机构和企业准确把握国内外宏观环境、经济金融运行特征、发展趋势及政策走向，从而进行管理决策、理论研究、微观操作提供有价值的参考。

1．国研网“文献类”数据库

该数据库以宏观经济为主线，以政策解读和相关理论探讨性文章为文献参考，全面汇集国务院发展研究中心和海外核心研究机构的高端研究成果以及国研网研究团队研发成果等。覆盖领域：宏观经济、行业经济、金融、产业、教育、管理等。文献来源包括国务院发展研究中心的研究成果、国研网研究团队自主研发的报告产品、国内外财经领域主流报纸资讯信息、重要财经期刊学术成果、政府部门网站发布的政策法规信息、权威机构发布的统计数据。收录年限：从1985年至今。重点推介：国研视点。

2．国研网统计数据库

该数据库是国内具权威性、专业性、系统性、全面性的统计数据库。它全面整合我国各级统计职能部门所提供的各种有关我国经济运行数据，对国民经济的发展以及运行态势进行立体、连续、深度展示，是我国经济量化信息权威、全面、科学的统计数据库之一，包括了国民经济核算、固定资产投资、人口与就业、物价、金融、财政税收、资源环境、重点行业、区域经济、教育统计、世界经济等各行业各领域统计数据。数据来源包括国家统计局、海关总署、人民银行、银监会、行业协会、国际组织等。收录年限：从1949年至今。

5.5.2 国研网“教育版”

国研网“教育版”是国研网针对高校用户设计的专版，它全面汇集、整合国内外经济、金融和教育领域的动态信息与研究成果，旨在为全国各高等院校的管理者、师生和研究机构提供高端的决策与研究参考信息，如图5-63所示。

图5-63 国研网“教育版”主界面

5.5.3 国研网“教育版”数据库分类

1．全文数据库

全文数据库如图 5-64 和图 5-65 所示。

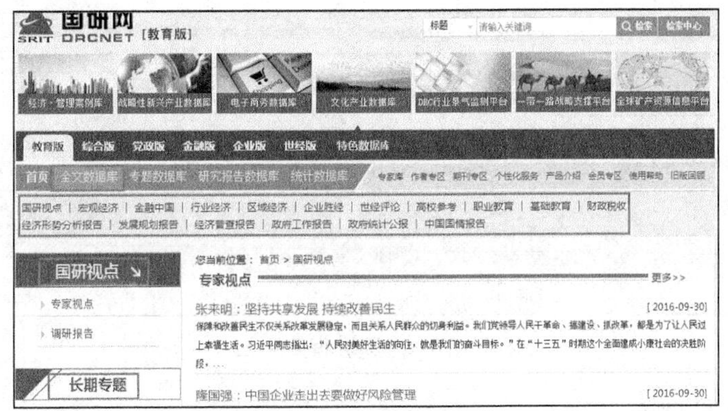

图 5-64 全文数据库（一）

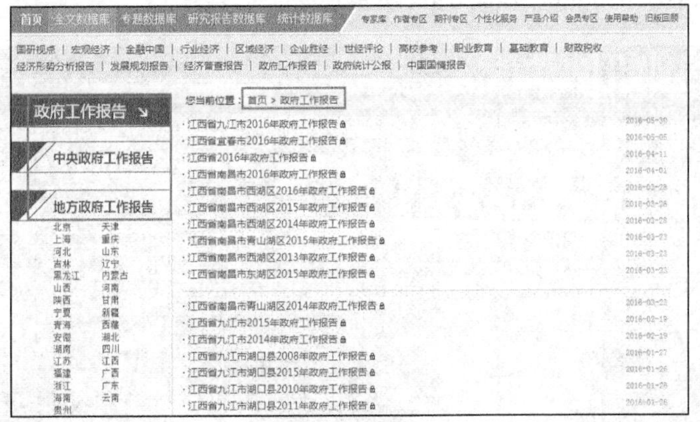

图 5-65 全文数据库（二）

2．专题数据库

专题数据库如图 5-66 和图 5-67 所示。

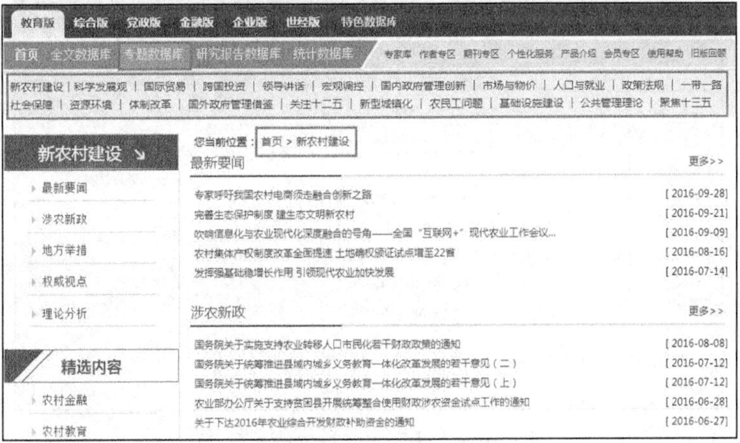

图 5-66 专题数据库（一）

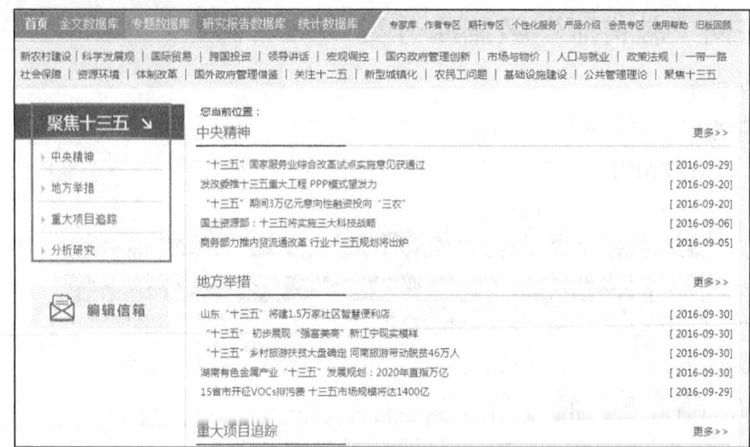

图 5-67　专题数据库（二）

3．研究报告数据库

研究报告数据库如图 5-68 和图 5-69 所示。

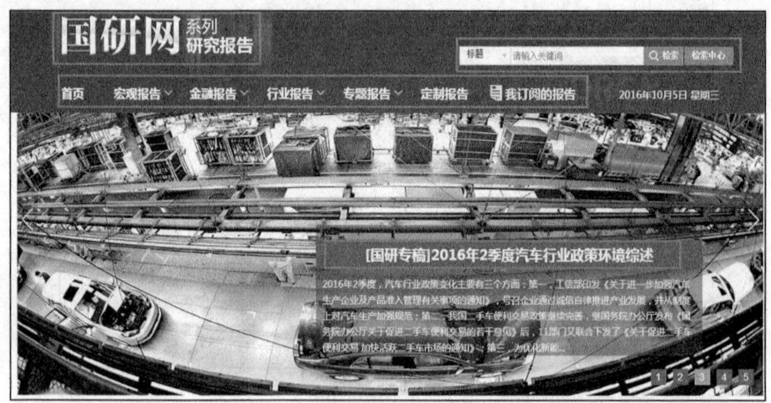

图 5-68　研究报告数据库（一）

图 5-69　研究报告数据库（二）

4. 统计数据库

统计数据库如图 5-70 和图 5-71 所示。

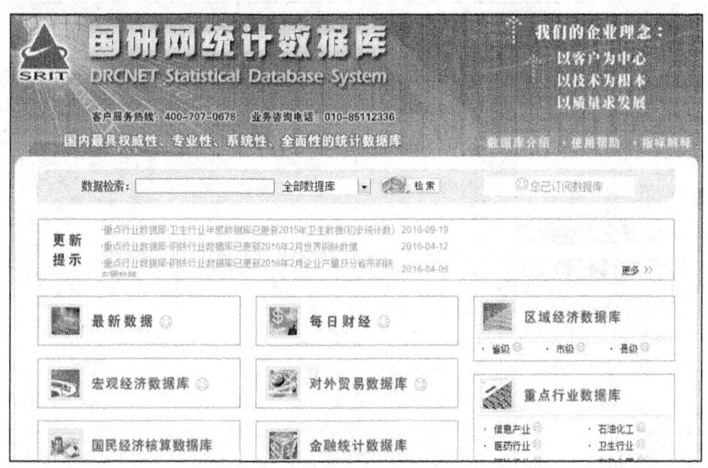

图 5-70　统计数据库（一）

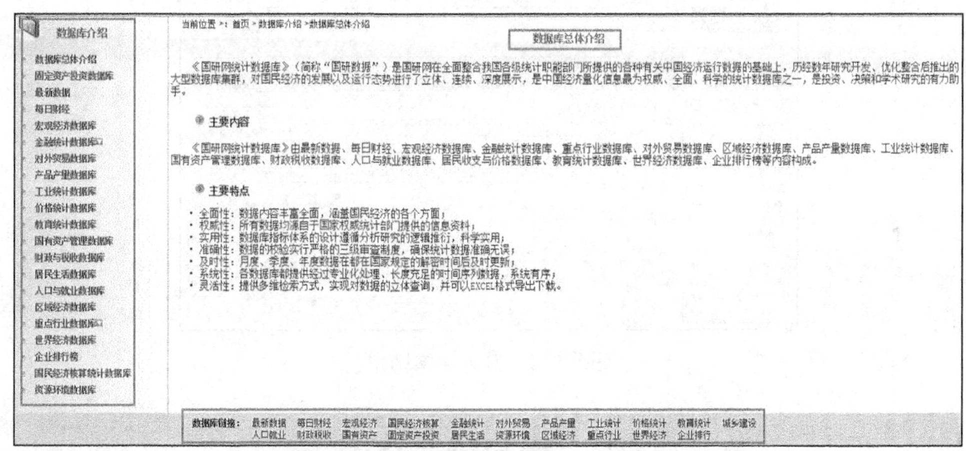

图 5-71　统计数据库（二）

5.5.4 检索使用

1. 检索

根据需要选择“标题”“作者”“关键词”“全文”4 种检索条件中的任意一项，在关键词搜索框输入目标检索关键词，单击“检索”按钮之后，即可查看检索结果，如图 5-72 所示。

图 5-72　国研网“教育版”的检索

2．检索中心

检索中心如图 5-73 所示。

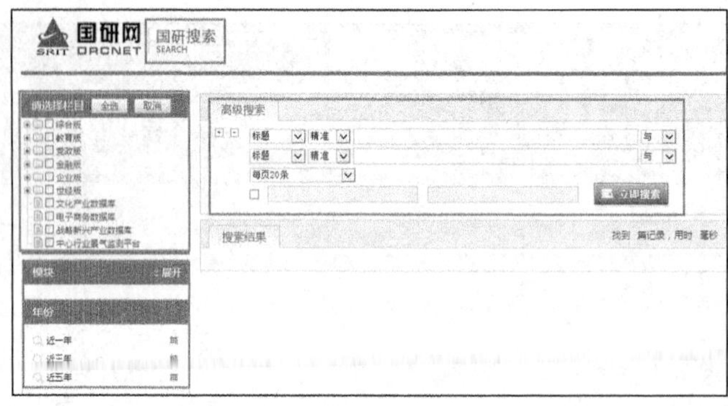

图 5-73 检索中心

3．查看检索结果

查看检索结果如图 5-74 所示。

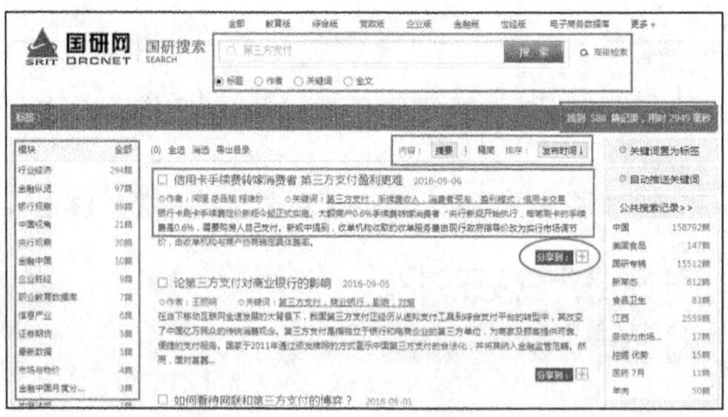

图 5-74 查看检索结果

5.6 学习辅导资源

5.6.1 起点考试网

北京智联起点信息科技有限公司是一家专业从事软件开发、知识资源整合、信息加工、文化信息传播及增值服务的高科技公司。公司于 2005 年面向全国成功推出《就业拓展培训考试库》（原名起点自主考试学习系统），深受师生的好评，为教师的参考资源和考生的考级考证提供了极大的便利。为了进一步完善网络学习资源，公司以《就业拓展培训考试库》为基础制作考试培训视频课件，于 2009 年开发成功《就业拓展培训视频库》。该资源库以当前热门就业行业和考研留学为依托，紧扣国家最新考试大纲，以最新的考试方法和重点、考点、难点为授课内容，为考生的考前准备提供了贴切的学习资源，也为各行业老师的教学提供了有价值的参考，起点考试网主界面如图 5-75 所示。

图 5-75　起点考试网主界面

1．试题资源试题资源如图 5-76 和图 5-77 所示。

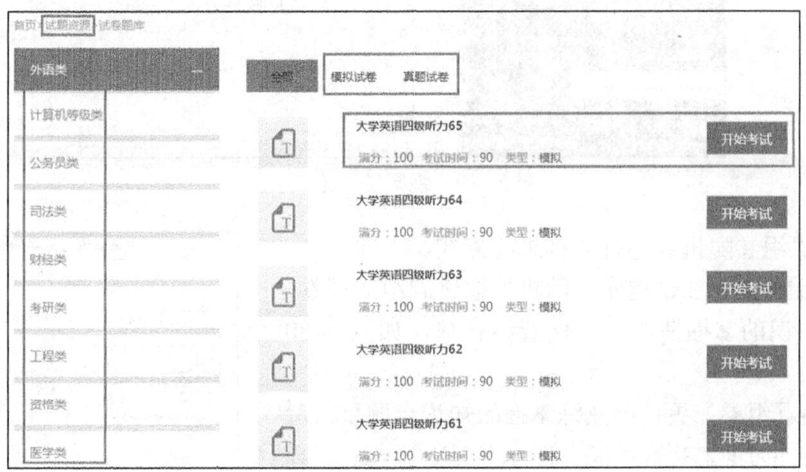

图 5-76　试题资源（一）

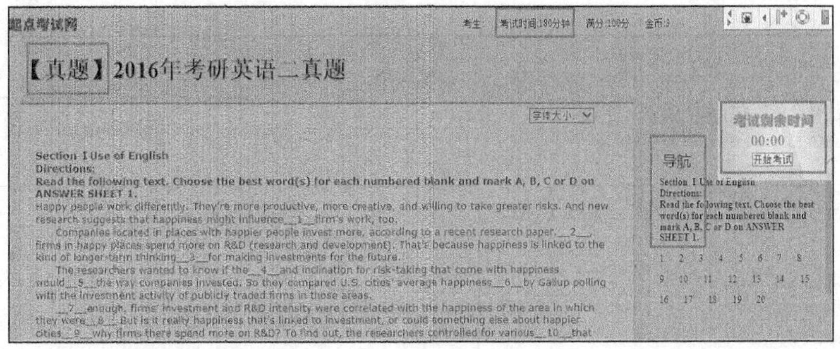

图 5-77　试题资源（二）

2．视频资源视频资源如图 5-78 和图 5-79 所示。

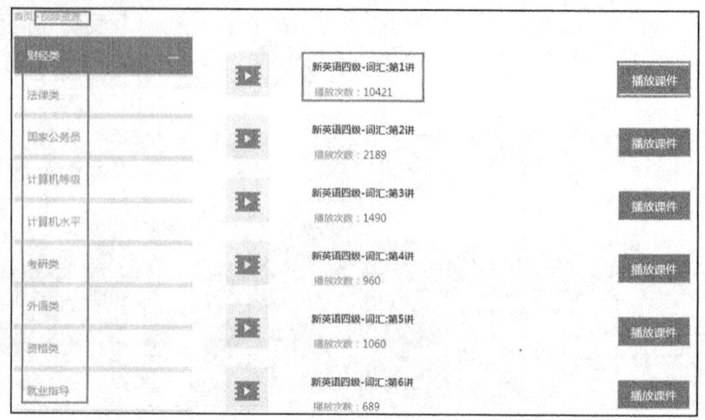

图 5-78　视频资源（一）

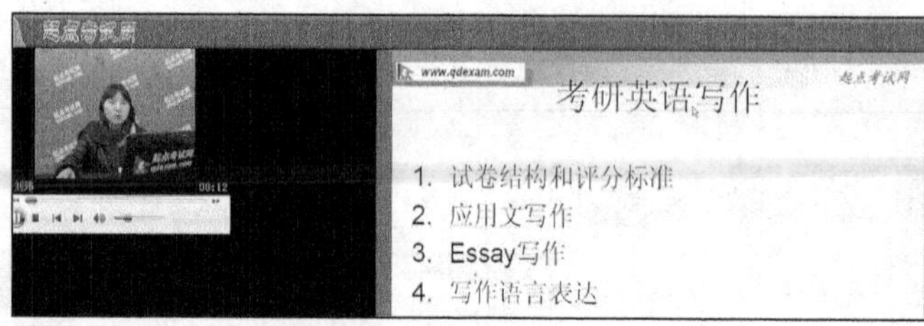

图 5-79　视频资源（二）

3．随机组卷随机组卷有 4 种组卷方式。

（1）普通组卷：在试题库中随机抽取试题组成试卷，全面了解知识的掌握情况，方便查漏补缺，如图 5-80 所示。

（2）换题组卷：更换已熟练掌握的知识点题目，避免重复，节约时间，提高效率。

（3）分类组卷：对某类题型进行着重练习。

（4）手工组卷：根据需要创建属于自己的试卷，方便练习。

4．专项训练，可对薄弱环节进行强化练习，攻坚克难，提高效率，如图 5-81 和图 5-82 所示。

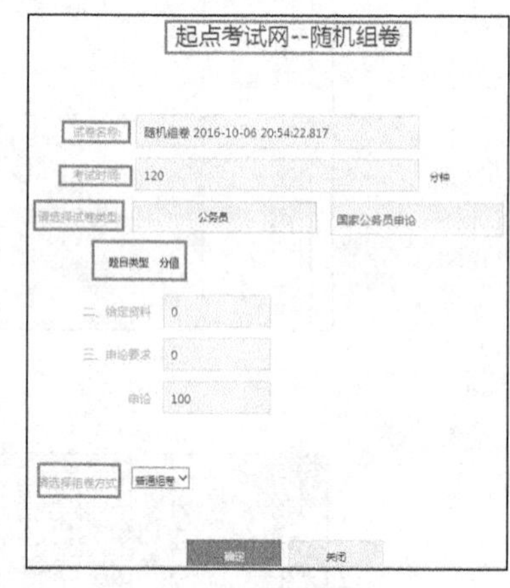

图 5-80　随机组卷

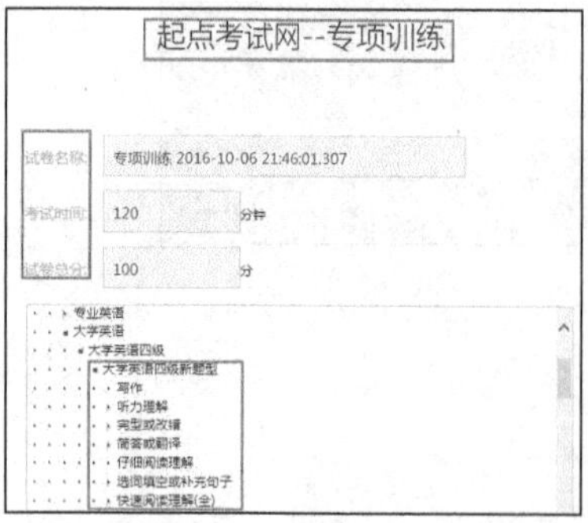

图 5-81　专项训练（一）

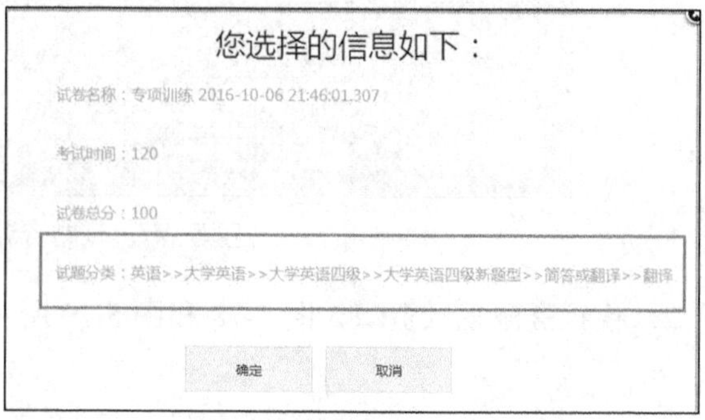

图 5-82　专项训练（二）

5.6.2　新东方多媒体学习库

新东方多媒体学习库是 2006 年年初新东方集团在教育部高校教改工程大方针下，依托旗下全资高科技互联网子公司——新东方在线，专门为高校图书馆推出的精品课程数据库。新东方多媒体学习库是由新东方在线组织精英教师团队和优秀技术人员倾力打造的多媒体在线教育培训平台。依托于新东方强大的师资阵容和制作团队，新东方多媒体学习库向广大高校师生提供了丰富、实用的培训课程，内容涵盖国内考试、应用外语、出国考试、实用技能及求职指导、职业认证与考试等，让高校师生足不出校便能尽享新东方激情、幽默教学风格的魅力，获得卓越的在线互动式学习体验，是一个集课程、练习、考试、资讯、互动、服务于一体的学习系统。

1．主界面

主界面如图 5-83 所示。

图 5-83　主界面

2．课程中心

课程中心如图 5-84 所示。

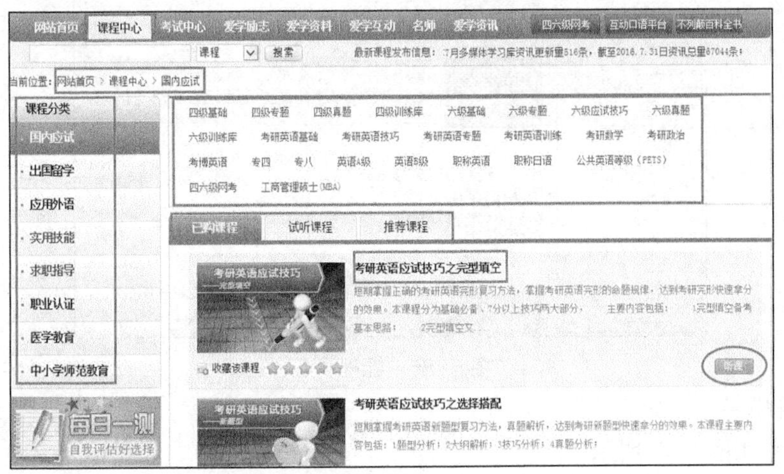

图 5-84　课程中心

5.6.3 环球英语多媒体资源库

环球英语多媒体资源库涵盖了环球英语网校的学历考试类、应用英语类、出国考试类、职业英语类及小语种等多种外语培训课程资源，为高校师生提供外语基础、口语提高、小语种入门、考前辅导、求职指导等全线外语培训，如图5-85所示。

图5-85 环球英语多媒体资源库主界面

1．课程中心

课程中心如图5-86所示。

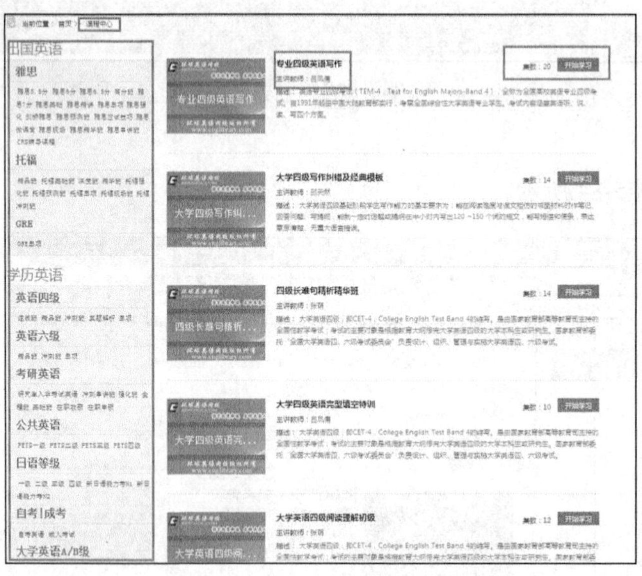

图5-86 课程中心

2．在线模考

在线模考如图5-87所示。

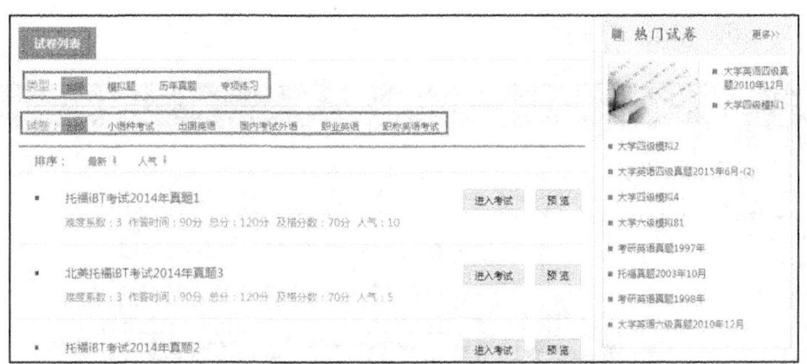

图 5-87　在线模考

5.6.4　FiF 外语学习资源库

FiF 外语学习资源库是由外研讯飞倾力打造的新一代富媒体、多语种外语学习产品。该产品基于科大讯飞全球领先的语音技术，整合国内外海量优质外语学习资源，为广大外语学习者提供一站式在线学习体验，是图书馆与高校外语院系首选的外语学习数字产品。FiF 外语学习资源库涵盖 7 大模块，循序提升听、说、读、写、译各项能力，满足外语学习者多种需求，如图 5-88 所示。

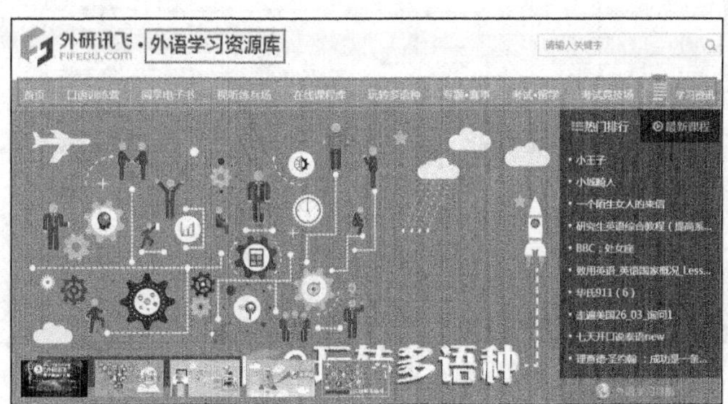

图 5-88　FiF 外语学习资源库

5.6.5　爱迪科森公司资源系统

1．爱迪科森网上报告厅

爱迪科森网上报告厅如图 5-89 所示。

图 5-89　爱迪科森网上报告厅

（1）综合素质如图 5-90 所示。

图 5-90　综合素质

（2）学科报告如图 5-91 所示。

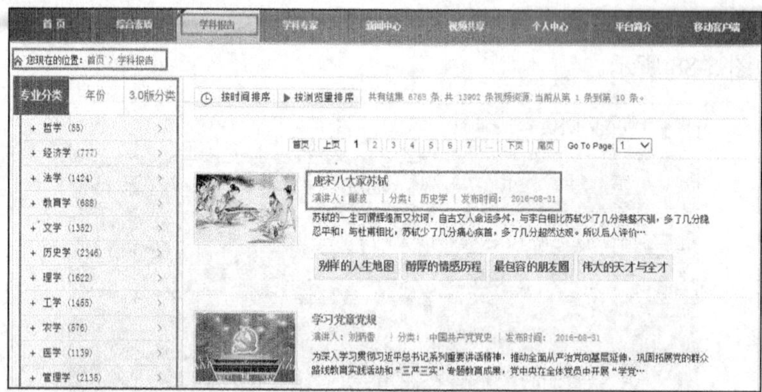

图 5-91　学科报告

（3）学科专家如图 5-92 所示。

图 5-92　学科专家

（4）视频共享如图 5-93 所示。

图 5-93　视频共享

（5）移动客户端如图 5-94 所示。

图 5-94　移动客户端

2．爱迪科森职业全能培训库

爱迪科森职业全能培训库是以就业为导向的综合性多媒体教育培训平台，它涵盖了找工作、考研、留学、创业、考公务员等多个分流方向。整套产品以职业规划理论为设计理念，成为集课程学习、职业资讯、学习评估、网上考试、互动社区、职业速配、系统管理等先进、全面的学习与管理功能为一体的在线学习平台，并与全面的通用职业资格考试和技能培训课程相结合，为图书馆提供了高效、便捷、优质的资源建设方案，让所有用户体验数字化时代全新的学习方式，享受完全免费的优秀资源，如图 5-95 所示。

图 5-95　爱迪科森职业全能培训库主界面

（1）职业测评如图 5-96 和图 5-97 所示。

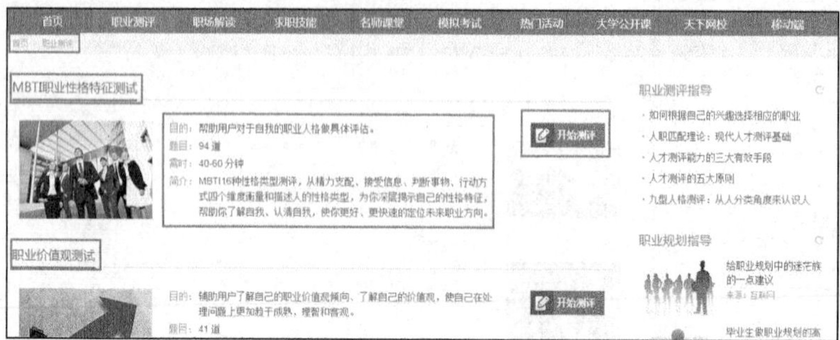

图 5-96　职业测评（一）

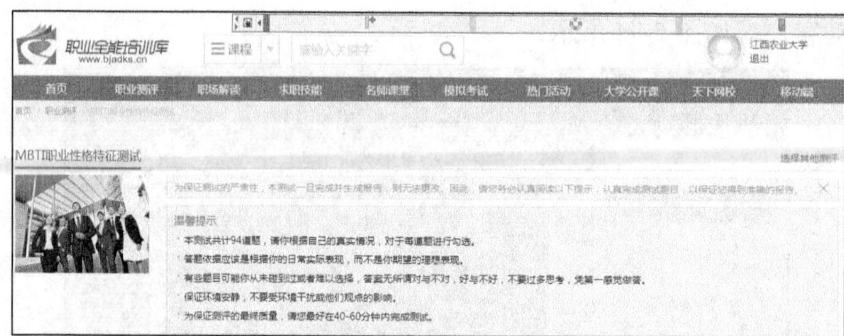

图 5-97　职业测评（二）

（2）职场解读如图 5-98～图 5-101 所示。

图 5-98　职场解读（一）

图 5-99　职场解读（二）

图 5-100　职场解读（三）

图 5-101　职场解读（四）

（3）求职技能如图 5-102 和图 5-103 所示。

图 5-102　求职技能（一）

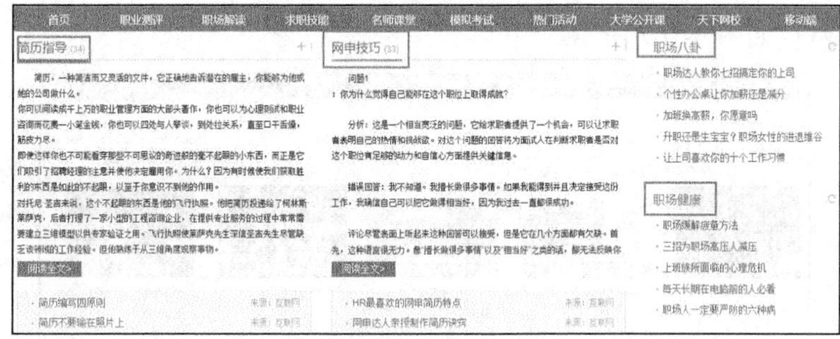

图 5-103　求职技能（二）

（4）名师课堂如图 5-104 所示。

图 5-104 名师课堂

（5）模拟考试如图 5-105 所示。

图 5-105 模拟考试

（6）大学公开课如图 5-106 所示。

图 5-106 大学公开课

（7）天下网校如图 5-107 所示。

图 5-107 天下网校

（8）移动端如图 5-108 所示。

图 5-108　移动端

第 6 章

常用外文数据库

6.1 EBSCO 数据库

6.1.1 EBSCO 数据库简介

EBSCO（全称为 Elton B. Stephens. Company）是一个具有 60 多年历史的大型文献服务专业公司，提供期刊、文献订购及出版等服务，总部在美国，在 19 个国家设有分部。该公司开发了 100 多个在线文献数据库，涉及自然科学、社会科学、人文和艺术等多种学科领域。EBSCOhost 为英文电子期刊全文数据库，目前包括 ASP、BSP、ERIC、LISTA、MEDLINE、Newspaper Source、Regional Business News、GreenFILE、Teacher Reference Center、Food Science Source 等数据库。

1．学术期刊数据库（Academic Source Premier，ASP）

ASP 提供了近 4 700 种出版物全文，其中包括 3 600 多种同行评审期刊，涉及的文献主题主要有社会科学、人文、教育、计算机科学、工程、物理、化学、艺术、医学等。它为 100 多种期刊提供了可追溯到 1975 年或更早年代的 PDF 过期案卷，并提供了 1 000 多个题名的可检索参考文献。此数据库通过 EBSCOhost 每日进行更新。

2．商业资源数据库（Business Source Premier，BSP）

BSP 是行业中使用较多的商业研究数据库，它提供 2 300 多种期刊的全文，包括 1 100 多种同行评审期刊的全文。BSP 相比同等数据库的优势在于它对所有商业学科（包括市场营销、管理、MIS、POM、会计、金融和经济）都进行了全文收录。此数据库通过 EBSCOhost 每日更新。

3．教育资源信息中心（Education Resource Information Center，ERIC）

ERIC 是美国教育部的教育资源信息中心数据库，收录 980 多种教育及和教育相关的期刊文献的题录与文摘。数据从 1967 年至今。它包含 1 243 000 多条记录和链接，这些链接指向 ERIC 所收藏的 224 000 多篇全文文档。

4．图书馆与信息科学（Library，Information Science & Technology Abstracts，LISTA）

LISTA 对 500 多种核心期刊、500 多种优选期刊、125 种精选期刊以及书籍、调查报告与记录等进行了索引。此数据库还包括 240 多种期刊的全文，主题涉及图书馆馆长的职位资格、分类、目录、书目计量、在线信息检索、信息管理等。数据库中的内容可追溯到 20 世纪 60 年代。

5．医学（MEDLINE）

MEDLINE 提供了有关医学、护理、牙科、兽医、医疗保健制度、临床前科学及其他方面的权威医学信息。MEDLINE 由 National Library of Medicine 创建，采用了包含树、树层次结构、副标题及激增功能的 MeSH（医学主题词表）索引方法，可从 4 800 多种当前生物医学期刊中检索引文。

6．报纸全文库（Newspaper Source）

Newspaper Source 提供 35 种国家和国际报纸的完整全文。该数据库还包含 375 种地区（美国）报纸精选全文。此外，还提供全文电视和广播新闻脚本。

7．地区商业出版物（Regional Business News）

此数据库提供了地区商业出版物的详尽全文。Regional Business News 将美国所有城市和乡村地区的 75 种商业期刊、报纸和新闻专线合并在一起。此数据库每日都进行更新。

8．环境保护（GreenFILE）

GreenFILE 提供人类对环境所产生的各方面影响的深入研究信息。其学术、政府及关系到公众利益的标题包括全球变暖、绿色建筑、污染、可持续农业、再生能源、资源回收等。本数据库提供近 384 000 条记录的索引与摘要，以及 4 700 多条记录的 OA 全文。

9．教师参考中心（Teacher Reference Center）

此数据库为 270 多种受教师和行政人员欢迎的期刊杂志提供了索引和摘要，为职业教育者提供帮助。

10．食品科学（Food Science Source）

此数据库是一个可以满足食品工业各个级别信息数据需求的综合性全文数据库。该数据库提供了大量与食品工业领域密切相关的、全文覆盖的相关资料，包括如下内容：农业产业化、餐饮科学、食品贮运与包装、食品加工等。该数据库收录逾 1 420 种出版物，可回溯至 1986 年。该数据库还从数以千计的贸易和工业出版物中筛选出数以万计的附加食品工业文章、基准和实务。

6.1.2 检索方法

进行数据库检索时，既可以同时选择多个数据库进行检索，也可以单选一个数据库进行检索。数据库选择界面如图 6-1 和图 6-2 所示。

图 6-1 数据库选择界面（一）

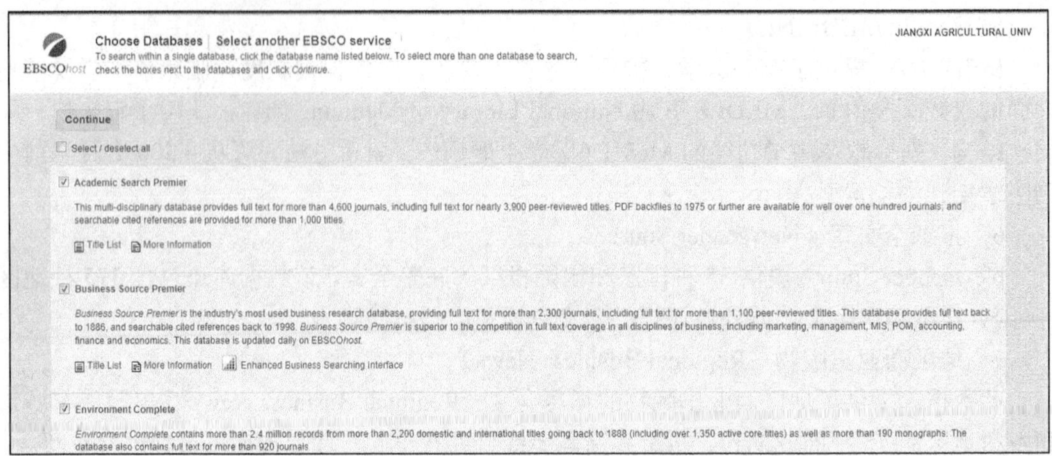

图 6-2　数据库选择界面（二）

1．检索界面

（1）出版物检索

出版物检索（Publications）如图 6-3 所示。

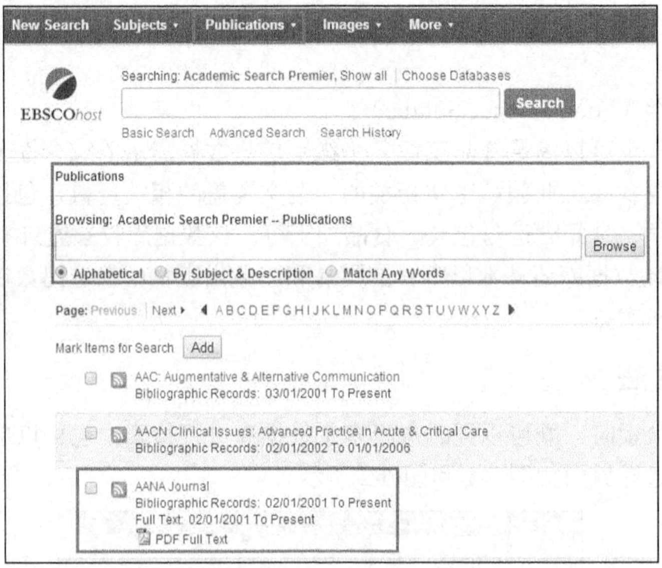

图 6-3　出版物检索

（2）基本检索

基本检索（Basic Search）如图 6-4 所示。基本检索的操作方式非常简单，在检索框输入关键词，关键词之间可以用布尔逻辑算符连接组成检索表达式，如检索不限定字段，检索结果是在所有字段中进行检索。单击检索选项（Search Options），可以在“限制结果范围（Limit your results）”中对检索条件进一步限制。

（3）高级检索

高级检索（Advanced Search）如图 6-5 所示。

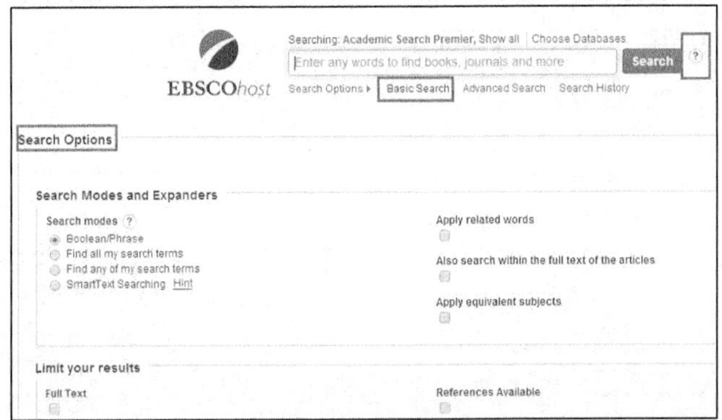

图 6-4　基本检索

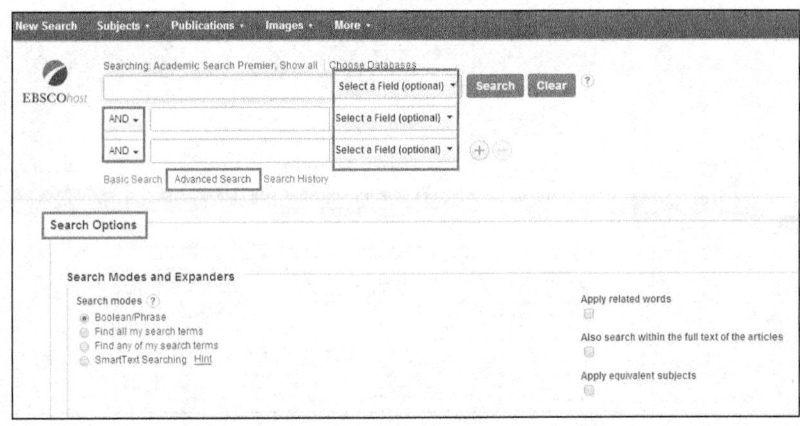

图 6-5　高级检索

2．检索结果

检索结果如图 6-6～图 6-8 所示。

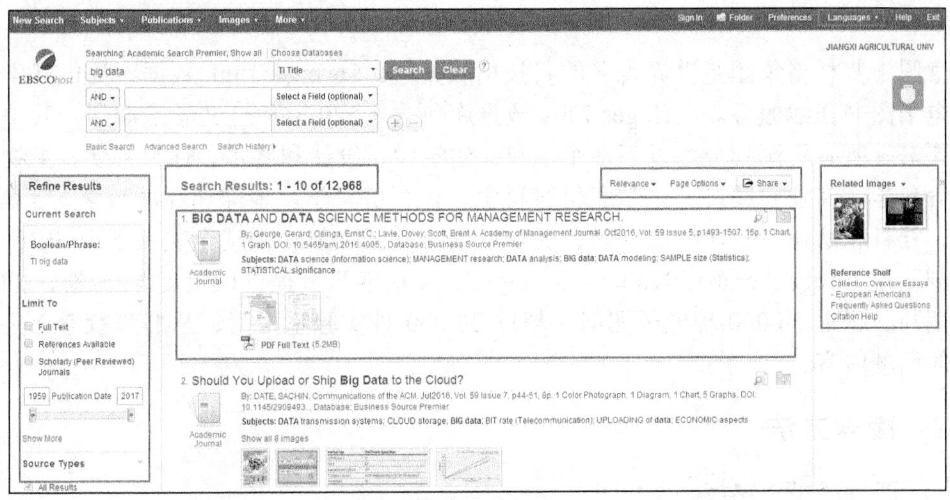

图 6-6　检索结果（一）

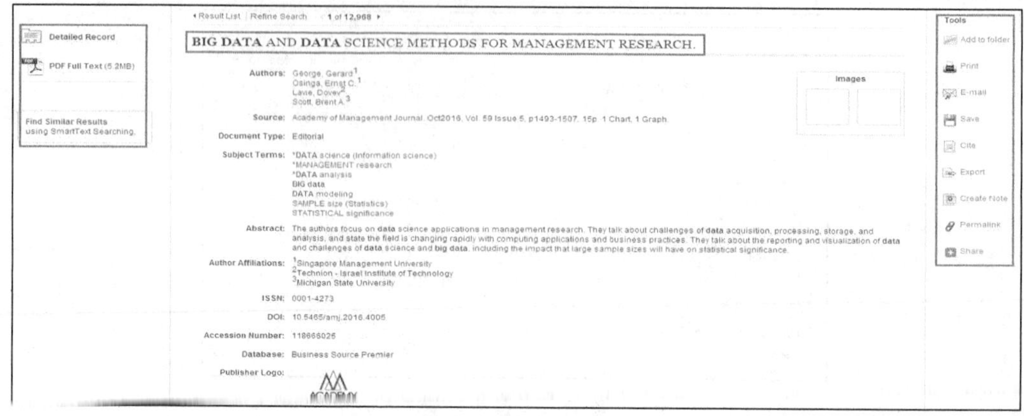

图 6-7 检索结果（二）

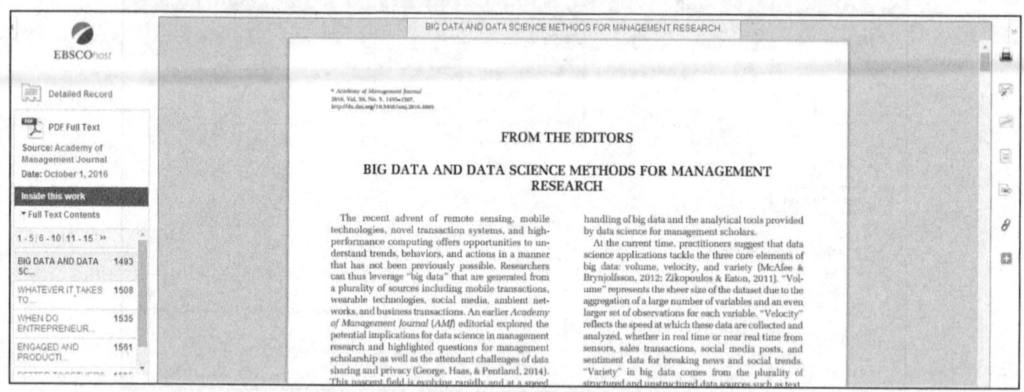

图 6-8 检索结果（三）

6.2 Springer Link 数据库

6.2.1 简介

德国施普林格集团是世界著名的科技出版集团，Springer Link 数据库提供其学术期刊及电子图书在线服务。Springer Link 数据库包含 1 570 多种全文学术期刊，其中的期刊及图书等所有资源划分为以下多个学科：建筑学、设计和艺术、行为科学、生物医学和生命科学、商业和经济、化学和材料科学、计算机科学、地球和环境科学、工程学、人文、社科和法律、数学和统计学、医学、物理和天文学。阅读全文需下载 PDF 格式文件浏览器 Adobe Acrobat Reader。SpringerLink 检索平台提供以下资源：超过 2000 种电子期刊、超过 36 000 种电子图书、超过 20 000 种实验室指南、丛书和参考工具书、海量的回溯内容。

6.2.2 检索方法

1．Springer Link 数据库主界面

Springer Link 数据库主界面如图 6-9 所示。

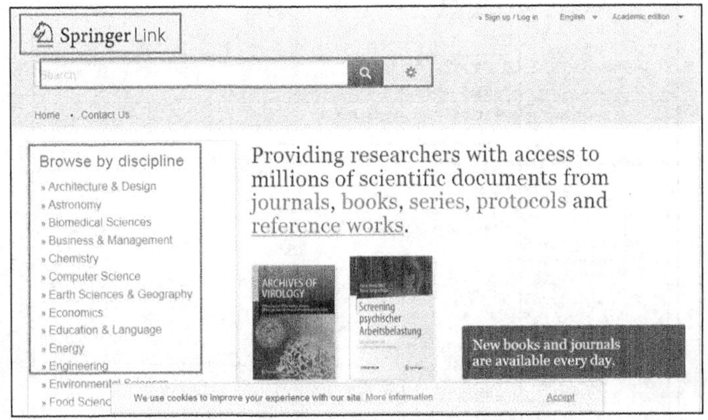

图 6-9　Springer Link 数据库主界面

2．Springer Link 数据库检索方式

Springer Link 数据库中，可以按照学科分类、资源类型、首字母进行浏览、检索，也可以在检索框输入关键词进行简单检索、布尔逻辑检索。

（1）高级检索

高级检索如图 6-10 所示。

（2）期刊浏览检索

期刊浏览检索如图 6-11 所示。

（3）图书浏览检索

图书浏览检索如图 6-12 所示。

3．检索结果

（1）检索结果显示

检索结果显示如图 6-13 所示。

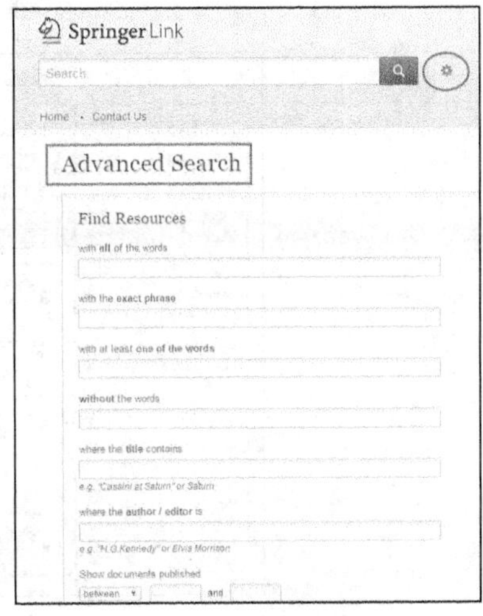

图 6-10　高级检索

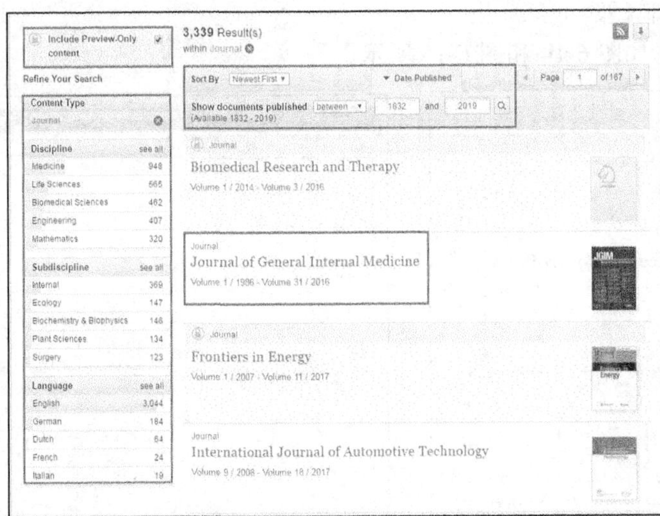

图 6-11　期刊浏览检索

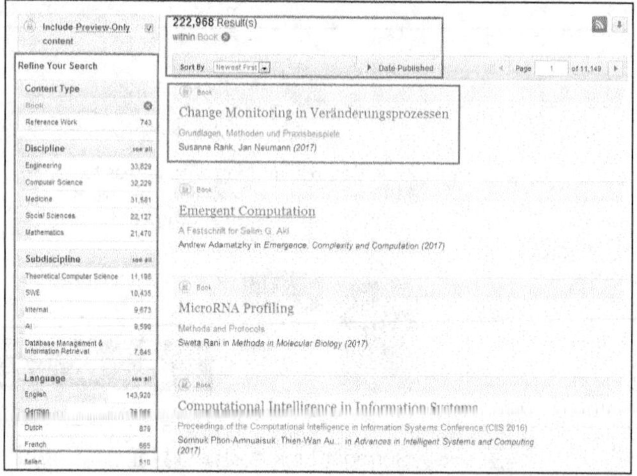

图 6-12　图书浏览检索

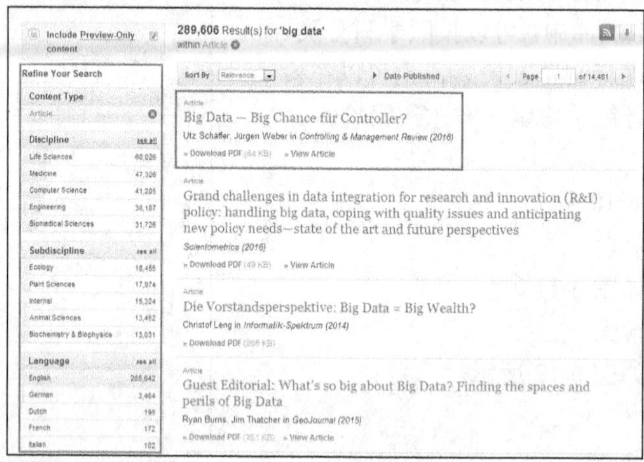

图 6-13　检索结果显示

（2）记录详细信息

记录详细信息如图 6-14 和图 6-15 所示。

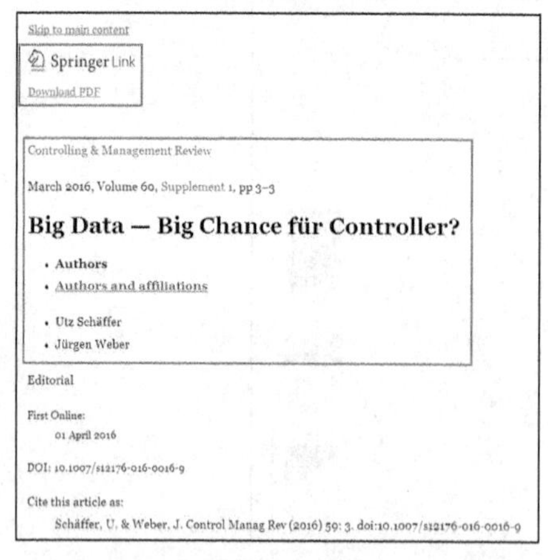

图 6-14　详细信息（一）

图 6-15　详细信息（二）

6.3　Science Direct 电子期刊数据库

6.3.1　简介

荷兰 Elsevier 信息技术有限公司每年出版大量学术期刊和图书，其中大部分期刊被 SCI、SSCI、EI 收录，是世界公认的高品位学术期刊。Elsevier 电子期刊（全文）的涵盖学科有农业和生物科学、数学、化学、化学工程学、物理学和天文学、生物化学、遗传学和分子生物学、土木工程、计算机科学、决策科学、地球科学、能源和动力、工程和技术、环境科学、免疫学和微生物学、材料科学、医学、神经系统科学、药理学、毒理学和药物学、经济学、计量经济学和金融、商业、管理和财会、心理学、人文科学、社会科学等，是科研人员的重要信息源。用户可以浏览、检索、存盘或打印期刊全文，全文以 PDF 格式存放，用户需在客户端安装 Adobe Acrobat Reader 软件。

6.3.2　检索方法

1．Science Direct 电子期刊数据库

Science Direct 电子期刊数据库主界面如图 6-16 和图 6-17 所示。

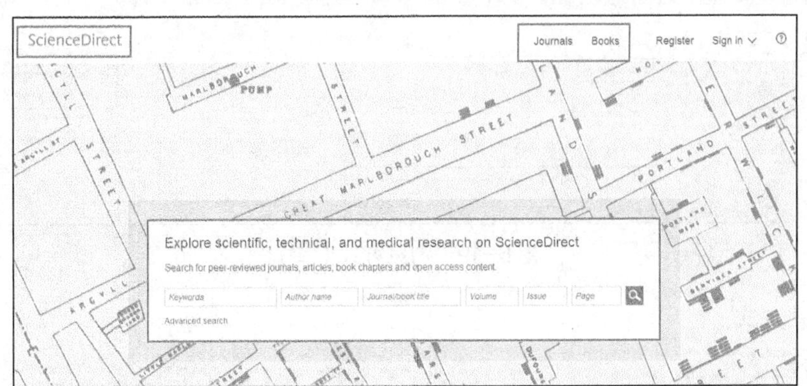

图 6-16　Science Direct 电子期刊数据库主界面（一）

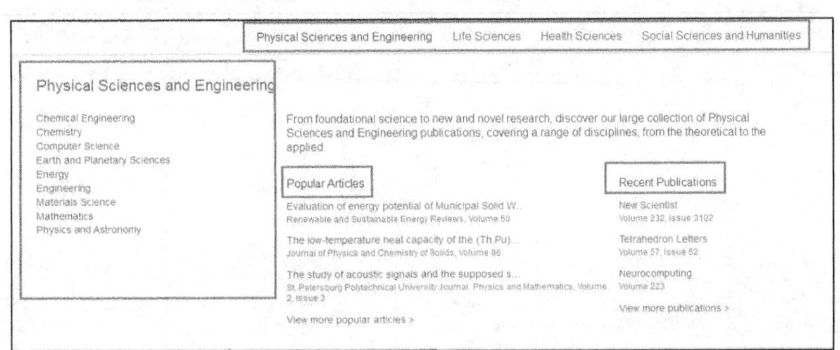

图 6-17　Science Direct 电子期刊数据库主界面（二）

2．浏览方式

浏览方式如图 6-18 和图 6-19 所示。

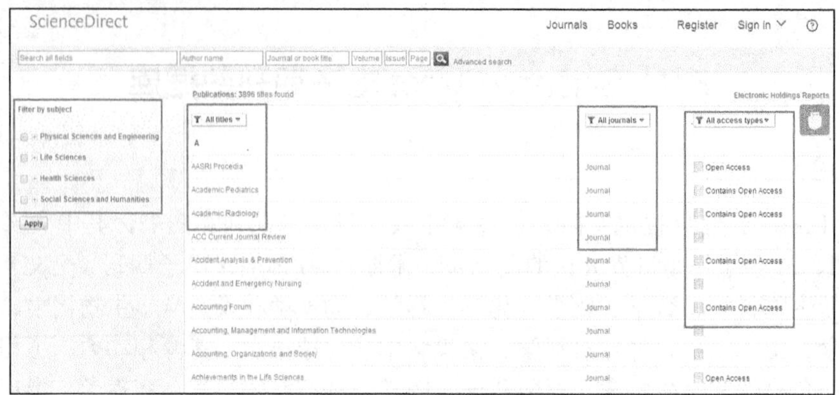

图6-18　浏览方式（一）

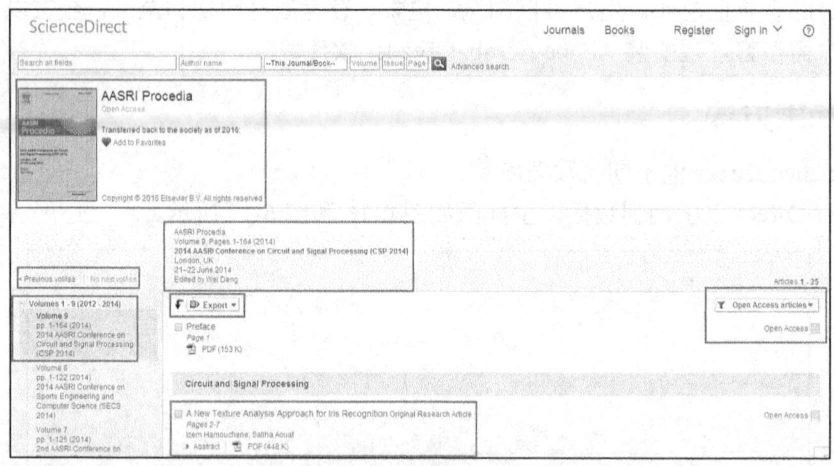

图6-19　浏览方式（二）

3. 检索方式

（1）高级检索

高级检索如图6-20所示。

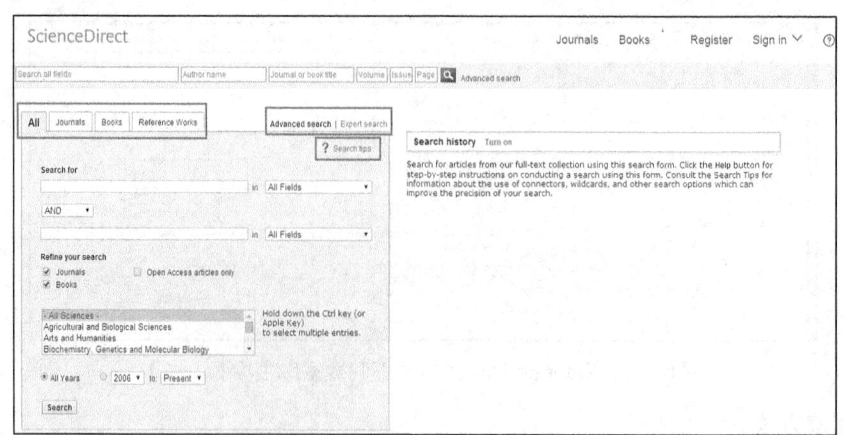

图6-20　高级检索

（2）专业检索

专业检索如图 6-21 所示。

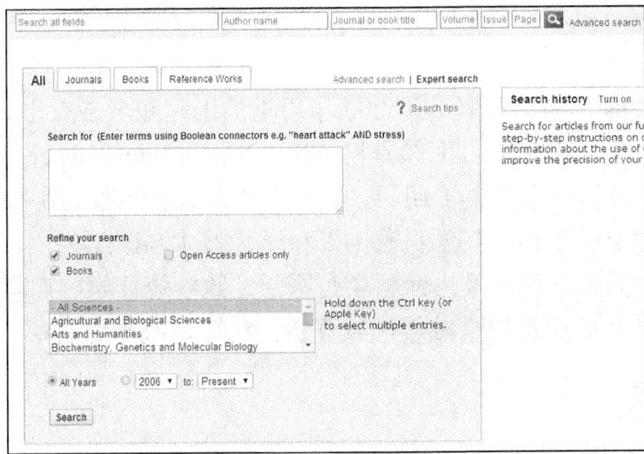

图 6-21　专业检索

4．检索结果

检索结果如图 6-22 和图 6-23 所示。

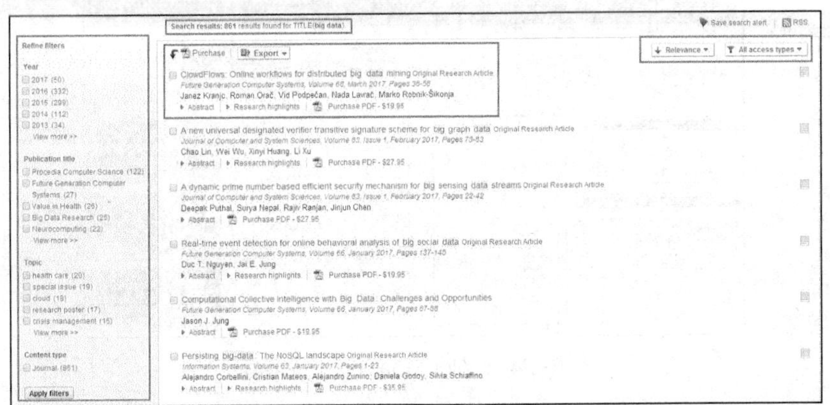

图 6-22　检索结果（一）

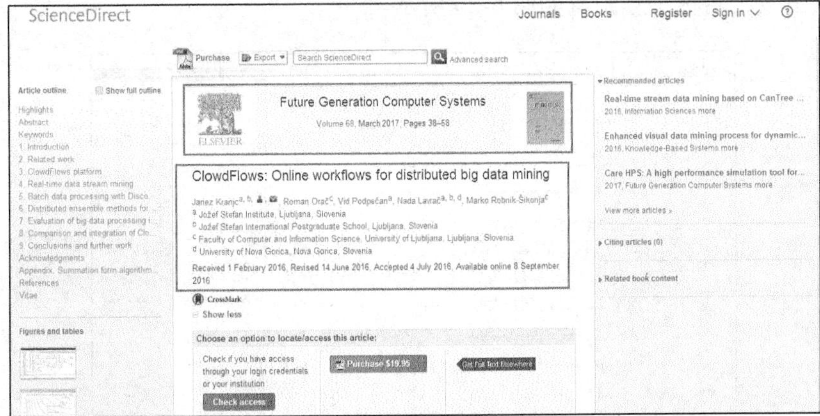

图 6-23　检索结果（二）

6.4 Wiley-Blackwell 电子期刊数据库

6.4.1 简介

John Wiley & Sons 出版公司是有近 200 年历史的国际知名专业出版机构，在化学、生命科学、医学以及工程技术出版方面颇具权威性。Wiley InterScience 是其综合性的网络出版及服务平台，该平台提供全文电子期刊、电子图书和电子参考工具书的服务。目前，John Wiley 共有 400 余种电子期刊，其学科范围以科学、技术与医学为主。其中被 SCI 收录的核心期刊近 200 种，具体学科涉及生命科学与医学、数学统计学、物理、化学、地球科学、计算机科学、工程学、商业管理金融学、教育学、法律、心理学。

6.4.2 检索方法

1．Wiley-Blackwell 主界面

Wiley-Blackwell 主界面如图 6-24 所示。

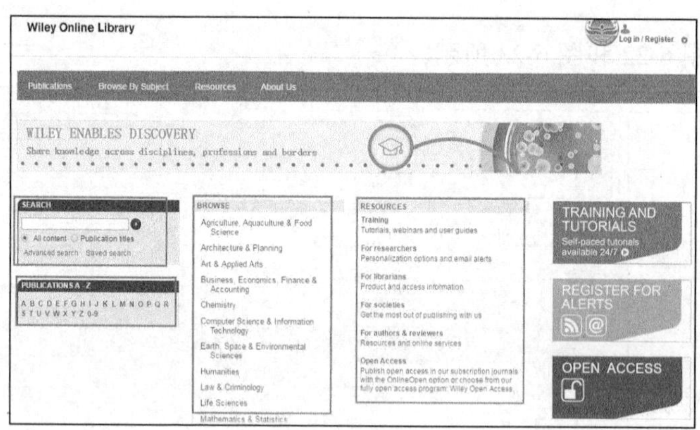

图 6-24　Wiley-Blackwell 主界面

2．浏览方式

（1）按出版物名称字顺浏览如图 6-25 所示。

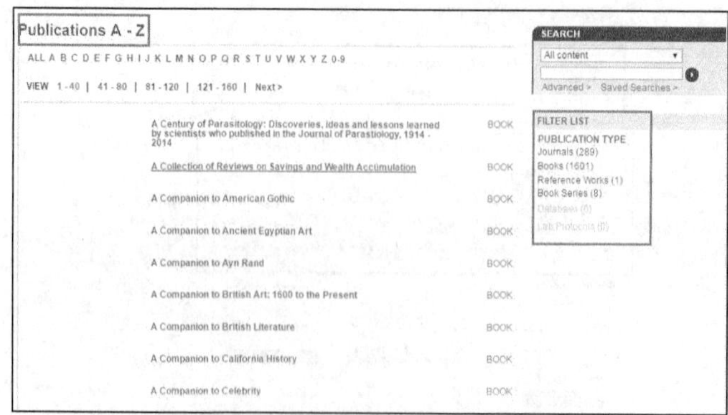

图 6-25　按出版物名称字顺浏览

（2）按学科浏览如图 6-26 所示。

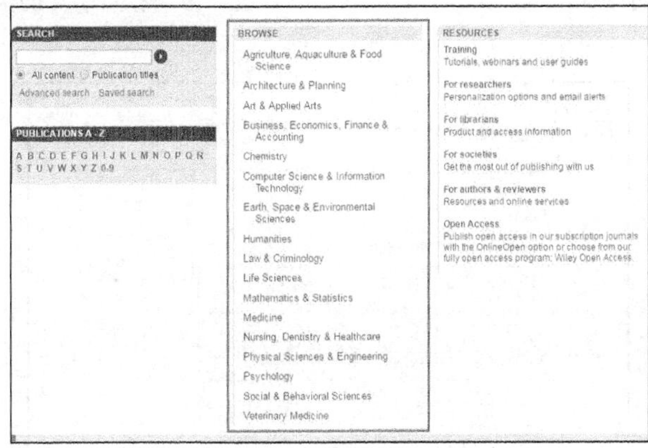

图 6-26　按学科浏览

3．检索方式

（1）简单检索

简单检索如图 6-27 所示。

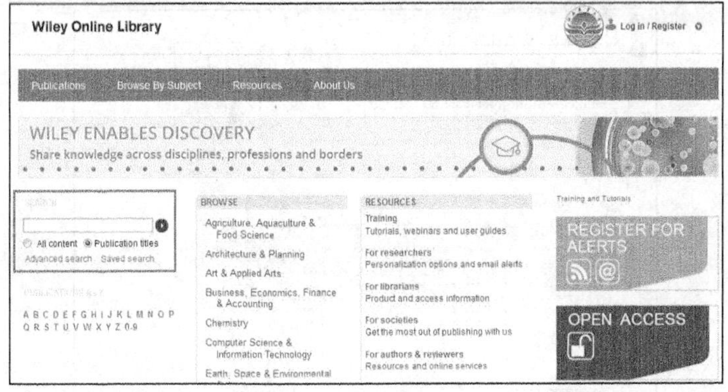

图 6-27　简单检索

（2）高级检索

高级检索如图 6-28 所示。

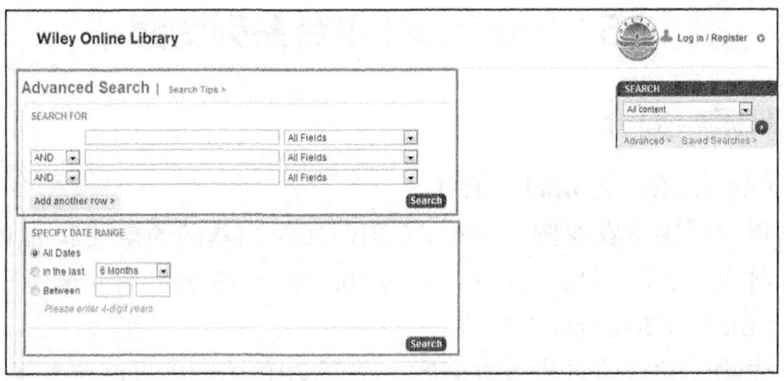

图 6-28　高级检索

4．检索结果

（1）对检索出来的结果可以通过 FILTER LIST 进一步限定出版物类型（期刊、图书等），如图 6-29 所示。

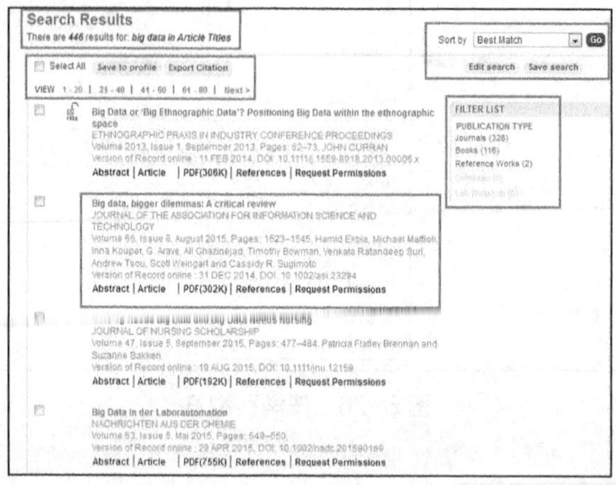

图 6-29 检索结果

（2）记录详细信息如图 6-30 所示。

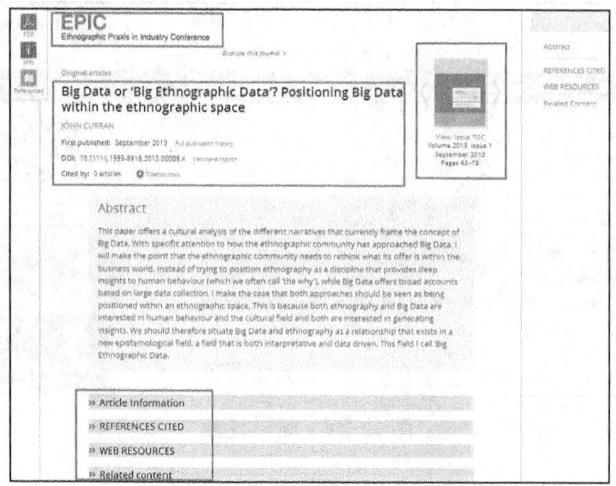

图 6-30 记录详细信息

6.5 ProQuest 平台系列资源

6.5.1 期刊数据库简介

1．ProQuest Agriculture Journals（PAJ）

该数据库是以美国国家农业图书馆的 AGRICOLA 为基础的重要农业期刊全文数据库，收录了全球 647 种农业领域期刊，其中全文刊 502 种，173 种含有影响因子。

2．ProQuest Biology Journals（PBJ）

该数据库是生物学领域的重量级数据库，截至 2013 年 12 月，包含了生物科学领域较具权威的期刊 430 多种，其中全文刊 380 多种，290 多种含有影响因子。

6.5.2　期刊数据库检索

1．ProQuest 检索界面

ProQuest 检索界面如图 6-31 所示。

图 6-31　ProQuest 检索界面

2．高级检索

高级检索如图 6-32 所示。

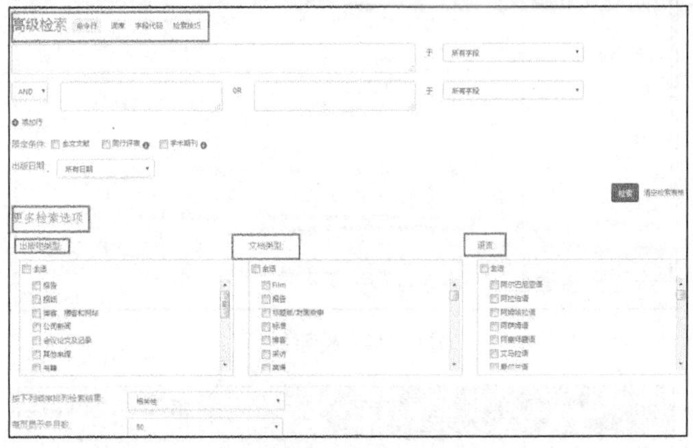

图 6-32　高级检索

3．命令行检索

命令行检索如图 6-33 所示。

4．检索结果

检索结果如图 6-34 所示。

6.5.3　ProQuest Dissertations & Theses（PQDT）

PQDT 是全球博硕论文全文数据库，收录了全球 1 700 多家研究院与综合大学的论文，现与 700 多家综合大学合作出版，40%来自全球一流大学的博士论文由 PQDT 出版。

1．主界面

在其中可以进行简单检索，也可以按照学科导航进行浏览，如图 6-35 所示。

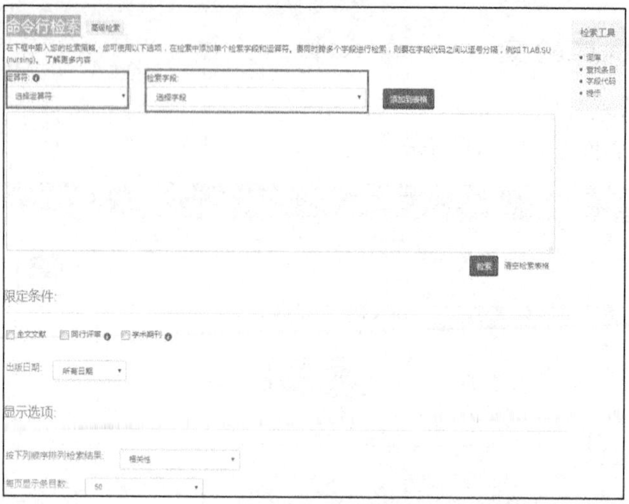

图 6-33　命令行检索

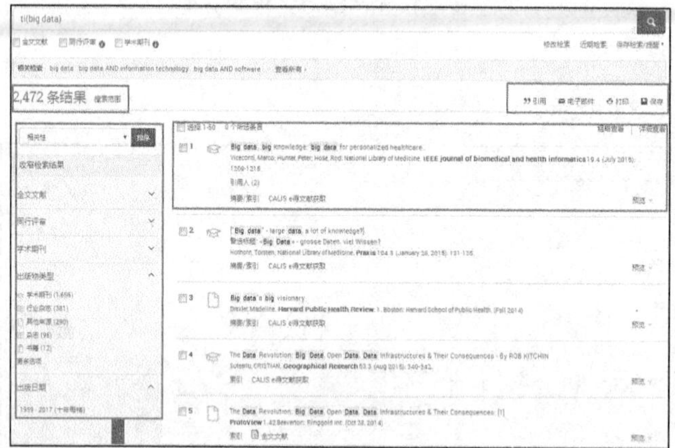

图 6-34　检索结果

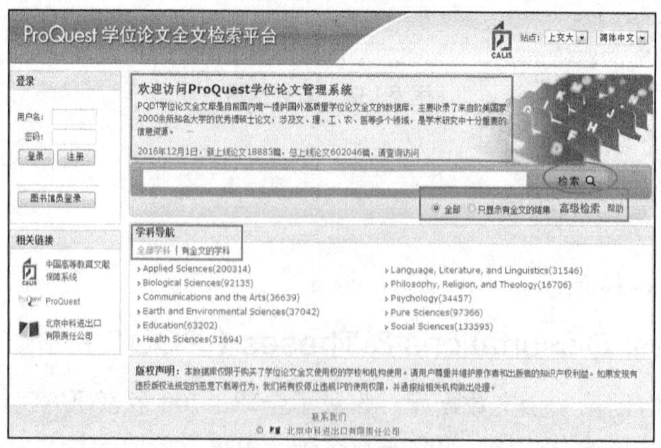

图 6-35　ProQuest 学位论文全文检索平台主界面

2．高级检索

高级检索如图 6-36 所示。

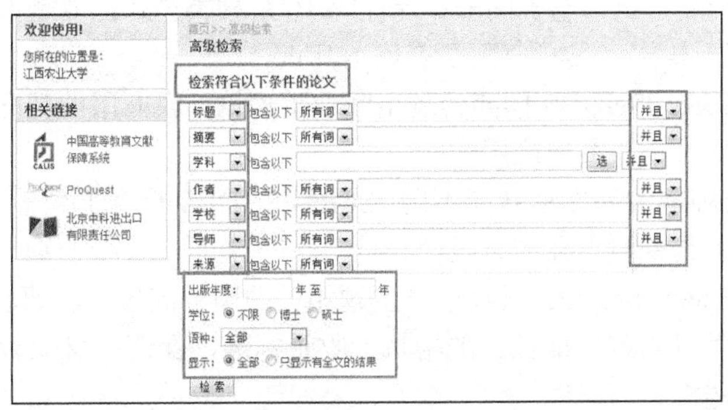

图 6-36 高级检索

3. 检索结果

检索结果如图 6-37 和图 6-38 所示。

图 6-37 检索结果（一）

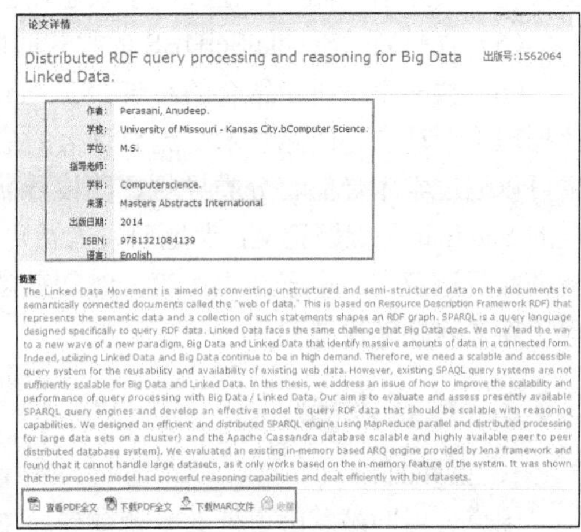

图 6-38 检索结果（二）

6.6 国道外文特色专题数据库

6.6.1 简介

国道数据中心是位于“中国硅谷”——中关村核心地带的一家高新技术企业，是我国较大的特色专题数据资源开发供应商。国道数据是国内最早从事专题数据库开发的原创型信息技术公司，拥有多项专利技术、软件著作权及数据库版权，多年致力于高校、科研机构、行政机关和企事业单位的数字化建设事业。随着建设创新型国家的需要，国内图书情报机构对国外文献资源需求骤增。国道数据开发、整合国外外文网络学术资源，竭力打造特色专题数据库平台——国道外文特色专题数据库（SpecialSciDBS）。

目前，国道数据可供查询的外文特色专题资源有多媒体数据库、高科技前沿系列、基础学科系列、工程与技术学科、农业医药学科、人文社会学科等。国道特色专题数据库的资源类型为各种网络学术资源，涉及论文、报告、会议记录、议题议案、白皮书、专栏评述、法规标准、新产品资讯、电子图书、课件等 10 余种类型，因专题而异。文件格式统一采用 PDF 格式，便于传阅。其特色主要有以下几点。

（1）重应用。SpecialSciDBS 摒弃传统出版业重理论、轻应用的观念，倡导文献情报资源理论性与应用性并重，并突出应用实例。

（2）重时效。与纯粹的外文期刊库不同，SpecialSciDBS 整合了大量的纯电子出版文献，没有人为信息延时，具有相当高的时效性。

（3）重来源。SpecialSciDBS 只收录与主题相关的国外高校、科研机构、政府、组织、相关企业、专家、学者的科技情报，严格执行收录标准，保证信息来源真实、可靠，并尽量保留文献的原始链接。

（4）重价值。SpecialSciDBS 与 Google Scholar 等学术搜索引擎不同，它的每条记录均经过专业编辑人工筛选、分类、标引、著录，并采用专有的文献质量计量评价系统（重要度/Importance Scale）进行评价，保证每条科技情报的参考价值。其中的诺贝尔奖文库将为国人提供顶级治学样板，在线电子杂志均由各专业顶级专家负责选编、撰稿。

（5）收录新。SpecialSciDBS 的收录时间为 1995 年至今，回溯文献较少。

（6）教—学—研相结合的纽带。在 SpecialSciDBS 平台上，教师可以找到国外院校的课程理论新动态、国际学术交流会议上的最新 PPT 文稿，还可以更新自己的课堂教学；学生可以通过学术导航、分类导航、院校导航、诺贝尔奖导航来学习相关课程，完成老师布置的 Seminar 和课题论文；课题研发人员可以通过各专题中的原生数字化资料、零次数据、新产品资讯及在线电子杂志，第一时间获悉国外同行的研究进展、产业化进程，帮助自己理出新的问题解决方案。

6.6.2 检索方法

1．主界面

国道公司网站及国道外文专题数据库主界面分别如图 6-39 和图 6-40 所示。

图 6-39　国道数据主界面

图 6-40　国道外文专题数据库主界面

2．导航类型

（1）学术导航

学术导航如图 6-41 所示。

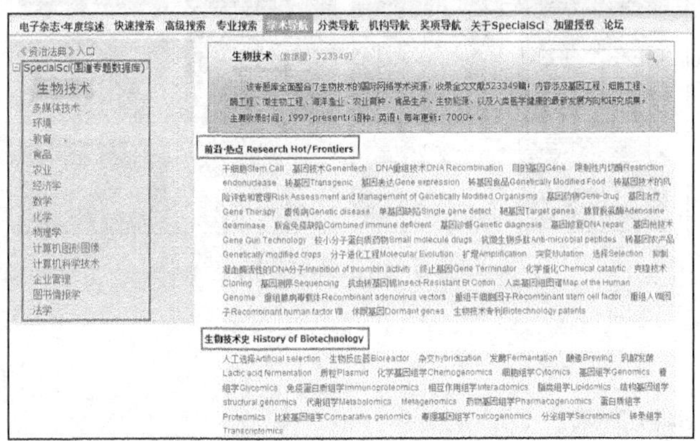

图 6-41　学术导航

（2）分类导航

分类导航如图 6-42 所示。

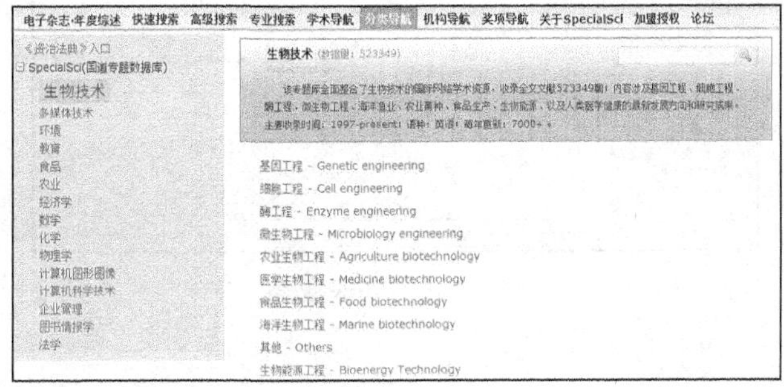

图 6-42　分类导航

（3）机构导航

机构导航如图 6-43 所示。

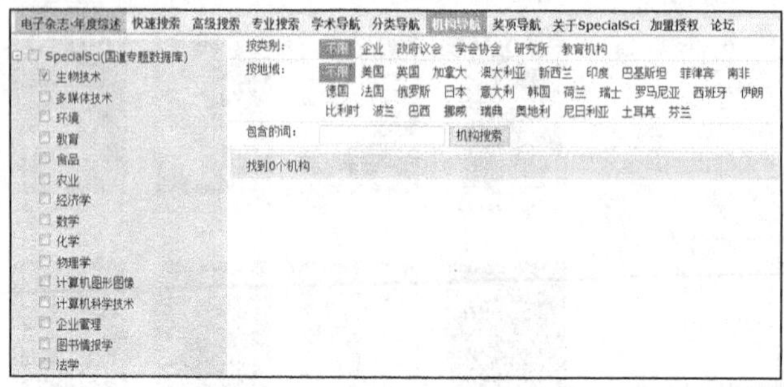

图 6-43 机构导航

（4）奖项导航

奖项导航如图 6-44 所示。

图 6-44 奖项导航

3．检索方式

（1）快速搜索

快速搜索如图 6-45 所示。

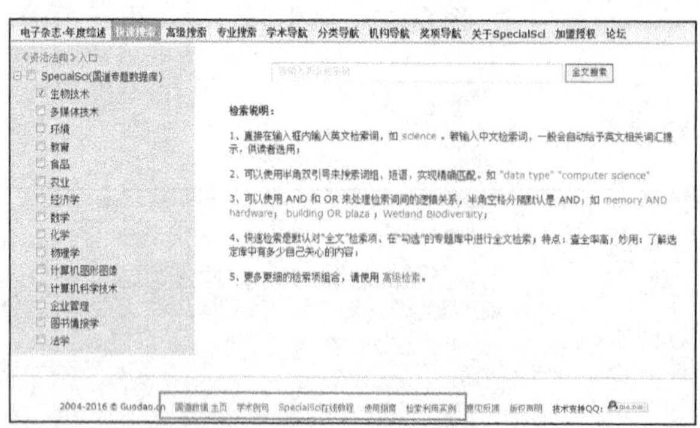

图 6-45 快速搜索

（2）高级搜索

高级搜索如图 6-46 所示。

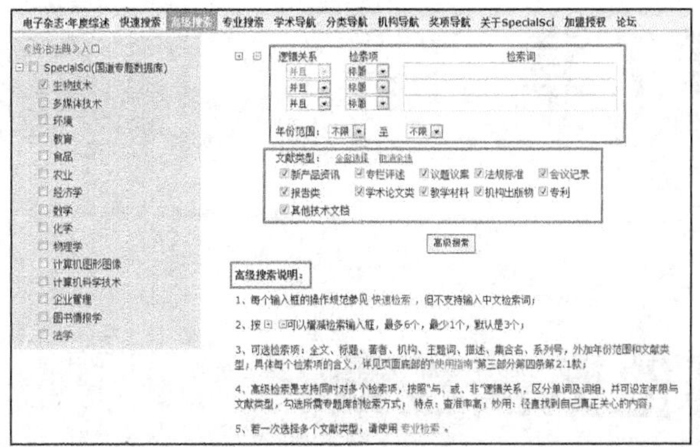

图 6-46　高级搜索

（3）专业搜索

专业搜索如图 6-47 所示。

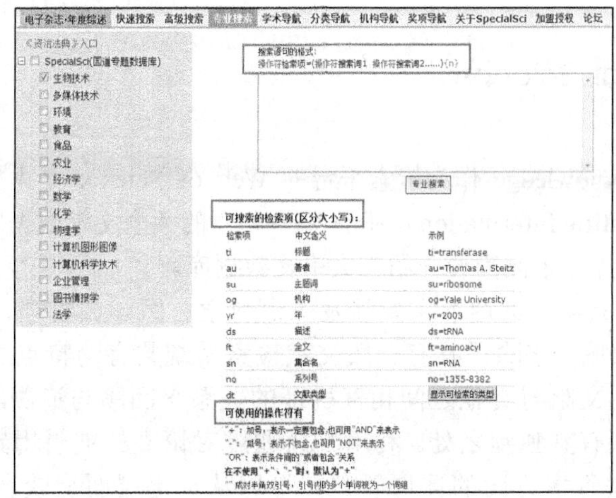

图 6-47　专业搜索

4．搜索结果

搜索结果如图 6-48 所示。

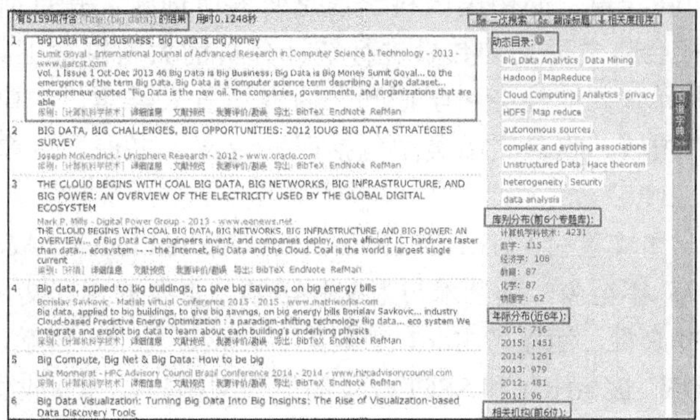

图 6-48　搜索结果

第 7 章

其他数据检索

7.1 引文数据库

7.1.1 ISI Web of Science

（1）简介

以 ISI Web of Knowledge 作为检索平台的 Web of Science 是由美国科学信息研究所（ISI-Institute for Scientific Information）基于 Web 开发的大型文献数据库，包括三大引文数据库和两个化学数据库。下面简要介绍三大引文数据库。

SCI 创刊于 1961 年，其内容主要涉及生命科学、医学、物理、生物、化学、工程技术、行为科学等领域。它除了具有一般文献检索系统共有的特点之外，在揭示文献之间的内在联系即利用文献与文献之间相互引证的关系来回顾与追溯学术发展的渊源、科学研究的趋势等方面有其独到之处。利用 SCI 通过对论文的被引用频次等的统计，对学术期刊和科研成果进行多方面的评价研究，可以从一定层面上较客观地评判某个国家（地区）、某个单位或个人的科研产出绩效，反映其在国际上的学术水平。SCI 与 ISI Proceedings（ISTP/ISSHP）、EI 一起被我国许多高校、科研机构作为学术水平评价系统之一，受到极大的重视。

SSCI 为 SCI 的姊妹篇，亦由美国科学信息研究所创建，是目前世界上可以用来对不同国家和地区的社会科学论文的数量进行统计分析的大型检索工具。2017 年，SSCI 全文收录 3 261 种世界重要的社会科学期刊，内容覆盖人类学、法律、经济、历史、地理、心理学等 55 个领域。收录文献类型包括研究论文、书评、专题讨论、社论、人物自传、书信等。

《艺术与人文科学引文索引》(Arts & Humanities Citation Index，A&HCI)，创刊于 1976 年，收录数据从 1975 年至今，是艺术与人文科学领域重要的期刊文摘索引数据库之一。AHCI 收录期刊 1 700 余种，涵盖考古学、建筑学、艺术、文学、哲学、宗教、历史等社会科学领域。在学术领域，被 AHCI 和 SSCI 收录的期刊文摘与被 SCI 收录的期刊文摘具有比肩的权威性和学术高度。

2. 检索方法

（1）数据库选择

数据库选择如图 7-1 所示。

图 7-1　数据库选择

（2）基本检索

基本检索如图 7-2 所示。

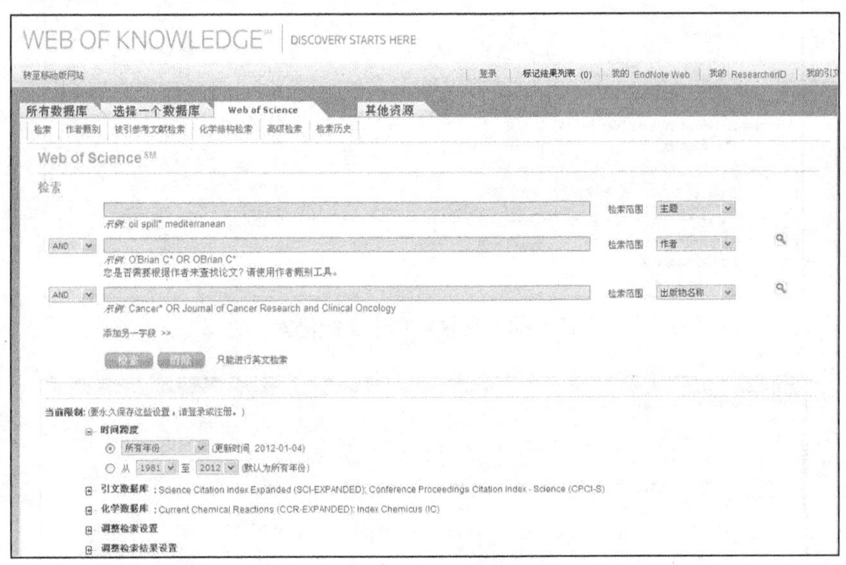

图 7-2　基本检索

（3）按作者姓名检索

按作者姓名检索如图 7-3 所示。

（4）被引参考文献检索

按被引参考文献检索如图 7-4 所示。

（5）高级检索

高级检索如图 7-5 所示。

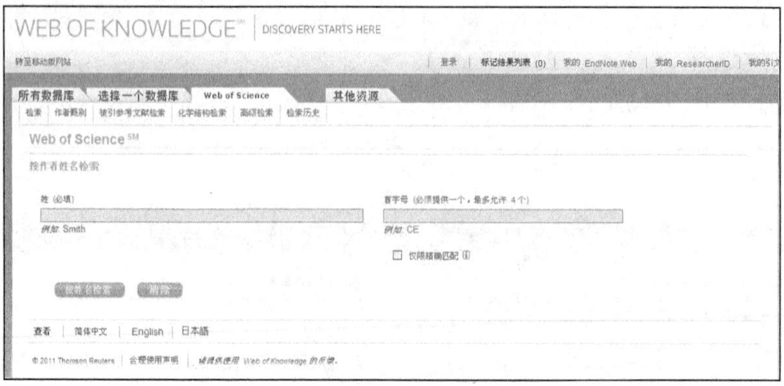

图 7-3　按作者姓名检索

图 7-4　按被引参考文献检索

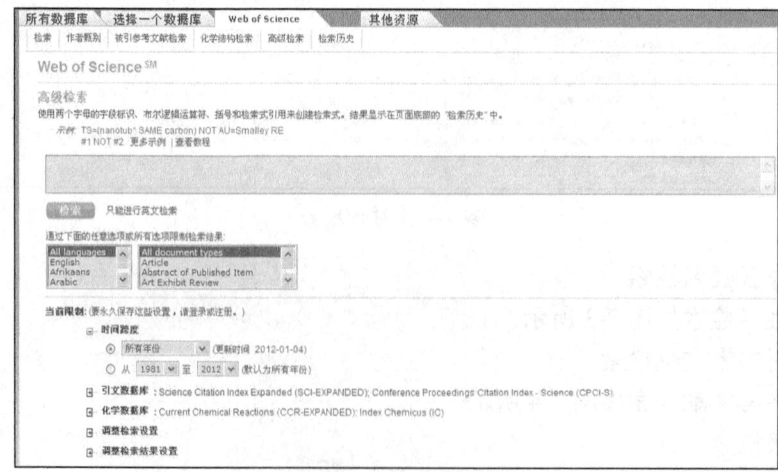

图 7-5　高级检索

（6）检索结果

检索结果如图 7-6 和图 7-7 所示。

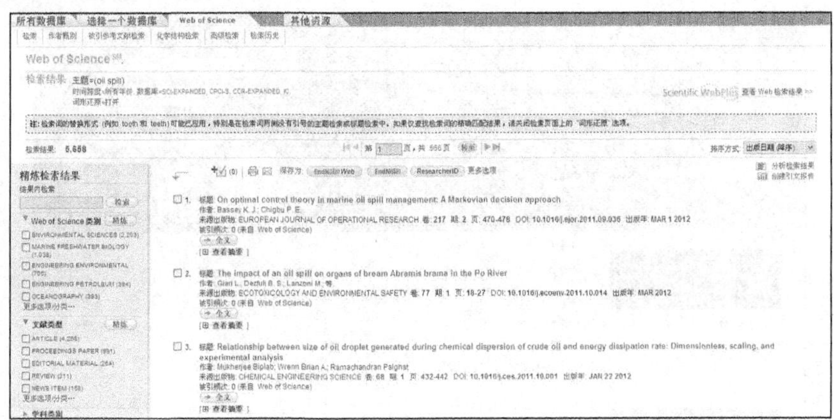

图 7-6　检索结果（一）

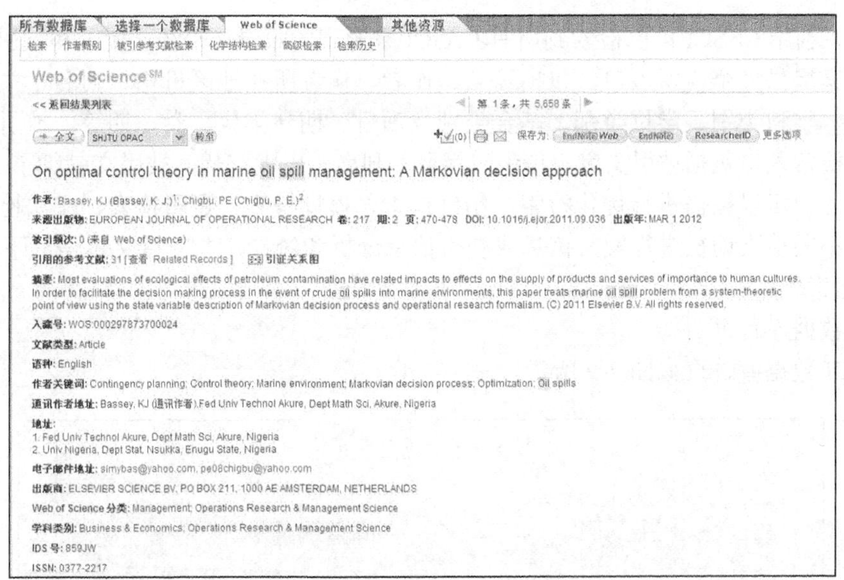

图 7-7　检索结果（二）

7.1.2　中文社会科学引文索引

1．简介

中文社会科学引文索引（Chinese Social Science Citation Index，CSSCI）是由南京大学中国社会科学研究评价中心开发的引文数据库，用来检索人文社会科学领域的论文收录和被引用情况，如图 7-8 所示。

CSSCI 遵循文献计量学规律，采取定量与定性相结合的方法从全国 2 700 余种中文人文社会科学学术性期刊中遴选出学术性强、编辑规范的期刊作为来源期刊。目前收录包括法学、管理学、经济学、历史学、政治学等在内的 25 大类的 500 多种学术期刊，目前可检索 1998 年以来的数据，来源文献 100 多万篇，引文文献 600 多万篇。

图 7-8　中文社会科学引文索引主界面

目前，利用 CSSCI 可以检索到所有 CSSCI 来源刊的收录（来源文献）和被引情况。来源文献检索提供多个检索入口，包括篇名、作者、作者所在地区机构、刊名、关键词、文献分类号、学科类别、学位类别、基金类别及项目、期刊年代、卷、期等。被引文献的检索提供的检索入口包括被引文献、作者、篇名、刊名、出版年代、被引文献细节等。其中，多个检索入口可以按需进行优化检索、精确检索、模糊检索、逻辑检索、二次检索等。检索结果按不同检索途径进行发文信息或被引信息分析和统计，并支持文本信息下载。

2．检索

（1）数据库首页

CSSCI 数据库首页如图 7-9 所示。

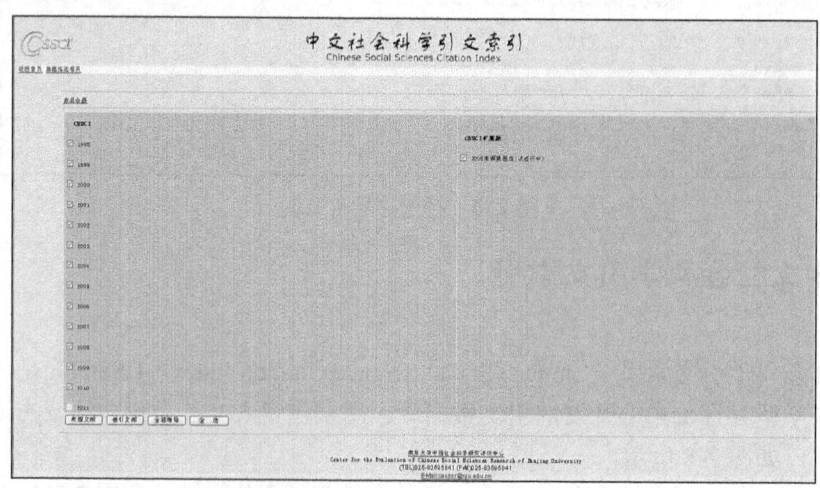

图 7-9　CSSCI 数据库首页

（2）检索方法

对于社会科学研究者，中文社会科学引文索引从来源文献和被引文献两个方面向研究人员提供相关研究领域的前沿信息和各学科学术研究发展的脉搏，通过不同学科、领域的相关逻辑组配检索，挖掘学科新的生长点，展示实现知识创新的途径。对于社会科学管理者，CSSCI 提供地区、机构、学科、学者等多种类型的统计分析数据，从而为制订科学研究发展规划、科研政策提供科学、合理的决策参考。对于期刊研究与管理者，CSSCI 提供多种定量数据：被引频次、影响因子、即年指标、期刊影响广度、地域分布、半衰期等。通过多种定量指标的分析统计，可为期刊评价、栏目设置、组稿选题等提供科学依据。CSSCI 也可为出版社与各学科著作的学术评价提供定量依据。CSSCI 作为地区、机构、学术、学科、项目及成果评价与评审的重要依据，已被教育部作为全国高校机构与基地评估、成果评奖、项目立项、名优期刊的评估、人才培养等方面的重要指标。CSSCI 数据库检索如图 7-10 和图 7-11 所示。

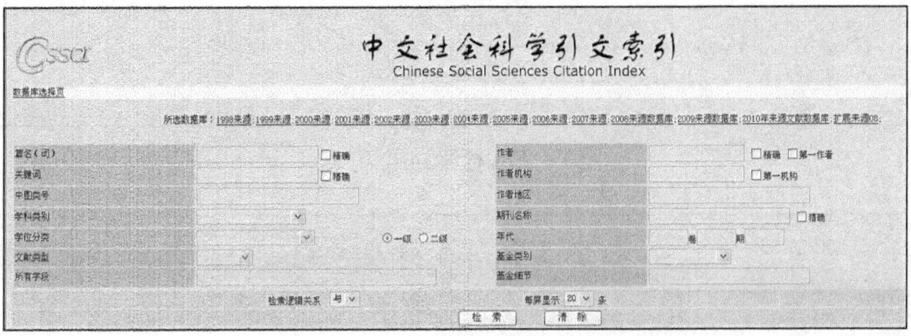

图 7-10　CSSCI 数据库检索（一）

图 7-11　CSSCI 数据库检索（二）

（3）结果显示

检索结果显示如图 7-12～图 7-17 所示。

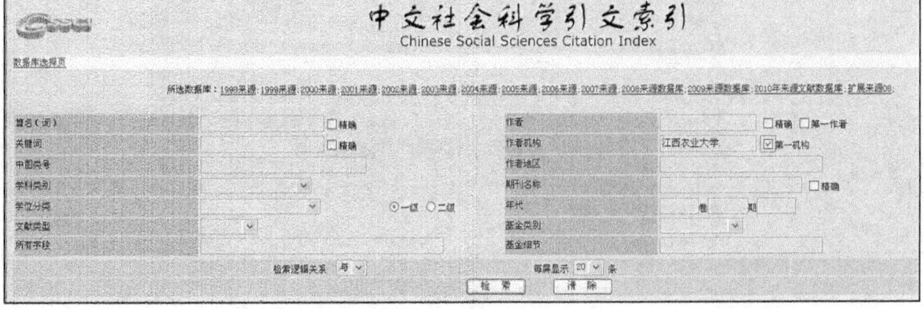

图 7-12　检索结果（一）

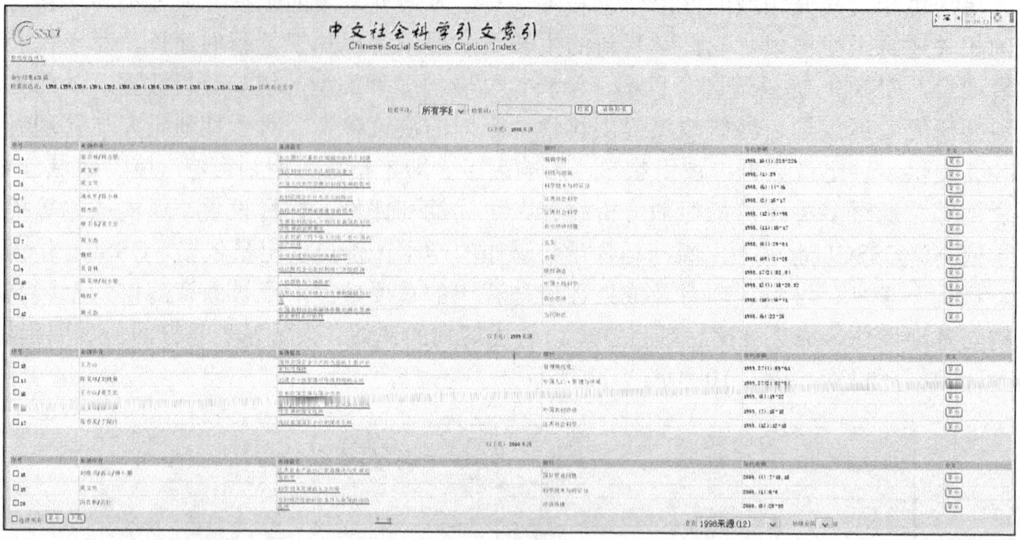

图 7-13　检索结果（二）

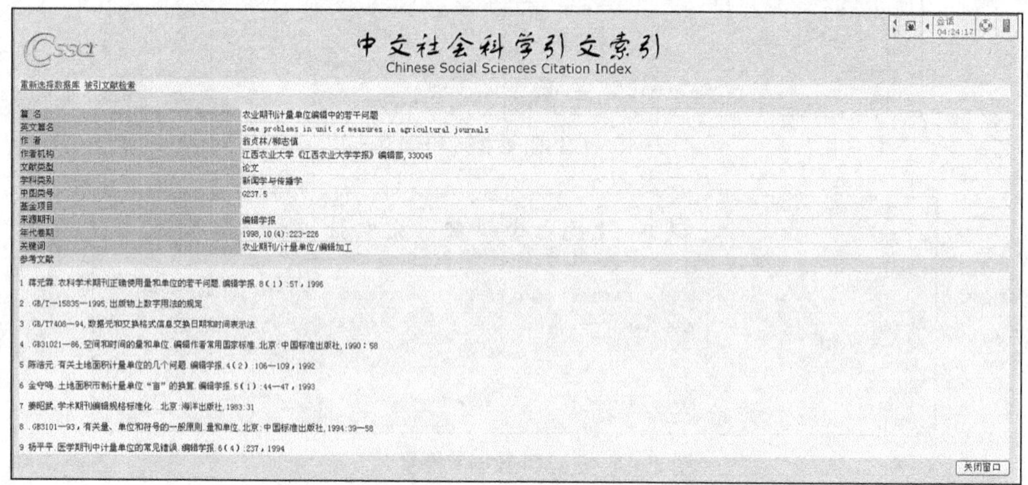

中文社会科学引文索引
Chinese Social Sciences Citation Index

重新选择数据库 被引文献检索

篇名	农业期刊计量单位编辑中的若干问题
英文篇名	Some problems in unit of measures in agricultural journals
作者	翁贞林/柳志慎
作者机构	江西农业大学《江西农业大学学报》编辑部，330045
文献类型	论文
学科类别	新闻学与传播学
中图类号	G237.5
基金项目	
来源期刊	编辑学报
年代卷期	1998, 10(4):223-226
关键词	农业期刊/计量单位/编辑加工

参考文献

1 蒋元霖. 农科学术期刊正确使用量和单位的若干问题. 编辑学报. 8(1):57，1996

2 . GB/T—15835—1995, 出版物上数字用法的规定

3 . GB/T7408—94, 数据元和交换格式信息交换日期和时间表示法

4 . GB31021—86, 空间和时间的量和单位. 编辑作者常用国家标准. 北京: 中国标准出版社, 1990：58

5 陈浩元. 有关土地面积计量单位的几个问题. 编辑学报. 4(2):106—109，1992

6 金守鸣. 土地面积市制计量单位"亩"的换算. 编辑学报. 5(1):44—47，1993

7 綦昭武. 学术期刊编辑规格标准化. 北京: 海洋出版社, 1983:31

8 . GB3101—93，有关量、单位和符号的一般原则. 量和单位. 北京: 中国标准出版社, 1994:39—58

9 杨平平. 医学期刊中计量单位的常见错误. 编辑学报. 6(4):237，1994

关闭窗口

图 7-14　检索结果（三）

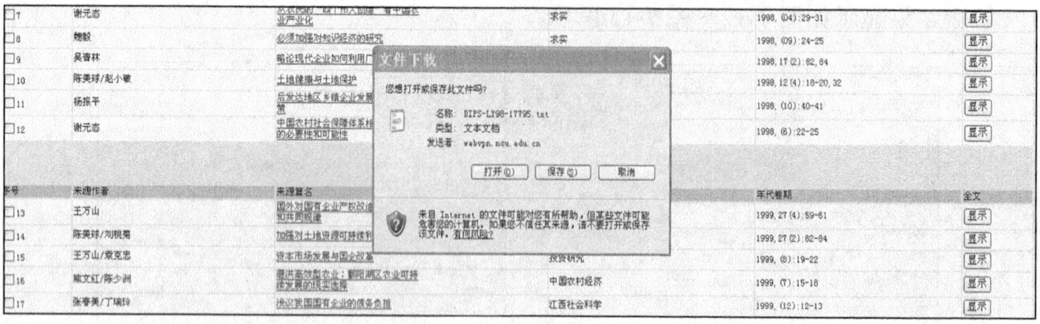

图 7-15　检索结果（四）

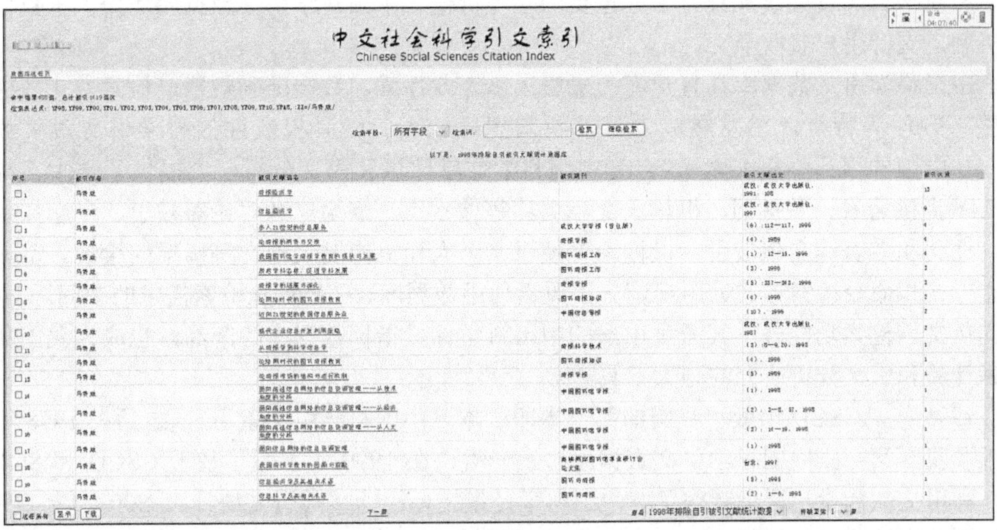

图 7-16 检索结果（五）

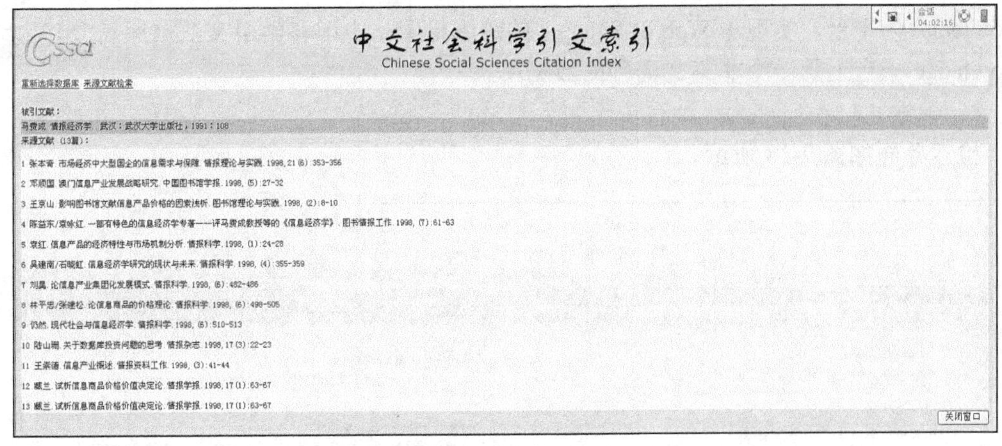

图 7-17 检索结果（六）

7.1.3 中国科学引文数据库

1．简介

中国科学引文数据库（Chinese Science Citation Database，CSCD）创建于 1989 年，1999 年起作为中国科学文献计量评价系列数据库之 A 辑，由中国科学院文献情报中心与中国学术期刊（光盘版）电子杂志社联合主办，并由清华同方光盘电子出版社正式出版。它收录我国数学、物理、化学、天文学、地学、生物学、农林科学、医药卫生、工程技术、环境科学和管理科学等领域出版的中英文科技核心期刊和优秀期刊千余种，目前已积累从 1989 年到现在的论文记录 300 万条，引文记录近 1 700 万条。中国科学引文数据库内容丰富、结构科学、数据准确。系统除具备一般的检索功能外，还提供新型的索引关系——引文索引。使用该功能，用户可迅速从数百万条引文中查询到某篇科技文献被引用的详细情况，还可以从一篇早期的重要文献或著者姓名入手，检索到一批近期发表的相关文献，对交叉学科和新学科的发展研究具有十分重要的参考价值。中国科学引文数据库还提供了数据链接机制，支持用户获取全文。

中国科学引文数据库具有建库历史悠久，专业性强，数据准确规范，检索方式多样、完整、方便等特点，已发展成为目前我国规模较大、较具权威性的科学引文索引数据库——中国的《科学引文索引》，为中国科学文献计量和引文分析研究提供了强大工具。CSCD 提供著者、关键词、机构、文献名称等检索点，满足作者对论著被引、专题文献被引、期刊和专著等文献被引、机构论著被引、个人和机构发表论文等情况的检索。字典式检索方式和命令检索方式为用户留出了灵活使用数据库、满足特殊检索需求的空间。CSCD 除提供文献检索功能外，其派生出来的中国科学计量指标数据库等产品，也成为我国科学文献计量和引文分析研究的强大工具。

1995 年，CSCD 出版了我国的第一本印刷本《中国科学引文索引》，之后在 1998 年，出版了我国第一张中国科学引文数据库检索光盘，在 1999 年出版了基于 CSCD 和 SCI 数据，利用文献计量学原理制作了《中国科学计量指标：论文与引文统计》。2003 年，CSCD 上网服务，推出了网络版。2005 年，CSCD 出版了《中国科学计量指标：期刊引证报告》。2007 年，中国科学引文数据库与美国 Thomson-Reuters Scientific 合作，将以 ISI Web of Knowledge 为平台，实现与 Web of Science 的跨库检索。中国科学引文数据库是 ISI Web of Knowledge 平台上第一个非英文语种的数据库。

2．检索

检索界面如图 7-18 所示。

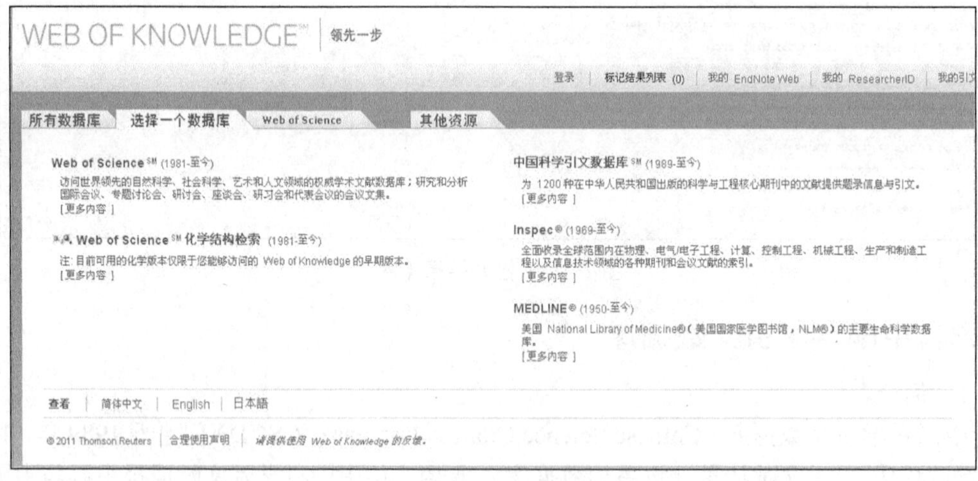

图 7-18　选择一个数据库

（1）基本检索

基本检索如图 7-19 所示。

（2）被引参考文献检索

被引参考文献检索如图 7-20 所示。

（3）高级检索

高级检索如图 7-21 所示。

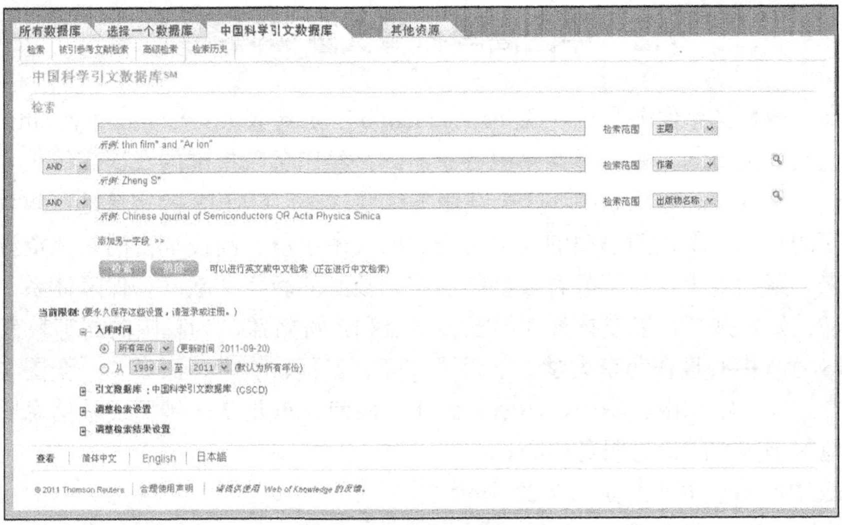

图 7-19　基本检索

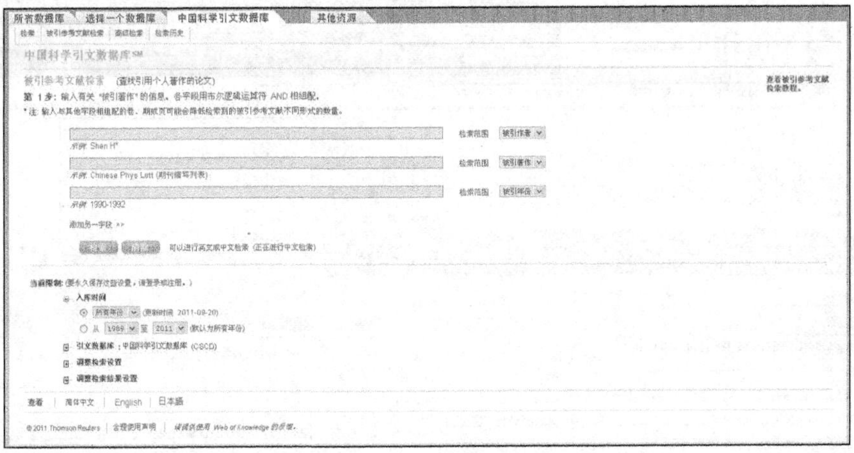

图 7-20　被引参考文献检索

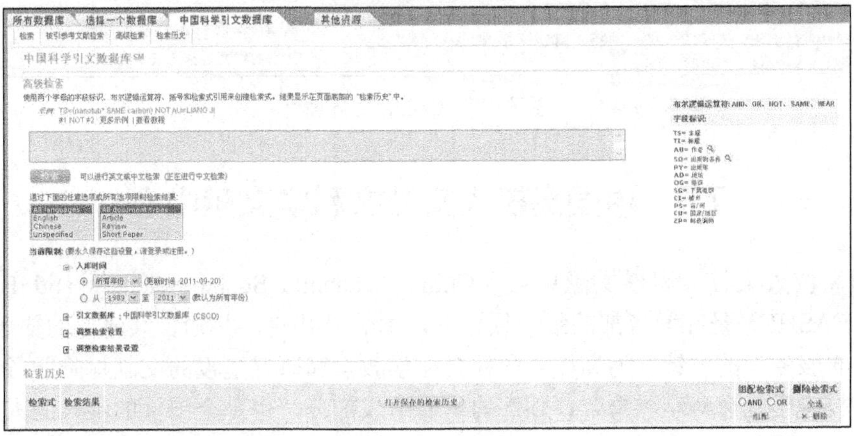

图 7-21　高级检索

7.2　中国高等教育文献保障系统

中国高等教育文献保障系统（China Academic Library & Information System，CALIS）是一个广域网环境下的文献信息共享服务系统，是经国务院批准的我国高等教育“211 工程”“九五”“十五”总体规划中 3 个公共服务体系之一。CALIS 的宗旨是在教育部的领导下，把国家的投资、现代图书馆的理念、先进的技术手段、高校丰富的文献资源和人力资源整合起来，建设以中国高等教育数字图书馆为核心的教育文献联合保障体系，实现信息资源共建、共知、共享，以发挥最大的社会效益和经济效益，为我国的高等教育服务。

CALIS 管理中心设在北京大学，下设了文理、工程、农学、医学 4 个全国文献信息服务中心，华东北、华东南、华中、华南、西北、西南、东北 7 个地区文献信息服务中心和一个东北地区国防文献信息服务中心。

CALIS 中心站点主界面如图 7-22 所示。

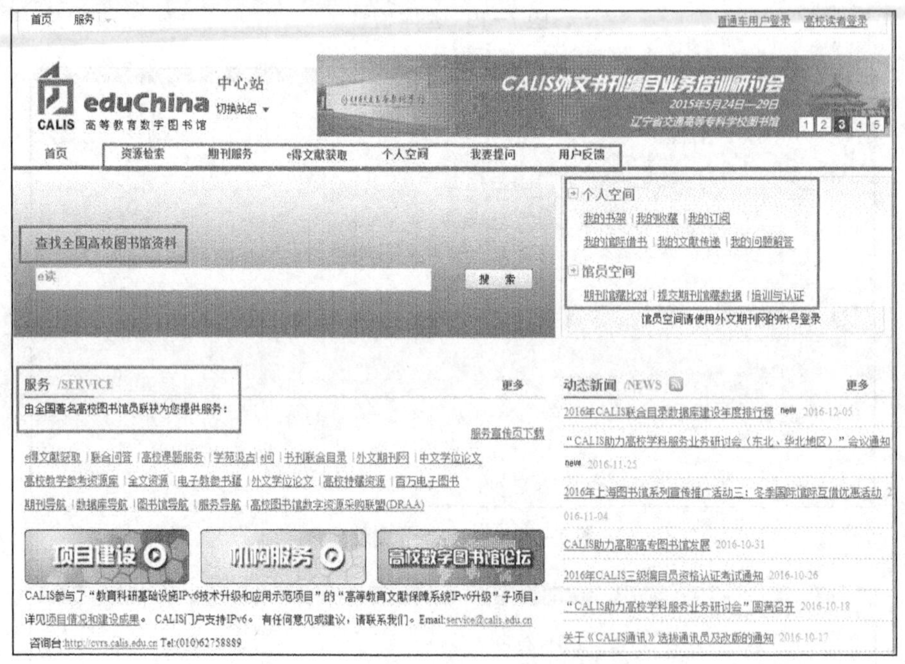

图 7-22　CALIS 主界面

7.3　中国高校人文社会科学文献中心

中国高校人文社会科学文献中心（China Academic Social Sciences and Humanities Library，CASHL）是在教育部的统一领导下，本着“共建、共知、共享”的原则、“整体建设、分布服务”的方针，为高校哲学社会科学教学和研究建设的文献保障服务体系，是教育部高校哲学社会科学“繁荣计划”的重要组成部分，也是全国性的唯一的人文社会科学文献收藏和服务中心，其最终目标是成为“国家哲学社会科学资源平台”。

CASHL 的建设宗旨是组织若干所具有学科优势、文献资源优势和服务条件优势的高等学校图书馆，有计划、有系统地引进和收藏国外人文社会科学文献资源，采用集中式门户平台和分布式服务结合的方式，借助现代化的网络服务体系，为全国高校、哲学社会科学研究机构和工作者提供综合性文献信息服务。

CASHL 中心站点主界面如图 7-23 所示。

图 7-23　CASHL 主界面

7.4　国家科技图书文献中心

国家科技图书文献中心（National Science and Technology Library，NSTL）是经国务院批准，于 2000 年 6 月 12 日成立的一个基于网络环境的科技信息资源服务机构。该中心由中国科学院文献情报中心、中国科学技术信息研究所、机械工业信息研究院、冶金工业信息标准研究院、中国化工信息中心、中国农业科学院农业信息研究所、中国医学科学院医学信息研究所、中国标准化研究院标准馆和中国计量科学研究院文献馆组成。目前 NSTL 在全国各地已经建成了 8 个镜像站和 33 个服务站，构成了辐射全国的网络化的科技文献信息服务体系，推动了全国范围的科技文献信息共建共享，提升了地方科技文献信息保障能力与服务水平，全面、高效率地发挥了国家科技文献信息战略保障的整体功效。

NSTL 资源：印刷本文献资源、网络版全文文献资源。

NSTL 服务：文摘数据库、文献检索、引文检索、期刊浏览、全文获取、代查代借、全文文献、参考咨询、热点门户、预印本服务等。

NSTL 中心网站主界面如图 7-24 所示。

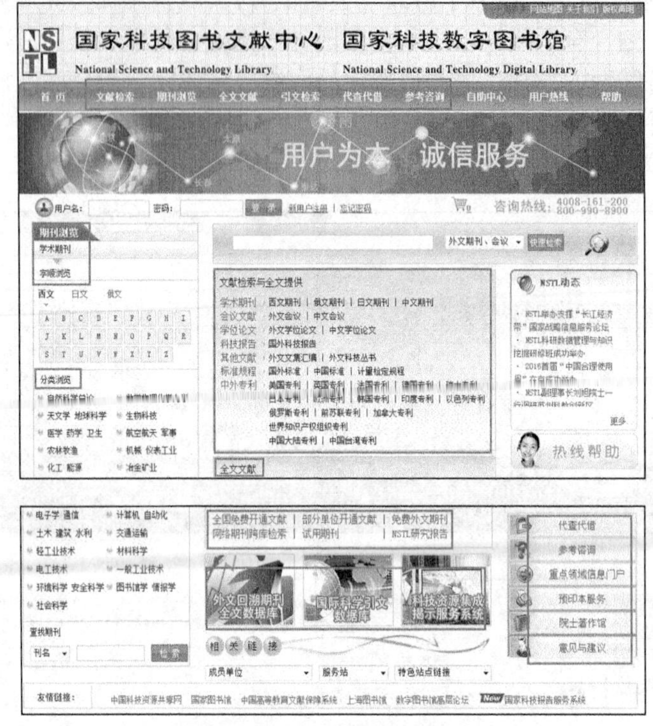

图 7-24　NSTL 主界面

7.5　特种文献检索

7.5.1　中国专利文献的数据库系统检索

1．“中华人民共和国国家知识产权局”专利检索

该系统可以免费检索 1985 年 9 月 10 日以来公布的全部中国专利信息，包括发明、实用新型和外观设计 3 种专利的著录项目及摘要，并可浏览各种说明书全文及外观设计图形，如图 7-25 所示。

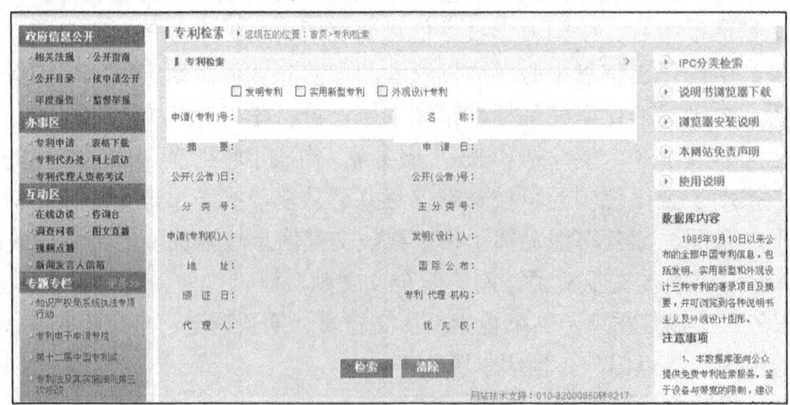

图 7-25　国家知识产权局专利检索主界面

2．中国专利信息中心

中国专利信息中心成立于 1993 年，是国家知识产权局直属的事业单位、国家级专利信息服务机构，主营业务包括专利信息加工和专利信息服务等，如图 7-26 所示。

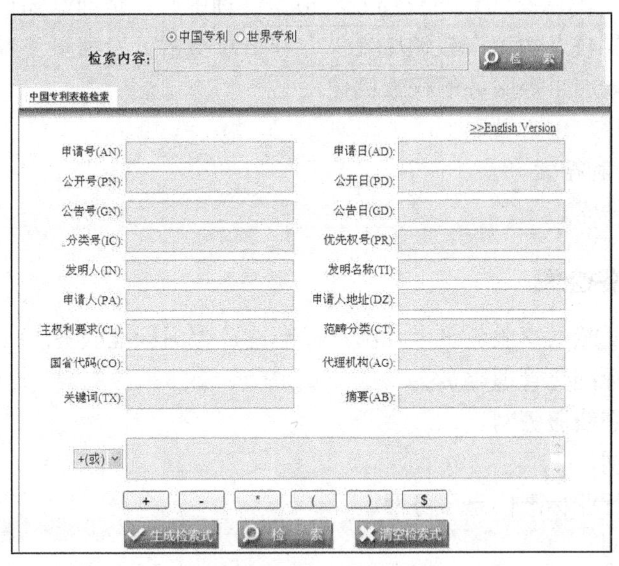

图 7-26　中国专利信息中心专利检索主界面

3．中国知识产权网

中国知识产权网是由国家知识产权局、知识产权出版社于 1999 年 6 月 10 日创建的知识产权类专业性网站，集资讯、专利信息产品与服务于一体，重点为国内外政府机构、企业、科研机构等提供专业、全面的服务平台，如图 7-27 所示。

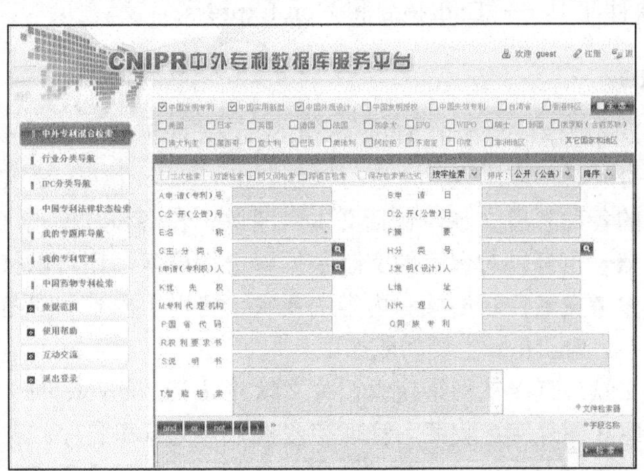

图 7-27　中外专利数据库服务平台主界面

4．中国专利网

中国专利技术开发公司成立于 1986 年，隶属于中华人民共和国国家知识产权局。其主要开展的业务有专利数据深加工、专利战略与专利分析、专利产品的开发推广及应用、专利业务的服务咨询与办理、专利缴费等。

5．中国专利信息网

国家知识产权局专利检索咨询中心成立于 1993 年，前身是中国专利局专利检索咨询中心，2001 年 5 月更名为国家知识产权局专利检索咨询中心，是国家知识产权局直属事业单位，也是目前国内科技及知识产权领域提供专利信息检索、专利事务咨询、专利及科技文献翻译、非专利文献加工等服务的权威机构。

6．专利搜索引擎

（1）SooPAT 专利搜索。

（2）百度专利搜索。

7.5.2 标准网络检索

（1）国家标准文献共享服务平台、国家标准馆、中国标准服务网。

（2）中国国家标准化管理委员会。

（3）中国标准在线服务网。

（4）标准技术网。

（5）国家标准行业标准信息服务网。

（6）标准下载网。

7.6 个人文献管理工具选介

个人文献管理软件种类很多，功能大同小异，一般情况下掌握 1～2 种工具的使用方法就能很好应对文献管理的需要。那么，如何选择适合自己的文献管理工具？推荐大学生掌握两款软件工具——EndNote 和 NoteExpress。

7.6.1 EndNote

EndNote 是由美国科学信息所的 Thomson Corporation 下属的 Thomson ResearchSoft 开发的一款参考文献目录管理应用软件，它可以创建 EndNote 个人参考文献图书馆，用以收集和保存个人所需的各种参考文献，包括文本、图像、表格和方程式，可以根据个人需要重新排列并显示文献，也可以对保存的文献数据库进行检索，还可以按照科技期刊对投稿论文的引用要求、参考文献目录格式和内容的要求，将引用内容和参考文献目录插入和输出到文字处理软件中。EndNote 主要功能如下。

（1）在线搜索文献：直接从网络搜索相关文献并导入 EndNote 的文献库。

（2）建立文献库和图片库：收藏、管理和搜索个人文献和图片、表格。

（3）定制文稿：直接在 Word 中格式化引文和图形，利用文稿模板直接书写合乎杂志社要求的文章。

（4）引文编排：可以自动帮助我们编辑参考文献的格式。

7.6.2 NoteExpress

1．概述

NoteExpress 由北京爱琴海软件公司开发，是一款单机版的参考文献管理软件。NoteExpress 的主要功能如下。

（1）查重及去重，避免重复下载和重复阅读。

（2）可以方便地建立文件夹对文献进行归类，也可以使用软件中的标识功能对文献进行进一步的整理，还可以方便地为每条文献条目添加 PDF、CAJ、超星、DOC 等任何格式的附件或批量对题录添加附件。

（3）具有方便且丰富的笔记功能，可以随手记录用户的研究想法，而且每篇笔记和原始文献之间可以相互链接，方便读者随时记录和查阅，从而大幅度提高研究效率。

（4）具有批量编辑、检索功能，而且多分类管理功能可以帮助用户迅速定位某篇文献。

（5）内置 1 600 种国内外常见学术期刊、学位论文等文献样式，可以方便、快捷地生成参考文献。论文及学术著作等对参考文献格式有严格要求，如果手工插入引用的文献，仅字体、引文顺序的调整就要耗费很多时间，更不用说不同参考文献格式的调整和校对了，这个过程相对枯燥且费时。通过 NoteExpress，用户可以随时插入要引用的文献信息，且自动生成所需参考文献格式；因此当用户文章改投它刊需要调整参考文献格式时，可以非常方便地进行一键转换，这样既提高了写作效率，又符合相关投稿规范。

2．NoteExpress 与 EndNote 的功能比较

NoteExpress 较 EndNote 功能强的方面如下。

（1）全中文界面，用户较容易学习入门。

（2）支持笔记功能，可随时对感兴趣的参考文献做笔记。

（3）将 NoteExpress 快捷方式做进鼠标右键快捷菜单中，可随时将正在浏览的网页内容下载到本地数据库，并整合到“笔记”分类目录中进行管理；EndNote 不支持此功能。

（4）提供相关检索历史保存功能；EndNote 不支持此功能。

（5）NoteExpress 支持输入、输出 Bibtex 格式的参考文献数据；而 EndNote 仅支持参考文献输出 Bibtex 格式。

（6）能够导入 EndNote 的数据库期刊的参考文献格式，也都能够导入 NoteExpress。

参考文献

[1] 王放虎，李凯. 信息检索与利用[M]. 北京：教育科学出版社，2007.

[2] 田质兵，薛娟，周同. 科技情报检索[M]. 北京：清华大学出版社，2004.

[3] 任胜国，周敬治. 文献信息检索教程[M]. 北京：北京图书馆出版社，1999.

[4] 施厚生. 信息检索[M]. 南京：东南大学出版社，2002.

[5] 潘燕桃. 信息检索通用教程[M]. 北京：高等教育出版社，2009.

[6] 乔好勤，冯建福、张材、江马. 文献信息检索与利用[M]. 武汉：华中科技大学出版社，2008.

[7] 程娟. 信息检索[M]. 2 版. 天津：天津大学出版社，2014.

[8] 刘二稳，阎维兰. 信息检索[M]. 北京：北京邮电大学出版社，2007.

[9] 王林. 信息检索[M]. 北京：人民邮电出版社，2010.

[10] 马张华. 信息组织[M]. 北京：清华大学出版社，2008.

[11] 彭奇志. 信息检索与利用教程[M]. 北京：中国轻工业出版社，2006.

[12] 燕今伟，刘霞. 信息素质教程[M]. 武汉：武汉大学出版社，2008.

[13] 梁国杰. 文献信息资源检索与利用[M]. 北京：海洋出版社，2011.

[14] 邓发云. 信息检索与利用[M]. 北京：科学出版社，2010.

[15] 马春晖. 信息资源检索与利用实用教程[M]. 北京：国家图书馆出版社，2016.

[16] 靖继鹏，张向先，李北伟. 信息经济学[M]. 2 版. 北京：科学出版社，2007.

[17] 李贵成，张金刚. 信息素养与信息检索教程[M]. 武汉：华中科技大学出版社，2016.

[18] 陈小玲，倪梅. 信息检索与利用[M]. 哈尔滨：哈尔滨工程大学出版社，2016.

[19] 陈禹，杨波. 信息管理与信息系统概论[M]. 北京：中国人民大学出版社，2005.

[20] 沙振江，张晓阳. 人文社科信息检索与利用教程[M]. 镇江：江苏大学出版社，2007.

[21] 赵乃瑄. 实用信息检索方法与利用[M]. 北京：化学工业出版社，2008.

[22] 杜慰纯，宋爽、李娜，等. 信息获取与利用[M]. 北京：清华大学出版社，2009.

[23] 端木艺. 实用信息资源检索与利用[M]. 南京：南京大学出版社，2009.

[24] 吉久明，孙济庆. 文献检索与知识发现指南[M]. 上海：华东理工大学出版社，2010.

[25] 袁曦临. 信息检索[M]. 5 版. 南京：东南大学出版社，2011.

[26] 王培义，蔡丽萍. 信息检索教程[M]. 北京：北京邮电大学出版社，2010.

[27] 闫国伟，蔡喜年. 信息检索与利用[M]. 北京：科学出版社，2011.

[28] 秦殿启. 文献检索与信息素养教育[M]. 南京：南京大学出版社，2008.

[29] 谢德体，于淑惠，陈蔚杰，等. 信息检索与分析利用[M]. 2 版. 北京：清华大学出版社，2009.

[30] 詹德优. 信息咨询理论和方法[M]. 武汉：武汉大学出版社，2004.

[31] 袁润，沙振江. 大学生信息素质初级教程[M]. 镇江：江苏大学出版社，2007.

[32] 来玲，陈文生. 信息资源（文献）检索与利用[M]. 沈阳：东北财经大学出版社，2007.

[33] 张怀涛，岳修志，刘巧英. 信息检索简编[M]. 武汉：武汉大学出版社，2016.

[34] 张稚鲲，李文林. 信息检索与利用[M]. 南京：南京大学出版社，2015.

[35] 叶鹰. 信息检索理论与方法. [M]. 2 版. 北京：高等教育出版社，2015.

[36] 黄惠烽. 信息检索与论文写作[M]. 成都：西南交通大学出版社，2015.

[37] 邹广严，王红兵. 信息检索与利用. [M]. 2 版. 北京：科学出版社，2015.

[38] 王立诚. 科技文献检索与利用[M]. 南京:东南大学出版社，2014

[39] 张怀涛. 信息检索新编[M]. 武汉：武汉大学出版社，2012.

[40] 尤建忠. 数字资源检索与利用（文科类）[M]. 杭州：浙江工商大学出版社，2013.

[41] 姬秀荔，张涵. 大学计算机应用基础[M]. 2 版. 北京：清华大学出版社，2014.

[42] 陈荣，霍丽萍. 信息检索与案例研究[M]. 上海：华东理工大学出版社，2015.

[43] 伍雪梅. 信息检索与利用教程[M]. 2 版. 北京：清华大学出版社，2014.

[44] 黄晴珊. 全媒体时代的医学信息素养与信息检索[M]. 广州：中山大学出版社，2014.

[45] 谢发徽. 图书馆电子信息系统应用实践[M]. 北京：机械工业出版社，2014.

[46] 何晓萍. 文献信息检索理论、方法和案例分析[M]. 北京：机械工业出版社，2014

[47] 许征尼. 信息素养与信息检索[M]. 北京：中国科学技术大学出版社，2010.

[48] 马学立文献结构等级的重新划分及其依据[J]. 图书馆理论与实践，2000(4)：43-45.

[49] 徐娇扬. 论用户信息需求的表达[J]. 图书馆论坛，2009（1）：36-38.

[50] 夏立新. 学术信息需求表达的障碍及对策[J]. 图书情报知识，2003（6）：36-38.

[51] 樊晓峰. 试论多元文化环境下大学生的信息需求特点[J]. 现代情报，2008（1）：205-206.

[52] 吴彦文，田庆恒，余红亮. 大学生专业知识信息需求的系统动力学分析[J]. 图书馆学研究，2011（1）：78-81.

[53] 冯阳飏. 网络环境下大学生信息需求与高校图书馆服务策略研究[D]. 郑州：郑州大学，2009.

[54] 罗臻. 基于影响因子与 h 系列指数的期刊学术水平综合评价指标研究[D]. 长沙：中南大学，2009.

[55] 高军. 我国大学教师学术评价制度研究[D]. 南京：南京师范大学，2008.

[56] 郑永田. 高校学生读者信息需求的调查与分析——以华南师大大学城校区为例[J]. 图书馆学研究，2007（3）：82-85+98.

[57] 王俊程. 搜索引擎的种类与使用技巧[J]. 硅谷，2008（7）：36.

[58] 朱宁. 论中国文献产生和发展的历史贡献[J]. 咸宁师专学报，1999（2）：99-101.

[59] 朱宁. 从古今文献的认识看文献的本质[J]. 图书馆，1998（4）：13-16.

[60] 张红霞. 浅论无纸化社会实现的可能性——基于《信息的社会层面》[J]. 农业图书情报学刊，2008（1）：49-50+85.

[61] 许丽莉. “无纸化”阅读带来的思考[J]. 中国发明与专利，2009（12）：53-54.

[62] 贺子岳. 论文献发展对图书馆的影响[J]. 武汉大学学报（社会科学版），2002（6）：758-761.

[63] 孙二虎. 从文献发展历史看文献的本质[J]. 图书情报工作，1990（2）：40-43.

[64] 邓宏钟，李孟军，迟妍，等.“慕课”发展中的问题探讨[J]. 科技创新导报，2013

（19）：212-213+215.

[65] 张曙光. 学术评价乱象：表征、诱因与治理——基于量化评价的视角[J]. 湖南师范大学社会科学学报，2016（3）：154-160.

[66] 龚旭. 同行评议公正性的影响因素分析[J]. 科学学研究，2004（6）:613-618.

[67] 史庆华. 影响因子评价专业学术期刊的科学性与局限性[J]. 现代情报，2006（1）：35-37.

[68] 杜志波，汤先忻. 期刊累计影响因子的设计及应用[J]. 中国科技期刊研究，2007(3)：428-431.

[69] 杨锋，梁樑，苟清龙，等. 同行评议制度缺陷的根源及完善机制[J]. 科学学研究，2008（3）：569-572.

[70] 陈玉华，曹臻. 图书馆文献信息分析工作探讨[J]. 农业图书情报学刊，2009（10）：89-92.

[71] 丁建琴. 信息分析方法体系的构建[J]. 情报探索，2011（7）：30-32.

[72] 彭奇志，林中. 信息资源检索策略与分析[M]. 南京：南京大学出版社，2013.

[73] 文庭孝，张蕊，罗贤春，等. 信息咨询与决策[M]. 北京：科学出版社，2008.